U0101973

中国世界遗产全记录丛书
COMPLETE RECORDS OF CHINA'S WORLD HERITAGE SERIES

中 国

世界记忆遗产

全记录

Complete Records of
China's Memory of the World

主 编／马振犊　　　副主编／王俊明　许　茵

齊魯書社
·济南·

图书在版编目（CIP）数据

中国世界记忆遗产全记录 / 马振犊主编. -- 济南：
齐鲁书社, 2022.7
ISBN 978-7-5333-4561-7

Ⅰ.①中… Ⅱ.①马… Ⅲ.①文化遗产－档案资料－
汇编－中国 Ⅳ.①G122

中国版本图书馆CIP数据核字(2022)第068906号

策划编辑　傅光中
责任编辑　向　群
责任校对　王其宝　赵自环
装帧设计　刘羽珂

中国世界记忆遗产全记录

ZHONGGUO SHIJIE JIYI YICHAN QUANJILU

马振犊　主编

主管单位	山东出版传媒股份有限公司
出版发行	齊魯書社
社　　址	济南市市中区舜耕路517号
邮　　编	250003
网　　址	www.qlss.com.cn
电子邮箱	qilupress@126.com
营销中心	（0531）82098521　82098519　82098517
印　　刷	山东临沂新华印刷物流集团有限责任公司
开　　本	720mm×1020mm　1/16
印　　张	22
插　　页	3
字　　数	270千
版　　次	2022年7月第1版
印　　次	2022年7月第1次印刷
标准书号	ISBN 978-7-5333-4561-7
定　　价	68.00元

前　言

世界记忆遗产（Memory of the World）又称世界记忆、世界记忆工程或世界档案遗产，是联合国教科文组织于1992年为文献保护专设的一个项目。设立该项目的目的是对世界范围内正在逐渐老化、损毁、消失的文献记录，通过国际合作与使用最佳技术手段进行抢救，从而使人类的记忆更加完整。

1972年，联合国教科文组织在巴黎通过和公布了《保护世界文化和自然遗产公约》，迄今已有177个缔约国，是目前影响最大、参与国最多的国际公约之一。联合国教科文组织下设的世界遗产委员会，专门负责办理世界遗产名录的审批工作。因此，"世界遗产"是经过联合国教科文组织权威认定的具有突出的价值、为人类罕见、无法替代的文化和自然财富。世界性、杰出性、独特性是世界遗产的显著特征。

世界遗产根据形态和性质分为文化遗产、自然遗产、文化和自然双重遗产、记忆遗产、口头与非物质遗产、文化景观遗产。记忆遗产又分文字记忆遗产和非文字记忆遗产。《世界记忆遗产名录》（简称《世界记忆名录》）主要收录具有世界意义的手稿、图书馆和档案馆保存的各种介质的珍贵档案、文件等。

世界记忆遗产的评定，由成立于1992年的联合国教科文组织世界记忆工程国际咨询委员会组织开展，有66个国家委员会参与。该委员会每两年组织一次评选，参与评选的每个国家每次申报项目不能超过两个。

经过国际咨询委员会评审讨论后，世界记忆遗产的提名，还需得到联合国教科文组织总干事的认可，才能被正式列入《世界记忆名录》。被列入《世界记忆名录》的文献档案将使用"世界记忆工程"的标志，并用于有关遗产的各种宣传品，包括招贴画和旅游宣传手册，以提高有关文献的知名度，引起社会公众的关注。

中国是世界上较早参与世界记忆项目的国家之一，也是最早建立世界记忆项目国家委员会的国家。1995 年，世界记忆项目中国国家委员会成立，中国联合国教科文组织全国委员会为牵头单位，国家档案局是主要实施单位，另有国家图书馆、中国科学技术信息研究所和文化部档案处参与。截至 2018 年底，共有 100 个国家的 348 项具有世界意义的文献和文献集合入选了《世界记忆名录》，成为世界记忆遗产。其中，中国有 13 项文献遗产入选。

为推动世界记忆项目计划在中国的实施，国家档案局还多次举办工作坊、培训班、研讨会，并先后在中国人民大学、福建省档案馆、苏州市档案馆建立世界记忆项目学术中心，为全国文献遗产保护与利用提供交流合作平台。

中国是世界文明古国，中国优秀文化源远流长，是世界记忆不可或缺的部分。目前中国申遗成功的 13 项，仅仅是沧海一粟。这些入选项目，除了能够使其得到更好的保护与传承，还可以让世界了解中国，让国人增强民族文化自信。

中国文献申遗之路还很长，既需要专业工作者的不懈努力，也需要社会公众的关注、参与与支持。这也是我们编撰出版此书的初心和目的所在。另外，本书按 13 项文献遗产入选《世界记忆名录》的时间顺序编排，特此说明。

目 录　CONTENTS

前 言 / 1

中国传统音乐录音档案 / 1

清代内阁密本档 / 20

纳西族东巴古籍 / 45

清代科举大金榜 / 76

中国清代样式雷建筑图档 / 97

《黄帝内经》 / 118

《本草纲目》 / 141

中国西藏元代官方档案 / 162

侨批档案——海外华侨银信 / 188

南京大屠杀档案 / 209

甲骨文 / 266

近现代中国苏州丝绸档案 / 293

清代澳门地方衙门档案（1693—1886） / 315

中国传统音乐录音档案

Chinese Traditional Music Sound Archives

阮澄佳

　　中国传统音乐录音档案于 1997 年入选《世界记忆名录》，也是中国第一个入选世界记忆遗产的项目，可以说是中国的第一个"世界记忆"。

　　《世界记忆名录》收编的是符合世界意义入选标准的文献遗产，是"世界记忆工程"的主要名录，而世界记忆工程则是世界遗产目录项目的延续。回顾世界记忆工程 20 年来走过的历程，从某种程度上说，其最具价值、最为公开的成果，便是制定了一部在世界范围内颇具影响力的名录——《世界记忆名录》。该名录与《世界遗产名录》《世界非物质文化遗产名录》并称为联合国教科文组织的"三大名录"。作为中国第一个入选《世界记忆名录》的项目，中国传统音乐录音档案可以说是中国进入世界文献遗产保护项目的敲门砖，从它开始，中国文献遗产就和中国那些扬名世界的文化古迹、自然景观一样登上了国际舞台，获得了国际社会更广泛的瞩目、更全面的保护和更充分的利用。

　　中国传统音乐录音档案记录了我国丰富的传统音乐和民间音乐。它将面临随着社会变化、时间推移可能丢失、损坏的音乐记忆，

通过各种载体记录保存下来，成为我国传统音乐的集合体。众所周知，档案记录历史、传承文明，而中国传统音乐录音档案将我国汉族、维吾尔族、藏族等民族的民间音乐，用直接的声音形式记录下来，不仅是中国音乐史和艺术史

图1 联合国教科文组织颁发中国传统音乐录音档案入选《世界记忆名录》证书 中国艺术研究院艺术与文献馆提供

研究的重要材料，也是中国传统艺术的记录、保存和传承。中国传统音乐录音档案来自中国各民族，流传时间不一、形式多样、取材广泛，它们用声音这种直接的形式，展现丰富的民间音乐的原貌，反映各民族的民间艺术乃至民间生活和民间历史。可以说，这些音乐档案将记录历史的形态从无声扩展为有声，并将只为音乐家了解的历史转化成了全人类共同拥有的历史。

一、中国传统音乐录音档案概况

中国有着非常丰富的民间歌曲和民族音乐传统。1950年，一个记录这些音乐的重要项目启动，开展至今，已形成了7000多小时的录音资料，其中包括汉族传统民间音乐，西藏民间音乐，新疆维吾尔族民间音乐，苗族、侗族、瑶族等超过50个民族的音乐，以及道教和佛教等宗教音乐、文人音乐、地下断响音乐，还有秦代音乐和西安鼓乐等传统戏曲的记录。[①]

　　这份长达 7000 小时的中国传统音乐录音档案，经过了几十年的采集与积累，经历几代学术工作者的艰辛努力，才最终形成目前收录中国传统音乐最丰富、最完整的录音档案。60 多年前，成立于 20 世纪 50 年代初期的中国艺术研究院音乐研究所的第一代学术带头人杨荫浏、李元庆两位先生，将中国传统音乐资料的搜集与普查作为首要任务，并勾画了一幅集音响资料、乐器藏品、图书乐谱于一身的宏伟蓝图。他们清楚地认识到，中国传统艺术形式正伴随着社会生活的发展而发生变化，一些传统的民间音乐面临失传的危险，因此他们积极倡议对民间音乐文化进行抢救性采集和存档。

　　1947 年，驻上海的瑞士领事馆希望中国音乐家为其提供一些中国传统音乐的乐谱和音响资料。当时，没有一个音乐组织和音乐家可以拿出像样的传统音乐的乐谱和音响资料。杨荫浏在杂文《旧乐收集与出版漫谈（1947）》中，记录了当时半是尴尬半是屈辱的感受。当新中国成立并有了安稳的研究环境后，杨荫浏先生立即开始了有关中国传统音乐的录音工作。当时的中国刚具备依靠现代科技手段获取音乐音响文献的基本条件，杨荫浏先生的一系列民间音乐采访与搜集工作，便成为音乐研究所收藏中国传统音乐资料的开端，这为此后音乐档案的录制工作打下了坚实的基础。可以说，杨荫浏的工作遇到了千载难逢的绝佳机会，在外汇紧张的情况下，国家文化部为其提供了刚刚进口的钢丝录音设备。并且，当时的中国传统音乐尚未受到外来文化的影响，基本

---

① 王红敏：《中国入选〈世界记忆名录〉的文献遗产》，《中国档案报》2012 年 9 月 14 日，第 3 版。

图2　中国传统录音档案——《二泉映月》钢丝录音带　中国艺术研究院艺术与文献馆提供

是原汁原味的原生态，而那些刚刚翻身得解放、扬眉吐气的民间艺人，坐在那里等他到来，愿意把他们实践了一辈子、积攒了一肚子的民乐经典提供给他。所以，当时只要走进民乐的田野，民乐的珠宝俯拾即是。

享誉世界的中国民间器乐创作曲目中的瑰宝《二泉映月》，正是在这一时期由杨荫浏先生根据民间乐人华彦钧（阿炳）的演奏，录音记谱整理而成。1950年8月，时任中国艺术研究院音乐研究所研究员的杨荫浏、曹安和等人，在无锡采访了阿炳，用钢丝录音机录制了阿炳演奏的《二泉映月》等三首二胡曲和三首琵琶曲。当时参加录音的还有祝世匡老先生。祝世匡在《无锡日报》发表的《乐曲定名经过》一文中写道：完成录音后，杨先生问阿炳这支曲子的曲名，阿炳说："这支曲子是没有名字的，信手拉来，久而久之，就成了现在这个样子。"杨先生又问："你常在什么地方拉？"阿炳回答说："我经常在街头拉，也在惠山泉亭上拉。"杨先生脱口而出："那就叫《二泉》吧！"阿炳说："《二泉》不像个完整的曲名，粤曲里有首《三潭印月》，是不是可以称它为《二泉印月》呢？"杨先生说："印字是抄袭而来，不够好，我们无锡有个映山河，就叫它《二泉映月》吧。"阿炳点头同意，于是《二泉映月》的曲名就这样定了下来。阿炳也就是华彦钧于当年12月病逝，二泉绝唱有幸被及时保存下来。现存于中国艺术研究院的有关《二泉映月》的录音，记录的就是这位20世纪民间音乐大师最后的声音。

《二泉映月》录音资料灌制成唱片后，很快风靡全国。这首乐曲自始至终流露的是一位饱尝人间辛酸和痛苦的盲艺人的思绪情感，是盲人民乐家阿炳生活的真实写照，也是他情感宣泄的传世之作。阿炳利用自己的创作天赋，把自身经历的底层社会生活的潦倒、流落街头卖艺的辛酸屈辱、人世的艰辛通过拉二胡、弹琵琶、说新闻的方式表达出来，把自己对痛苦生活的感受通过音乐反映出来，用他的创作天赋把种种所见、所闻、所感、所想化作一段段扣人心弦、催人泪下的音符和荡气回肠的旋律，展示了其独特的民间演奏技巧和风格，以及无与伦比的深邃意境，显示了中国二胡艺术的独特魅力，使广大听众产生强烈共鸣，受到世人喜爱。

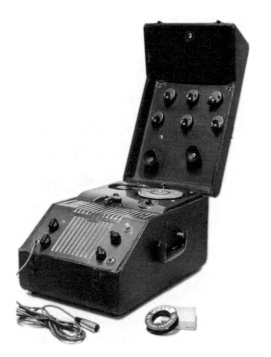

图3　杨荫浏录制阿炳遗音《二泉映月》的钢丝录音机及《二泉映月》录音带　中国艺术研究院艺术与文献馆提供

　　同样是在这一时期，音乐研究所开始利用问卷调查的方式，有计划地收集全国各地民间音乐的线索。[①]此后，采集第一手音响资料的工作全面铺开并除特殊原因外从未停止。1956年，音乐研究所资料室还正式组建了音档组。有关音响的采集方式，包括赴各地考察、采集各种表演和汇演，邀请各地民间艺人来北京录音，接收相关机构或个人的捐赠，转录广播电台的重要资料，等等。1994年，通过音乐研究所工作人员的整理与编辑，中国第一部音响资料工具书《中国艺术研究院音乐研究所所藏中国音乐音响目录》（录音磁带部分）出版问世，成为当时中国唯一一部音乐学意义上的音响目录。该目录收录了12类音乐音响资料，它们分别

---

　　① 　肖梅：《中国大陆1900—1966民族音乐实地考察——编年与个案》，福建师范大学博士学位论文，2004年，第129页。

是古代歌曲、民间歌曲、曲艺音乐、戏曲音乐、综合类传统乐种、宗教音乐、歌舞及舞蹈音乐、民族器乐曲、现代创作歌曲、西洋乐器演奏的中国作品、歌剧及舞剧音乐和有关音乐的其他音响资料。①

从中国传统音乐录音档案申报"世界记忆工程"国际项目所列文献描述和目录细节可以看出，这部音响目录是项目申报时的重要依据。在收录总量上，民歌数量最多，其次是民族器乐曲、现代创作歌曲，民歌和器乐几乎占整部资料的一半。每一条资料的信息包括曲目、体裁、民族、流行地、表演形式、作者、表演者、节目来源、收藏号等。翻看目录，基本可以了解有关乐曲的版本和录制年代。从音乐学的角度说，只有音响本身，就等于切断了与田野现场的联系，一盘录音如果不配以文字信息，就好比户口本上只有人名而没有年龄、性别等信息，相当于黑户。音乐学上的录音，不但要有声音，还要有文字；不但要有被访人的声音，还要有被访人的姓名、年龄、性别、民族、地点、时间、场合、所用乐器及其组合等相关信息，这才是学术意义上的录音资料。因为只有把声音与文本相互参照，前台后幕一一对应，才能帮助研究者感知现场，音乐学的录音才有另一番景象。提供了背景，文字与音响相辅相成，犹如让人亲临现场，使历史解读成为可能。中国音乐研究所的音响资料之所以不同于一般录音制品，就在于其配备了相关信息。

随着1992年"世界记忆工程"项目的启动，我国积极投身到"世界记忆工程"项目的申报工作中，此前中国艺术研究院音乐研究

---

① 中国艺术研究院音乐研究所资料室编：《中国艺术研究院音乐研究所所藏中国音乐音响目录》，山东友谊出版社1994年版。

所录制和收藏的中国传统音乐录音资料，由此得以在世界遗产中崭露头角。1997 年 12 月，中国传统音乐录音档案成为我国首批入选《世界记忆名录》的档案，同时也是世界范围内第一个入选《世界记忆名录》的音响档案。

　　现藏于中国艺术研究院音乐研究所的中国传统音乐录音档案的主要内容，为 20 世纪 50 年代以来从全国各地采集而来的，囊括各个民族、多种类型的音乐，载体形式包括蜡筒、钢丝带、开盘带、盒带、DAT 带及 CD 光盘等，长达 7000 小时，其中就有 50 年代初录于钢丝录音带的著名民间盲艺人阿炳创作的传世名曲《二泉映月》。这些长达 7000 小时的录音档案，先后使用了钢丝录音机、开盘录音机、盒式录音机及数码录音机等录音设备，涉及钢丝录音带、开盘录音带、盒式录音带、数码录音带等音响介质，成为我国自 20 世纪 50 年代以来录音发展史的真实写照。这批珍贵的录音档案，将那些通过口口相传、记录于文字的处于丢失或濒危之中的旋律，加以有效的记录和保存，使其得以继续流传于世。

　　录音彻底改变了人们闭耳塞听的经验和只用眼睛吸纳信息的渠道，开辟了一条让人亲耳聆听音乐大师传世绝响的路径。可以说，这部分音乐档案是世界音乐遗产的重要组成部分，利用它们开展相关研究，可以帮助我们了解我国乃至世界音乐的发展历史，以及这些音乐所承载的社会记忆，所以它们不仅是中国人民的集体记忆，也是全世界人民的宝贵记忆遗产。

二、中国传统音乐录音档案成为"世界记忆遗产"

　　"世界记忆工程"项目是 1992 年由联合国教科文组织发起的，

旨在通过实施联合国教科文组织宪章中规定的保护和保管世界文化遗产的任务，促进文化遗产利用的民主化，提高人们对文献遗产的重要性和保管的必要性的认识，引起人们对世界范围内濒危、散失或遭受厄运的文献遗产的现状加以关注和重视，并通过建立《世界记忆名录》、授予标识等方式，向有关政府和民众宣传那些现存于图书馆、档案馆和博物馆中的珍贵文献遗产的重要性，从而对其实施有效的保管，进而得到更为广泛的应用。据此，世界记忆工程有四个目标：保护、利用、产品的销售、认识，它们不仅同等重要，而且批次互为补充。历史档案的价值不仅仅是留住历史，因此对于中国传统音乐录音档案这项世界遗产，我们必须在采用适当手段给予保护的基础上，使其利用价值最大化，以其为基础开发出各种产品并加以广泛推销，将赢利所得用于该项目的保护，并在推广宣传过程中提升社会各界对它的认识。

对于文献遗产来说，被列入《世界记忆名录》将会大大提高自己的社会地位，所以入选该名录的申报工作，是各国政府、非政府组织、基金会和社会公众认识有关遗产的重要价值意义的重要途径。被列入《世界记忆名录》的档案，意味着可以使用世界记忆工程的标志。这个标志可用于各种宣传品，包括招贴画和旅游手册等，它将大大提高该文献遗产以及收藏这份文献档案的档案馆的社会知名度。

世界记忆是以文献形式记载下来的世界各族人民的集体记忆，是世界遗产的重要组成部分。入选《世界记忆名录》，不仅是一份荣誉，也是对入选档案在收藏、保护、开发利用等方面工作的肯定，并对提升该档案文献在国际上的知名度、后续的推广等具有很大的推动作用，所以我国有关机构均积极参与世界记忆工程项目的申报工作，而中国传统音乐录音档案的申报可以说是开启了这项申报工作的先河。

1993 年即发起"世界记忆工程"的第二年，联合国教科文组织文化组副组长亨利·洛珀斯（Henri Lopès）来到中国艺术研究院音乐研究所参观，看到该所收藏的有关音乐录音资料后，在表示震惊的同时建议时任所长乔建中，就这批珍贵资料的关注和保护问题向联合国教科文组织提出申请。随后，音乐研究所通过文化部外联局与联合国教科文组织北京代表处取得联系。1994 年到 1995 年，音乐研究所联系"世界记忆工程"项目组，提请联合国教科文组织为时长约 7000 小时的中国传统音乐录音资料的转录工作提供援助，并根据当时中国的市场价格拟定了设备购置及音响转录的预算，联合国教科文组织回复了这一申请，并给出了 75000 美元的预算。1996 年 6 月，中国艺术研究院音乐研究所蔡良玉研究员参加了联合国教科文组织、教科文挪威全委会和挪威国家图书馆等机构在挪威首都奥斯陆共同组织召开的旨在讨论世界各国文献遗产保护问题的第一届"世界的记忆"国际会议，并在"保护原始材料"的专题研讨中作了题为《保护中国的传统音乐遗产》的发言。① 蔡良玉研究员对音乐研究所自 20 世纪 50 年代以来收集的中国传统音乐资料进行了详细的介绍，重点阐述了中国传统音乐录音资料的珍贵文化价值，同时呼吁联合国教科文组织对这批宝贵的世界音乐文化财富给予必要的关注和支持。

听了蔡良玉研究员对这个项目的介绍，时任联合国教科文组织项目部负责人阿比德（Abdelaziz Abid）对此十分关注。当年 10

---

① 蔡良玉：《保护中国的传统音乐遗产——在第一届"世界的记忆"国际会议上的发言》，《交汇的视野：蔡良玉音乐学研究文集》，山东文艺出版社 2002 年版，第 267~274 页。

月，联合国教科文组织委派其专家、时任奥地利国家科学院音响档案馆馆长、国际音响与视听档案协会（International Association of Sound and Audiovisual Archives, IASA）发起人之一迪特里希·舒勒博士（Dr. Dietrich Schüller）来到中国，对中国艺术研究院音乐研究所收藏的这批音乐档案进行深入考察。舒勒博士多年来在音响档案收集、介质保护与数字化保存等技术和理念方面进行了大量研究，并在此方面展开了较多国际间的推动与交流。舒勒博士认真查看了全部音响档案的内容、存放方式、存放环境、介质类型、机器设备及其保存状况，认为这批历史音响是"不可复现的，具有重大历史、学术、文化价值的，代表中国传统音乐的一笔珍贵遗产，迫切需要采取措施加以保护"[1]。离开北京之前，舒勒博士还不忘强调：这些不可见的无形文化宝藏，与长城、故宫那些可见的有形文化遗产具有同样的价值，人们将会逐渐意识到，必须像保护长城一样来保护具有重大历史意义的声音档案。同年12月，在舒勒博士的帮助和鼓励下，音乐研究所正式向联合国教科文组织提出将中国传统音乐录音档案列入《世界记忆名录》的申请。1997年12月，在乌兹别克斯坦塔什干召开的联合国教科文组织国际咨询委员会第三次会议上，中国传统音乐录音档案被正式列入《世界记忆名录》，成为首批列入该名录的珍贵档案，也是全世界首批获此殊荣的音响档案。

三、如今的中国传统音乐录音档案

中国传统音乐录音档案具有独特意义和珍贵价值。从内容上

---

[1]　蔡良玉：《关于非物质文化遗产的保护和发展》，《人民音乐》2002年第1期。

看，其所收录的均为最原始的录音，几乎涉及中国音乐的各个层面，许多音乐音响的采集都是采录对象在非表演状态下完成的，是他们在生活仪式中最自然最本真的表现。尤其值得一提的是，其中一些采访对象是第一次接受采录。这种实地考察和采风，并非简单意义上的采集和保存，而是有计划地从学术研究角度所进行的科学采访记录；这些采集到的音响资料"不是艺术音响，而是生活音响"，他们的采访行为也"不是艺术行为，而是学术行为"。① 换言之，这份传统音乐录音档案所记录的不仅是音乐形态和音乐表现形式，还是当时人们音乐生活的真实写照，是社会文化背景的侧影，是世界人民共同的文化记忆。

此外，此项目所提交的"世界记忆"申请中提到，中国艺术研究院戏曲研究所和原中国艺术研究院资料馆，也收藏有大量珍贵的中国地方戏音像档案，如果项目入选，拟申请一并予以保护。2002 年 12 月，中国艺术研究院由恭王府迁入现址，在原资料馆的基础上，合并分散几处的戏曲、音乐、美术等研究所资料室，正式组建扩充为目前的中国艺术研究院图书馆，被列入《世界记忆名录》的中国传统音乐录音档案也因此得到了进一步充实，与地方戏曲音乐和曲艺音乐相关的内容，无论是数量还是种类，较申报前都增加了许多。如今，这份中国传统音乐录音档案的文献价值和学术价值已难以估量。

对于音乐来说，音响是最直接的呈现形式，而录音技术的出现极大地丰富了对历史文化的记录手段和保存方式，使得传统音乐能以理想的方式保存下来。然而，与记录文字或其他历史信息

---

① 张振涛：《按下录音键——杨荫浏、李元庆与音响资料的建设》，《中国音乐学》2010 年第 1 期。

的媒介载体一样，录音载体介质及其播放设备或多或少也会面临一些不可避免的难题。

世界记忆本身极为脆弱，世界记忆遗产遭受的危险多种多样。传统纸质的文献遗产会随着保存时间的推移而逐步老化，纸张上的墨迹也会因为化学不稳定性而被分解破坏。全球气候条件的恶化，则使越来越多的文献遗产遭受各种自然灾害的威胁，例如水灾、火灾等；局部地区的动荡与治安问题，如冲突与战争等则给文献遗产带来了人为灾难。对于录音档案来说，部分档案记录在音频磁带上，这些磁带会不断老化且失效，加之保存环境不利，处境危险，磁带存储形式就显得比较脆弱。为便于利用，亟须将其转录为数字格式，保存环境也亟待改善。进入信息时代后，电子文件的兴起使文献载体愈加多样化，原先记录于磁带等载体的录音档案可以转为电子档案。然而，电子文献在为大家带来便利的同时，其不稳定性使得遗产在某种程度上显得更为脆弱，例如技术过时、资金短缺、人为疏忽等，都可能导致视听文献和电子文献遗产的损失，而这些宝贵的世界记忆一旦被破坏，便难以复原再生。因此，除了保护意识丝毫不能放松，在保护技术上，如何正确地利用现代技术，采用科学的理论和方法，全方位地改善历史档案物理介质的保存状况，尽可能无损提取物理介质中所保存的内容，数字化采集过程中全面保障数据安全等方面，都还有很长一段路要走。

数字化遗产同样面临损坏和丢失的危险，除非这种危险被高度预估和防范，否则其损坏和丢失将是快速且无法避免的。因此，通过广泛的宣传工作，增加社会公众对有关危险的了解及警醒政策制定者，提高公众对数字化遗产面临的潜在危险及实施保护行动的敏感度，是非常必要和迫切的。

四、中国传统音乐录音档案的保护

近年来，政府、社会各界对非物质文化遗产的保护愈发重视，针对本地区档案文献遗产工作中存在的问题，我国有关方面也在不断完善保护措施，改进相关保护工作。就中国传统音乐录音档案而言，针对档案可能存在的损坏、丢失风险，数字化抢救工作势在必行，"濒危音响档案数字化"项目率先展开。作为数字化抢救的前期试验和基础工作，"濒危音响档案数字化"项目旨在"发现并解决具有中国民族民间文化特色的濒危音频档案数字化过程中可能遇到的问题，为规模化抢救音频档案遗产提供可行性方案"。[①] 该项目的专业技术合作方是由联合国教科文组织指定的具有百年历史的音响档案馆——奥地利国家科学院音响档案馆（Vienna Phonogrammarchiv）。项目组从申报的 7000 小时中国传统音乐录音中，以载体类型，濒危程度，内容的珍贵性、经典性与民族多样性为筛选标准，初选出 120 盘开盘录音带，并对其进行了数字化转储，之后又对其中 32 盘共 127 段音乐素材进行精选，最后将其中 36 段音乐制作成《中国传统音乐典藏精粹》CD 样本，提交给联合国教科文组织的相关部门。这是国内首次在联合国教科文组织的支持和资助下，与国外权威机构联合进行的关于历史音频档案抢救与保护方面的国际合作。项目组通过摸索和鉴定，了解到这批档案所含录音介质的濒危程度，已经超过了之前申报《世界记忆名录》时的状况。同时，在具体操作与实践中，项目组提升了对录音介质的认识和鉴定能力，增加了知识储备和经验

---

① 王雨桑:《"濒危音响档案数字化"试验项目成果报告》,《艺术科技》2005 年第 3 期。

积累，在与国际团队的合作过程中学习、了解了相关国际标准，并组建了自己的专业团队，从而为之后音响档案数字化抢救与保护工作奠定了坚实的基础。

中国传统音乐音响档案抢救保护项目，全面借鉴由联合国教科文组织推荐的国际通行的操作标准，从设备配置与环境搭建、人员组织与机构建立、操作标准与工作流程三个方面做出了许多努力。为全面掌握国内外音响档案数字化抢救与保护的现状和趋势，同时确保项目质量，项目组多次在国内外进行考察调研，汲取可资借鉴的方法和经验。针对不同的音响介质，项目组分别制定数字化采集工作流程和采录标准，确立音频采集规范，同时根据载体介质的保存状况和数字化采集的实际情况，选择恰当的还原播放设备，分析研究解决方案。为全面保障数据安全，项目组从硬件和软件两方面制定安全策略，以数据安全为最高准则，专设数据中心，部署服务器、防火墙等，同时建立专门的数据容错和备份系统。为保证元数据和专业资料信息的科学与规范，项目组组建了由音乐研究者、音响工程师、档案管理员构成的多学科互补的专业团队。因为面对的录音都是珍贵的第一手资料，所以在对其进行数字化转储的过程中坚持保存历史信息、忠实原始音响的基本原则，不对所采录的音响做任何降噪之类的美化与修饰，以保留原始记忆和还原真实历史。但是，毋庸讳言，音响资料内容丰富、种类繁多复杂、质量参差不齐的实际情况，确实给转储工作带来了较大的困难。

声像档案具有文字档案所不能代替的独特记录效果，因而对于社会记忆构建具有重要价值。环顾世界，音像档案遗产在世界记忆工程项目中占有不小的比重，在中国传统音乐录音档案之后，他国声像档案遗产也有不少陆续入选《世界记忆名录》，例如韩国新村运动档案、澳大利亚《凯利帮的故事》电影档案、联合国近东巴勒斯坦难民救济和工程处档案、KBS 电视台特别节目《寻找离散家属》档案等。2005 年，联合国教科文组织大会通过一项提议，将每年的 10 月 27 日确立为"世界音像遗产日"，鼓励世界各地把各自关于音视频遗产保存和利用活动的相关信息分享出来，特别是在"世界音像遗产日"前后或当天开展的活动。遗留下的珍贵的音响档案保护面临各方面的挑战，因此我们需要世界各国共同努力，提高直面挑战的危机意识。面对目前各国在遗产保护方面特别是技术方面的不均衡发展，我们有必要加强国际合作，团结一致，确保所有国家的记忆遗产得以生成、传播、保护和获得持续利用。开发已入选档案文献遗产的资源，寻求国家间的交流与合作，已是世界记忆工程各成员国保护利用档案遗产的普遍选择。通过国际合作，共同开发利用已入选的档案文献遗产，也是为了更好地实现世界记忆工程的目标。

迄今为止，除了中国艺术研究院音乐研究所收藏的中国传统音乐录音档案，还有大量存在于各地的图书馆、档案馆及其他有关机构的中国传统音乐档案，以及部分容易被忽视的分布于有关机构和个人手中的零星的音乐录音档案，因此需要社会各界对散布在我国档案馆、研究所以及散落在社会各处的珍贵音像档案遗产给与关注和保护。在中国之外的其他国家与地区，也存在一定规模的中国传统音乐档案的收藏与研究。2018 年，美国印第安纳大学的传统音乐档案馆（The Archives of Traditional Music at Indiana University）在唐研究基金会的资助下，正式启动"中国最初录音"项目，旨在将人类学家伯特霍尔德·劳弗（Berthold Laufer）于 1901—1902 年录制的四百卷蜡桶录音进行出版。这批录音资料于 1961 年由美国自然历史博物馆（American Museum of

Natural History）转存于印第安纳大学的传统音乐档案馆，成为"劳弗特藏"（劳弗录音档案），并于2017年进行了数字化建档。与此同时，该项目还计划对配套的104张照片、7500件实物及田野笔记作出评介和解读。在该项目的实施过程中，印第安纳大学的传统音乐档案馆联合中美两国十多位历史学、民俗学、音乐人类学、语言学领域的专家，共同完成制作英汉双语版的档案试听网站，同时出版一套纳入劳弗所采集的照片、田野笔记以及音响资料注释等的画册和CD。相比于同时代录制于中国的零星录音资料，"劳弗特藏"堪称是一宗系统性的记录档案，其中不仅包括了丰富且互为关联的音乐种类，而且有着较完整的配套图文资料。谈及这批劳弗录音资料的价值，民族音乐学家乔建中认为其中涉及了很多"未知的民间音乐大师"。

五、中国传统音乐录音档案的开发利用

作为首批入选《世界记忆名录》的项目，中国传统音乐录音档案的开发利用仍在探索中。中国艺术研究院图书馆根据馆藏中国传统音乐录音档案，以其中的古琴音乐和阿炳传世乐曲为主要出版内容，同时附以馆藏相关采访报告等重要文献资料，结合传统音乐音响和与之配套的文字记录的第一手资料，出版了《丝桐神品——古琴》和《世纪绝响——阿炳传世乐曲》。其中，《世纪绝响——阿炳传世乐曲》收录了阿炳仅存于世的6首乐曲，为了使其走向世界，全书采用中英文两种文字出版。古琴音响作品《丝桐神品——古琴》，收录了中国艺术研究院录制于1950—1970年的古琴录音，收录了274首琴曲，涉及72位琴家，其中绝大部分资料已成为历史绝响。两部出版物的出版，

为学术界提供了一份丰富完整的学术资料，极大地提升了这批资料的史料价值和学术价值。对于社会公众而言，这两部出版物也是他们接触和了解我们国家自己的"世界记忆"的有效途径。

对于"世界记忆遗产"项目的教育及培训、资源共享、研究成果的传播及实践活动的增加和拓展，使得数字保护技术的利用日益大众化，使用传统载体的档案也都需要数字化抢救性转换保存。新媒体企业、出版商和大众媒体迫切需要推广及分享数字遗产保护知识和技术。因为保护遗产的一个目的是确保这些遗产仍能被公众利用，所以中国传统音乐录音档案以及其他中国记忆遗产的保护，需要政府、数字遗产生成者、出版商以及相关行业及遗产机构不断努力，包括但不限于督促硬盘和软盘开发商，数据材料的生成者、出版商、生产者及销售者，以及私营合作者与国家图书馆、档案馆、博物馆及其他公众遗产组织进行合作，开展相关的培训与研究工作，在有关机构与专业协会间开展分享遗产保护的经验与知识的活动，鼓励大学和其他公共与私人的研究组织开展遗产保护研究工作。因此，保护世界记忆，不只是档案和相关文化工作者的责任，也需要全民的认同及支持，在全社会营造文献保护意识，做到社会发展与遗产保护的和谐共存、共同提高。

迄今为止，"世界记忆工程"已走过了30个年头，中国传统音乐录音档案入选《世界记忆名录》也已经过去了20多年。20多年来，中国传统音乐录音档案的研究利用者们，在保护第一的前提下，通过各种形式将这份珍贵文献遗产展现在社会公众面前，让人们在那个年代的民间音乐氛围中，感受中国音声之美，同时唤起国内外公众对其给以深层次的关注、保护和利用。

我国历史悠久、丰富灿烂的文化艺术，被记录在各种珍贵的文献档案中，散存于数量、规模庞大的档案馆、图书馆和博物馆中。每一件文献遗产都准确地记录着当时的社会状况，是祖先留给我们的宝贵的精神财富。但是，随着社会的变革和文化的演进，中国传统音乐作为我国传统文化遗产的重要组成部分，也不可避免地发生变化，例如某些音乐文化形态和音乐文化事项发生改变甚至逐渐消亡。更让人担心的是，它们也可能会因为无知者的人为破坏，或突发的意外灾害事故而灰飞烟灭，因此提高保护文献遗产的危机意识十分必要，而且刻不容缓。

参考文献

1. 张新：《"世界记忆工程"和"中国档案文献遗产工程"简介》，《四川档案》2001 年第 3 期。

2. 申晓娟、石鑫、王秀香：《国内外文化记忆项目的实践与启示》，《信息资源管理学报》2014 年第 2 期。

3. 周耀林、宁优：《"世界记忆工程"背景下"中国档案文献遗产工程"的推进》，《信息资源管理学报》2014 年第 3 期。

4. 徐欣云：《非物质文化遗产档案式保护中的"新来源观"研究》，《档案学通讯》2013 年第 5 期。

5. 唐跃进：《我国档案文献遗产保护的思考》，《档案学通讯》2007 年第 5 期。

6. 黄广琴、颜川梅：《重新审视档案保护研究》，《中国档案》2008 年第 1 期。

7. 张振涛：《按下录音键——杨荫浏、李元庆与音响资料的建设》，《中国音乐学》2010 年第 1 期。

8. 张艳欣：《社会记忆视角下的声像档案保护研究》，《北京档案》2013 年第 12 期。

9. 乔建中：《甘于寂寞 无声奉献——中国艺术研究院音乐研究所建所 40 周年献辞》，《中国音乐学》1994 年第 1 期。

10. 黄大岗：《杨荫浏和〈二泉映月〉——曹安和访谈录》，《音乐研究》1998 年第 1 期。

11. 王红敏：《中国入选〈世界记忆名录〉的文献遗产》，《中国档案报》2012 年 9 月 14 日，第 3 版。

12. 肖梅：《中国大陆 1900—1966 民族音乐实地考察——编年与个案》，福建师范大学博士学位论文，2004 年。

13. 中国艺术研究院音乐研究所资料室编：《中国艺术研究院音乐研究所所藏中国音乐音响目录》，山东友谊出版社 1994 年版。

14. 蔡良玉：《保护中国的传统音乐遗产——在第一届"世界的记忆"国际会议上的发言》，《交汇的视野：蔡良玉音乐学研究文集》，山东文艺出版社 2002 年版。

15. 蔡良玉：《关于非物质文化遗产的保护和发展》，《人民音乐》2002 年第 1 期。

16. 王雨桑：《"濒危音响档案数字化"试验项目成果报告》，《艺术科技》2005 年第 3 期。

清代内阁密本档

Records of the Qing's Grand Secretariat

徐　莉

中国第一历史档案馆保存的清代内阁密本档有关 17 世纪在华西洋传教士活动的档案，于 1999 年成功入选《世界记忆名录》。

1992 年，在联合国教科文组织（UNESCO）和国际档案理事会（ICA）的共同努力下，"世界记忆工程"开始实施。该项目的开展推动了世界各国记忆遗产即文献遗产的保护工作。世界记忆工程，用来防止集体记忆的丧失，并且呼吁保护宝贵的文化遗产和馆藏文献，让它们的价值在世界范围内广泛传播。世界记忆遗产名录分为世界、地区和国家三级，根据其地域影响力，申报的文献遗产分别列入不同级别的名录。

图 1　联合国教科文组织颁发清代内阁密本档入选《世界记忆名录》证书　中国第一历史档案馆提供

清代内阁密本档中有关 17 世纪在华西洋传教士活动的档案，主要内容为康熙初年审理江南歙县布衣杨光先状告钦天监监正汤若望一案。两方对簿

公堂，各自详尽阐述了天文历法、宗教信仰、礼仪民俗等多个方面的观点。这是中西文化交流史上的重要事件，是中西文化的一次大碰撞。

一、密本档中有关 17 世纪西洋传教士活动的档案基本信息及编译研究成果

（一）清代内阁密本档的形成及内容

清代密本档是抄录有关官员呈进的密本而成的档册。在清代奏折被广泛应用之前，本章中还有少量专用于上报机密事宜的密本。"这类本章或为地方官密查密报，或为部议密呈，或本内引用密谕，或有关军事机务，均用密封，随时进呈。行文用语多带'密'字，由内阁专人办理，故称'密本'。"① 进呈密本，内容要求严格，不得牵涉私事。康熙朝《大清会典》卷一百四十八载："凡密本内，若有假公牵引私事，希图侥幸，或借端生事，扰害良民，谎称密事者，下部查议题参，交刑部，照例从重治罪。"

密本与一般本章有所不同，其进呈和文书处理均有严格的制度。如，密本投递只写正本，不必如其他本章具写副本。顺治八年（1651）题准："督抚镇按衙门，密封投司者，止具正本，其副本概行停止。"密本递送严格按照里程时限，违者重罚。顺治十二年（1655）题定："赍送密封本章，原有程限，违限者，查日期多寡，参送法司，分别治罪。"进呈密本者多为现任职官员，也有废员闲员，但是有关文书的处理有所不同。康熙二十一

---

① 裴燕生等编著：《历史文书》，中国人民大学出版社 2003 年版，第 165 页。

年（1682）谕："除现任职官密本照常封进外，其废闲官员及无籍棍徒所具密本，该司先行看阅，应封者封进，不应封者严加驳回。"（康熙朝《大清会典》卷一百四十八）密本可以随时进呈。嘉庆朝《大清会典事例》卷十载："如系密本，亦著该衙门不拘时刻封进。"内阁发出密本，无须经六科抄录，密封下科，由科挂号，将原封送部，取承领官职名，附于号簿。该部办理完毕，仍密封送科，收缴内阁。顺治、康熙年间的大学士王熙就曾奉命"专管密本"（赵尔巽《清史稿·王熙传》）。

顺治朝中后期至康熙初年，密本较多。康熙中叶以后，密本数量急剧减少，奏折广泛使用，将密本取而代之。按清代文书副本制度，题本由各科抄写，录以史书和录书，"密本则不抄"（嘉庆朝《大清会典事例》卷五十四）。但从留存的密本档可知，密本并非不抄录，而是单独进行了抄录。在康熙朝《大清会典》卷二中有载："凡发六科红本，该科誊录底簿，原本送阁存贮。其密封发部者，该部仍密封送科，由科缴阁，亦誊录底簿，一并收贮，以备编辑。"乾隆朝《钦定大清会典则例》卷二则明确指出："其密封发部者，该部亦密封送科，由科缴内阁并誊录底本，于年终造册送内阁，交满本房贮库，以备编纂。"这些誊录底本即形成了编年体按朝年抄录而成的副本档册，即密本档。

中国第一历史档案馆藏清代内阁密本档记事时间起于清顺治十年（1653），止于康熙十九年（1680），每月或半月为一册，共108卷154册。书写文字为满文。密本档为毛装，封面为黄色纸质封面，在封面中间自上而下书写有满文年代及文书种类，如"elhe taifin i duici aniya juwe biyai nargūšaha dangse"，汉文译作"康熙四年二月密本档"。册内正文每件密本前书写日期，然后另起一行，按照满文的书写习惯，自上而下、自左向右开始抄录密本。

如系同一日文件，日期则书写为"ineku inenggi"，汉文译作"本日"。抄录文书同样按照正文一样抬格。字体不如题本正本工整，书写偏行草体。密本文后照常抄录密本原文上的批红内容。密本档内容"主要有清入关初期在云南、广西、广东、江西、福建、浙江等地的军事活动，包括镇压明末农民起义余部，征战明朝残余势力，镇压郑成功等抗清斗争，收复台湾和征讨沿海地区海盗等战争。此外，还有郑芝龙投诚清朝，设官管理西南地区，有关官员的纠参处分和西洋传教士的活动等情况"①。

图 2　内阁密本档装具外匣　中国第一历史档案馆提供

（二）密本档中有关 17 世纪西洋传教士在华活动情况的档案编译成果及部分研究成果

清代内阁密本档为满文书写，要想充分利用，利用者须精通满文。这对于大多数利用者是有一定难度的。档案编译成果对于利用这部分档案大有裨益。已有相关编译成果和研究文章，为大家充分了解和发掘这部分档案的价值提供了详尽史料和阶段性研究成果。

《清初西洋传教士满文档案译本》由中国第一历史档案馆、中国海外汉学研究中心合编，安双成编译，大象出版社于 2015

---

① 吴元丰：《清内阁满文档案述略》，《满文档案与历史探究》，辽宁民族出版社 2015 年版，第 27 页。

年 2 月出版。该书共收录中国第一历史档案馆藏顺治、康熙两朝内阁满文秘本档、满文票签档、满文题本、礼科史书、内务府行文档、宫中满文朱批奏折等 73 件满文档案，均已翻译成汉文。其起止时间为顺治三年（1646）至康熙五十年（1711），主要反映清朝初年西洋传教士汤若望案和礼仪之争两件案件相关的内容，清代内阁密本档中有关 17 世纪在华西洋传教士活动档案的汉文译文也被收录其中，是迄今为止最完整收录该部分档案汉文译文的编译成果。此书为该部分档案的充分利用提供了更为广泛的史料基础。

《中国档案文献遗产名录》第一辑由荣宝斋出版社于 2016 年 12 月出版。它收录了这份档案，介绍了文献遗产名称、文献形成年代、文献数量、文献保存者、文献内容及评介，并刊发了 6 幅档案图片。通过图片，可以直观看到档案的形制、满文书写的状况、文书抄录的格式等信息。

图 3　内阁密本档册封　中国第一历史档案馆提供

有关汤若望案的研究成果已有很多著作和文章，但是由于语言文字等原因，直接利用该档案史料的研究论文并不多。有关著述主要有：安双成《汤若望案始末》，载《历史档案》1992 年第 3 期；安双成《汤若望在华传教之得与失》，载《历史档案》1996 年第 3 期；安双成《礼仪之争与康熙皇帝（上）》，载《历史档案》2007 年第 1 期；安双成《礼仪之争与康熙皇帝（下）》，载《历史档案》2007 年第 2 期；郭美兰《清初震惊朝野的汤若望案》，载郭美兰著《明清档案与史地探微》，辽宁民族出版社 2012

年1月版。

编译及部分研究成果为该档案提供了基本信息、汉文译文及部分图片，为读者提供了从形制到内容的详细丰富的信息，为该项记忆遗产提供了可供研究的基本材料。有关文章作为阶段性研究成果，从各自的角度对汤若望案的案件本身以及延伸部分进行了比较充分的研究，并结合礼仪之争、西洋传教士等紧密相关的课题进行了深入的讨论，更进一步印证了这部分档案的价值。

二、"汤若望案"前即明末清初西洋传教士进入中国情形

（一）明末清初西洋传教士进入中国情形

15世纪末以后，欧洲殖民国家向全世界扩张，他们通过军事镇压，建立殖民统治。在席卷世界的殖民浪潮中，宗教起到了极其重要的作用。[①] 耶稣会创立于1540年，是罗马教廷用来镇压新教和向海外进行殖民扩张的工具，它组织严密，纪律严格，策略灵活，手段多样化。耶稣会受葡萄牙王国的保护和支持，葡萄牙把它当作海外扩张的有利工具。欧洲国家的军旗往往同十字架一起插到殖民地，大批传教士被派到海外各地。殖民者每占领一地，传教士便来充当殖民管理者的角色。

明末清初中国王朝更迭并没有打断耶稣会在华活动。明末清初来华的西洋传教士在传播天主教的同时，给中国带来了天文学、数学等西方科学技术。对于从西方传入的数学、天文学及相关仪

---

① 戴逸主编：《简明清史》第2册，人民出版社1984年版，第123页。

器，以及钟表等富含科技的事物，明清之际的中国一定程度上是接受的。但是对于天主教的进入，不同时期的统治者态度就不相同了。

从传教士的主观意愿来看，科技知识是将天主教带到中国来的手段，传播天主教才是他们来华的根本目的。西洋人并不愿意将科学技术带到中国来，明万历四十三年（1615）监管中国耶稣会的大主教卡瓦略就曾命令传教士"停止传授数学，并拒绝参与任何朝廷进行的历法改革。取而代之的是，他们都将集中于布道"。① 在西洋人士的推动下，天主教在中国的传播非常迅速。万历十年（1582），通过献上钟表和三棱镜等西方物品，耶稣会士罗明坚、范里安获得了在中国的居留权。万历十一年（1583），耶稣会士罗明坚和利玛窦在广东肇庆建立教堂，标志着天主教开始在中国传播。万历二十二年（1594），利玛窦在韶州开始撰写《天主实义》，当年其初刻本即在南昌出版。教堂和天主教著作是天主教进入中国的标志物。教堂的建立意味着天主教具备了宗教传播的组织要素；天主教著作的传播意味着天主教具备了传播的思想要素。在利玛窦等人的推动下，截止到清顺治元年（1644），传教士在中国建立教堂 159 座，发展中国教徒 25 万人。②

传教士的天文历法在明末清初得到中国统治者的认可。中国从 13 世纪以后，一直采用郭守敬的历法，相沿日久，推算有不少错误。利玛窦看到中国历法存在的问题，开始制定新历法，邓玉函、汤若望等继续了这一工作。新历法因为明朝覆灭而未能实

①（英）崔瑞德、（美）牟复礼编：《剑桥中国明代史（1368—1644 年）》（下卷），中国社会科学出版社 2006 年版，第 789 页。

② 吕江英：《康熙初年的历法之争与儒耶冲突》，中华书局 2015 年版，第 41 页。

行。清朝入关后，新朝急需换代改历，顺治二年（1645）就采用了传教士们创制的《时宪历》，任命汤若望掌管钦天监，赐号"通玄教师"。可以说，明末清初之际，中国统治者对于西方传教士是很尊重的，对外来科技和文化是持开放态度的。

耶稣会传教士在华活动，一方面给中国带来了数学、物理、天文、历法以及测绘术、地图学等先进的知识，这是中西文化的一次大交流，传教士在其中起到了有益的作用；另一方面，耶稣会传教士在中国传播的天主教的世界观、伦理观念、道德观念和宗教信仰，也直接冲击了中华民族的传统文化观念，因此遭到保守力量的强烈抵制。此后，天主教与中国传统文化的冲突时有发生。

明万历四十四年，沈潅发动了反天主教的"南京教案"。清初，采用以西法修订的《时宪历》，引起保守势力的强烈不满。顺治末年，钦天监回回科的吴明烜和新安卫官生杨光先就先后上书，指责汤若望等人造历错误。但是，在实测时，西洋历法与实际天象符合，胜过传统历法，因此，顺治皇帝并未理睬二人的诘告。顺治皇帝死后，鳌拜专权，政治气候发生了变化。杨光先再次上书，更加激烈地对汤若望等西方传教士进行全面攻击。朝廷派员专门审理此案，这就是内阁密本档中所记载的有关 17 世纪西洋传教士在华活动档案的主要内容。

（二）汤若望其人

汤若望（1592—1666），全名约翰·亚当·沙尔·冯·贝尔（Johann Adam Schall Von Bell），日耳曼人，天主教耶稣会传教士，通晓天文历法，译撰有大量西欧古典天文学论著。于中国明清两代在历局和钦天监任职。在清代顺治、康熙年间，掌管钦天监达二十年之久，是明末清初影响较大的几位天主教传教士之一。《清史稿》有《汤若望传》。

明万历四十六年（1618），他受耶稣会派遣来中国传教，在澳门登陆，取中文名字汤若望。汤若望进入中国之时，正是明朝逐渐走向衰落的时期。汤若望于明崇祯三年（1630）五月受聘到历局任事，从事译撰历书，推布天文，制作天文仪器，测日月交食，占候节气，考定置闰，并参与了徐光启等人主持编写《崇祯历书》的工作。汤若望的新定历法，因明代覆亡而未能通行。汤若望有关自然科学方面的著作或译著约 30 种 70 卷，这些著作因其有很强的科学性而令人叹服。可以说，汤若望参与撰修《崇祯历书》，修订历法，事实上开了中国朝廷启用西方传教士的先河。此时在中国传授自然科学知识，尤其是天文知识，已成为西方传教士涉足中国仕途的一个重要平台。[1]

清顺治元年，清兵入关，明朝覆亡，汤若望则留在京城。五月十一日，汤若望上书清廷，请求准许他仍居住在宣武门天主堂传教。次日，汤若望的这一请求得到了允准。五月二十三日，清廷录用各衙门旧职人员时，汤若望开报了明朝历局官生职名，并表示他自己愿在历局继续进行推算历法工作，从此便开始为清政权服务。六月二十二日，汤若望向清廷上书，声明他自己曾用西洋新法厘正过旧历书，制作过许多天文仪器，听说它们尽遭毁坏，准备另造进献。他将依照西洋新法推算出来的当年八月初一日在京师应见到日食的起复时刻、方位、食分、图像，以及云南、高丽等 16 个地区所应见到的各种数据等，俱行开列呈览。七月初九日，汤若望进献浑天球一架、地平日晷一具、望远镜一具及舆

---

① 郭美兰：《清初震惊朝野的汤若望案》，《明清档案与史地探微》，辽宁民族出版社 2012 年版，第 377 页。

地屏图等。清廷礼部等衙门大臣官员经过认真研究之后，将汤若望修订的历书命名为《时宪历》，拟从顺治二年起在全国颁行。汤若望作为专门人才，于顺治元年十一月被任命为钦天监监正，成为中国历史上钦天监的第一位西洋监正，开创了西洋人在中国执掌观象台的先河。

汤若望受到顺治皇帝和皇太后孝庄的信任和尊重。顺治皇帝称其为"玛法"（"玛法"满文作"mafa"，汉文译作"祖父"或"老翁"），赏赐银两扩建宣武门教堂，赐御书"通微佳境"堂额。顺治十年（1653）"赐太常寺卿管钦天监事汤若望号通玄教师，加俸一倍，赐之敕谕"（《清文总汇》卷七十三）。汤若望历任太常寺少卿、太仆寺卿、太常寺卿、通政使司通政使，先后被加封为通议大夫、光禄大夫。他掌管钦天监达二十年之久，在观测天象、制造仪器、修历法以及掌管钦天监行政事务等方面均颇有建树。他掌管钦天监印务期间，曾以年迈力衰为由请辞，顺治皇帝极力挽留。汤若望是继利玛窦之后又一位沟通东西文化的先驱者，也是诸多在华传播西学的人士中成功的一位。

然而这样一位受到皇帝青睐的西洋人士，在晚年竟卷入一场震动朝野的案件之中，这就是内阁密本档所记载的杨光先状告汤若望一案。

（三）杨光先其人

杨光先（1597—1669），字长公，江南徽州府歙县（今属安徽）人。好天文术数，具备一定的天文学知识。因极力反对汤若望用西洋新法所编写的《时宪历》，多次上书状告汤若望。案后任钦天监监正。后因屡次历算不准，被罢官并获罪。《清史稿》有《杨光先传》。杨光先在明朝时受恩荫为新安所千户。明崇祯十年，他将千户位让与其弟，以布衣身份抬棺死劾大学士温体仁和给事中陈启新，被廷杖后流放辽西。不久，温体仁倒台，杨光先被赦免回乡。

清朝建立之初，颁布汤若望用新法所编《时宪历》，面题"依西洋新法"字样，此举遭到杨光先激烈反对。杨光先于顺治十三年来京，于顺治十五年见到钉死耶稣的画像，知道了天主教为耶稣教，从此即有弹劾之念。先后于顺治十六年具投礼部，顺治十七年五月撰写《辟邪论》一文具呈通政使司衙门，顺治十七年十二月初三日具投礼科，均因管辖范围不符等未被受理。顺治十六年，杨光先斥汤若望等之教会为邪教，"斥所奉天主教为妄言惑众"（赵尔巽《清史稿·杨光先传》），并作《始信录》颁行五千余册。当时，康熙即位，四辅臣辅政，很赏识杨光先，命吏部、礼部会同审理此案。内阁密本档中记载有关 17 世纪在华西洋传教士活动的档案，即该案件的审理及处置情况。

三、密本档中有关 17 世纪西洋传教士在华活动情况的档案记载内容

内阁密本档中有关 17 世纪在华西洋传教士活动的档案主要内容，为康熙初年审理安徽歙县布衣杨光先状告钦天监监正汤若望一案。两方对簿公堂，各自详尽阐述了天文历法、宗教信仰、人文史地、礼仪民俗等多个方面的观点。密本档中对该案的审理记载详尽，多方供词翔实，体现案件细节，反映当时清廷对历法和在华传播天主教的价值取向。

案件审理时间主要集中在康熙三年十二月至康熙四年七月，

进密本者主要有礼部尚书祁彻白、康亲王杰书、刑部尚书尼满、广东总督陆崇俊、显亲王富绥、吏部尚书阿思哈等。

从内阁密本档对案件审理的内容来看，该案主要围绕历法之争和天主教在中国传播两项内容展开。

（一）历法之争

杨光先作《摘谬论》，历数汤若望历法中的十种谬误。对杨光先所说的这十种谬误，汤若望在审讯中一一予以辩驳，在内阁密本档第一百四十九卷康熙四年正月十三日礼部尚书祁彻白等密本内有详细记载。

一谬不用诸科校正。杨光先认为，"从来治历，以数推之，以象测之，以漏考之，以气验之"。以往历法的推算主要看历数而不是历象，为了保证推算与天象符合，用回回科太阳五星凌犯来校正；为保证推算、凌犯二象与天象符合，用天文科台官所测验来考证。这样的三科校正才能保证历法精准正确。汤若望"惟凭一己之推算，竟废古制之诸科，禁回回科之凌犯而不许其进呈，进自著之凌犯，以掩其推算之失，置天文科之台官而不使其报象，废漏刻科之律管而不考其飞灰"。[1]汤若望称，回回历顺治年间因种种谬误被降旨禁用，与自己无关；天文科、漏刻科均恪尽职守，每日观测上报，飞灰一项明朝就不用了，并且自己所作观测与天象符合。

二谬一月有三节气。杨光先认为，按历法每月一节气一中气，此定法，也是定理。新历中顺治三年十一月初一日为大雪节气，

---

① 安双成编译：《清初西洋传教士满文档案译本》，大象出版社2015年版，第57页。

十五日为冬至节气，三十日为小寒节气，一个月之内有两个月的节气，开天辟地以来从来没听说过有这种历法。汤若望则认为，一个月有三个节气，是太阳行迟疾不一所致，一节气为十五度，一中气也是十五度，共为三十度。今太阳冬行疾，一月可行三十余度，即行两节气。如顺治三年十一月大，就有三个节气。

三谬二至二分长短。杨光先认为，至分之数，时刻均齐，无长短不一之差。自冬至至夏至，夏至至冬至，自春分至秋分，秋分至春分，均为一百八十二日七时半，这是太阳日行一度所致。汤若望认为，自冬至至夏至为一百八十二日二时，夏至至冬至为一百八十三日一时弱，自春分至秋分为一百八十六日九时二刻十分弱，秋分至春分为一百七十八日五时五刻五分，这是太阳之行迟疾所致。

四谬夏至太阳行迟。杨光先认为，"太阳之行，原无迟疾，一昼夜实行一度。夏至太阳躔申宫参八度，参八出寅宫入戌宫，昼行地上度二百一十九度弱，故昼长。夜行地下度一百四十六度强，故夜短"。认为太阳运行并无迟疾，昼长夜短或昼短夜长并不是由太阳运行速度决定的。汤若望观点正好相反，认为昼夜之分，夏至昼长夜短，冬至昼短夜长者，与太阳之行迟疾有关，即与夏至太阳在地上所行轨道长，在地下所行轨道短有关；冬至反之，在地上所行轨道短，在地下所行轨道长。

五谬移寅宫箕三度入丑宫。杨光先认为，寅宫宿度，自尾三度入寅宫起，尾四、五、六、七、八、九、十、十一、十二、十三、十四、十五、十六、十七度，箕初、一、二、三、四、五、六、七、八度五十九分，斗初、一、二、三度，始入丑宫。今冬至之太阳，实躔寅宫之箕三度。而新法则移箕三入丑宫，是将天体移动十一度。汤若望则认为移箕三入丑宫，是恒星自行所致。

六谬更调觜、参二宿。杨光先说，四方七宿，俱以木、金、土、日、月、火、水为次序。"今汤若望更调参水猿于前，觜火猴于后，古法火水更调矣"，调整了火水，与古法不符。汤若望则认为，这些顺序都是人为定编的次序。

七谬删除紫气。杨光先认为，汤若望说四余自隋唐始就。四余即紫气、月孛、罗睺、计都。如果确实认为没有，四项均应尽削，为何只删一紫气？有援引万历丙辰年东方出现一道白气，直冲紫微垣，经观测后，奏以紫气所变。不久，太祖皇帝兴兵，不到三十年，世祖皇帝进入北京一统万邦。紫气乃我朝创业之吉祥星宿，而汤若望唯独删去四余中的紫气，肯定别有用心。汤若望则认为，紫气并无天象可以证实，因而删去。

八谬颠倒罗、计。杨光先认为，罗、计自隋唐始有，而新法以罗为计，以计为罗。汤若望则认为所谓罗睺、计都只不过是不同的计算方法，无所谓颠倒。

九谬黄道算节气。杨光先称，按节气当从赤道十二宫匀分，每一节气该一十五日二时五刻一十七秒七十微八十三纤。今新法以黄道阔狭之宫算节气，故有十六日、十五日、十四日一节气之差，所以置闰立春皆错。汤若望则称，旧法平分节气，以十五日为限，此与天数不合。新法则按天度推算，十四日、十五日或十六日置一节气，多寡不一。

十谬历只二百年。中国历代王朝都很重视制订历书，视其为国家兴盛的象征。杨光先指责汤若望只呈进二百年历书，而未推算出万年历法，是其不忠。汤若望则认为，以新法推算出的历书，不仅有二百年，也有无疆年表，以二百年来分，只是为了方便适用。

这十项均为天文历法之辩，双方均清晰阐明各自观点。除此之外，还有涉及历法之事。

1.《大清时宪历》面题"依西洋新法"五字。杨光先控诉汤若望等所编"犹如奉彼国之正朔,显然欺我君、蔑我朝之巨罪"①,借大清历法宣扬西洋。汤若望称写字为"掌印戈承科之事",并不是自己有意书写。

2. 置闰有误。杨光先指责新法于顺治十八年置闰七月是错误的,应置闰十月。汤若望则坚持应置闰七月,而置闰十月是错误的。为此,汤、杨二人在法庭上进行了一次辩论。审理此案的各大臣对二人观点孰是孰非无法判断,所以又传钦天监各官博士等二十余人,当堂讯问顺治十八年应如何置闰。结果,有说按新法推算应置闰七月,有说按旧法推算应置闰十月,最终并无定论。

3. 中星之辨。杨光先所作《中星说》称,满天星宿皆拱天而不动,惟独七政日、月、金、木、水、火、土可动。若言二十八宿动而不在原处,则可见汤若望不知天象。汤若望则反驳说,宗动天自东往西移动,众星天自西往东移动,只是其移动甚缓,须日久方有感觉。

4. 立春前日起管之争。杨光先认为,每年十二个月,有二十四节气,都以律管飞灰观测,这是定理。康亲王杰书等也说,汤若望等不遵会典旧例,每年立春前日起管,谎称春气已应。汤若望则说,飞灰观测已经不用很久了,并且地有硬软干湿不平现象,实难求其吻合。又说,定例于立春前日起管,立春前后,空气中已有不冷不热之地气,此时春气已应。

5. 时刻之争。杨光先认为,按旧法将一昼夜分一百刻,再分为十二时,每时为八刻三十三秒三十三微三十三纤三芒。而新法

---

① 安双成编译:《清初西洋传教士满文档案译本》,大象出版社2015年版,第22页。

将一时改为八刻，用九十六刻。汤若望称，将百刻分为十二时，必有余数，难以计算。将九十六刻分为十二时，则无余数，不难计算。太阳行一昼夜，或以百刻计算，或以九十六刻计算，均不增减，区别仅在于计算之复杂与简便。

6. 选择荣亲王葬期之争。杨光先根据已知阴阳五行之理，推算出钦天监给出的荣亲王入葬之期，"年犯三杀，月犯生杀，日犯党杀，时犯伏吟，四柱无一吉者，不知其凭何书何理而选之也"[①]。汤若望等人则称，历来选择都用洪范五行。

7. 地圆之说。杨光先不相信地球是圆的，认为天和地"如二碗之合，上虚空而下盛水，水之中置块土焉。平者为大地，高者为山岳，低者为百川，载土之水，即东西南北四大海"。

中西历法之争，汤若望和杨光先各自立论的基础，一个是西方天文学理论，一个是中国传统天文历算。双方在具体天理历法各种现象中都充分阐释了各自的观点。但是在案件审理过程中，彼此各执一词，审理官员有时也无从判断彼此对错。有关天文历算的历理和历数，审讯了钦天监监副周胤，春官正宋可成，夏官正李祖白，中官正刘有泰，秋官正宋发，冬官正朱光显，五官保章正尹凯、张文明，五官灵台郎张其淳，五官挈壶正杨宏量，五官司历戈继文、鲍英齐等精通天文历算的几十人，他们对其中某些问题也各有不同认识。

（二）天主教在华传播

清康熙三年（1664），杨光先状告钦天监监正、西洋传教士

---

①　安双成编译：《清初西洋传教士满文档案译本》，大象出版社2015年版，第68页。

汤若望造传妖书，斥天主教为邪教。

从审讯的内容来看，汤若望案涉及在华西洋传教士情况、入天主教仪式、建天主教堂、发行天主教刊物，以及天主教基本观念与中国传统文化习俗的矛盾，从仪式到理念等多个层面展现了当时天主教在华传播的情况。按照档案记载顺序，下面梳理审讯案件中关于天主教的问题。

时任钦天监正五品夏官正、天文学家、天主教教徒李祖白与利类思合著《天学传概》一书，大致介绍天主教起源、天主教传入中国及传教士来华后做出的功绩，如修宪历、建教堂、传播天学、翻译书籍等。书中提到中华民族的人文始祖伏羲本是犹太人，自西向东来到中国，并且带来了天主教。国子监助教许之渐为其作序。这一书内观点遭到杨光先强烈反对，他于康熙三年作《请诛邪教状》，认为天主教所信奉者，无天、无地、无君、无亲、无师，是邪教，天主教蛊惑人心、干犯法纪。十二月，对此案件进行审理，控辩双方从多方面阐述了对天主教的不同认识，第一次审理从以下 14 个方面拟定汤若望之罪。

1. 中国人文始祖伏羲氏是否为如德亚国之苗裔。杨光先诉称，汤若望等所编造《天学传概》声称万邦君主皆为伊教之子孙，在中国为伏羲氏，是如德亚苗裔，是叛我朝而降彼国。汤若望则坚称并未犯叛逆之事。他辩解说，天主教内所谓天下初人，即为天主之人，即便中国人也是天主之人。中国书籍内说伏羲氏始有人，故伏羲氏来自如德亚国。审理认为，汤所言中国之初人是如德亚之苗裔，纯系编造。

2. 香山澳分布有天主教教徒。杨光先称济南及京城共有 30 座教堂，香山澳分布着天主教教徒，踞为巢穴，接纳海上往来之人。汤若望称外省教堂自万历年间就有了，并不知道香山澳西洋人是否接纳海上往来之人，并不知道是否踞其为巢穴。审理认为，在外省各堂皆有西洋之人，在香山澳住有西洋人，这是以香山澳为栖居之所。

3. 修建天主教堂。杨光先称，济南等地 18 堂在我朝翻新，是西洋人修建。汤若望称，扬州等地 13 堂确实由西洋人在我朝重修，但不是自己令人修建的。审理认为，当初审讯时，不曾如实招供，现经杨光先揭发，才供称是西洋人所建。

4. 造传妖书蛊惑天下人。杨光先称，汤若望借历法藏身金门，窥视我朝机密，布党羽于京省 13 要害之地，造传妖书，以惑人心，内外勾连，图谋不轨。汤若望称并无借历法藏身金门，造传妖书，以惑人心之事。《天学传概》一书并不曾散发，曾寄给济南、上海、常熟 3 处教堂，其余各堂因为没有方便之人，不曾寄去。

5. 入天主教对抗朝廷，如期集会。杨光先称，天主教敢对抗朝廷，教堂每年如期集会，散给会期作为凭证。汤若望称，天主教不是邪教。入天主教之人，每人给《天主教要》一册及铜像、绣袋、会期。一年收徒二百余人，一月四会，讲演天主教。每会各交钱一二千，以资助穷人。审理认为，外省各堂人都按汤若望所说的发给铜像。

6. 编写《天学传概》反驳邪教一说。汤若望称编写《天学传概》是因为杨光先于顺治十六年、十七年间说天主教是邪教，故作书颁行回应。审理认为，该书编写于杨光先说天主教为邪教四五年之后，编写这本书可能有其他情由。

7. 《大清时宪历》封面书写"依西洋新法"五字。杨光先诉称，该字明示我朝奉西洋为正朔。汤若望称，此为内阁掌印官戈承科书写。审理认为，倘若该字确实是由内阁修改发出，为何不在历年进呈御览之汉字历书封面上书写，而只书写于历年颁行天下的汉字历书封面？

8. 传播天主教。汤若望等在《天学传概》编造省城要地、乡邑僻壤都有西洋传教士聚集，传授所学，指明正理，扼制邪学，并加以颁行。审理认为，汤若望将天主教情形多次口奏，此前多次审讯都没说到此事。

9. 上帝与天主。汤若望称，《天学传概》书中上帝与天主之说皆为李祖白所为。李祖白称经书中记载帝、天者，即与"天主"二字相同，所以在其书中引用。中国"四书五经"上所载"帝"者，就是天主教所供奉的"天主"，上帝与天主，虽字不同，而义相同。审理认为，这样的言辞虽然载于经书，都指帝王奉天之命治理天下之事，但不应被引用于西洋异教书中。

10. 将死而复生之耶稣尊为天主。汤若望称，天主为世人创造万物，劝人行善，死后升天；人若有罪难以自释，则不能升天。上帝耶稣在西汉时期转化为人，自身受难被钉死于木架上，是上帝入人性而复生。审理认为，不该尊耶稣为天主。

11. 不准教徒为祖先烧纸。汤若望称，著书是为了劝人行善敬天。审理认为，天主教不该不准教徒为祖先烧纸。

12. 洗礼。《天主教要》记载，凡入天主教，都要依照教规，进行洗礼。汤若望称，凡人改恶从善，必取神水洗额，天主才赦免其罪。倘若灵魂有罪，必用神水力释，天主才可以赦免其罪。审理认为，推崇的这种宗教欺人惑众。

13. 教徒忏悔仪式。《天主教要》记载，教徒若犯教规，务必在神父面前如实陈述所做坏事，请求宽恕，听从教诲。汤若望称，教徒若犯罪，务必虔诚乞求神父宽恕，神父念诵天主遗经，宽恕其罪。神父萨泽尔多得，即天主教传教人。审理认为，传教人自称神父，肆行欺惑。

14.念经祛病。《天主教要》记载,凡教徒患疾,请神父念经,将神油涂于五处。临终前,举行涂抹仪式,或者病可以痊愈,或者可去鬼祟。汤若望称,凡教徒临终前涂抹神油,天主必治愈其病,或去鬼祟,但只涂抹于男子,不给女子涂抹。审理认为,这是编造谎言,蛊惑他人入教。

汤若望因以上 14 条拟罪革职,交刑部议。同时,太监徐谦因 3 项拟罪交刑部议;夏官正李祖白因 10 项拟罪革职,交刑部议;国子监助教许之渐因 4 项拟罪革职;正四品钦天监监副周胤拟革职;正五品春官正宋可成拟革职。

此案后经刑部、礼部及议政亲王等多次审理,将多省在华传教士传至京城,挨次审问。清康熙四年三月二十七日,由议政王显亲王富绥密题准,李祖白、宋可成、宋发、朱光显、刘有泰 5 人立即处决,其妻室、不及岁之子,以及家人、房屋、田产等,俱行入官。刘有庆之子刘必远、刘奎,贾良琦之子贾文郁,宋可成之子宋哲朴,李祖白之子李实,免死责打 40 棍,与其家口妻子一同流徙宁古塔。汤若望、杜如预、杨宏量免罪,其家口免流徙。

多省西洋人被带至京城挨次讯问建教堂及传布天主教情形,共自 9 省传来 25 人:山东省送来之西洋人利安当、汪儒望;山西省送来之西洋人金尼阁、恩理格;江南省送来之西洋人张玛诺、鲁日满、毕嘉、潘国光、刘迪我、成际

图 4　内阁密本档册内页　中国第一历史档案馆提供

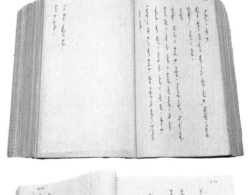

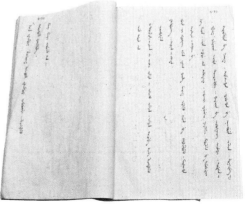

理、伯应理；湖广省送来之西洋人穆迪我；江西省送来之西洋人聂仲迁、聂多伯、殷铎泽；浙江省送来之西洋人洪度贞、闵明我、费里白、巴道明；福建省送来之西洋人何大化、郭纳爵；陕西省送来之西洋人李方西、穆格我；广东省送来之西洋人瞿笃德、陆安德。[①] 讯问之后，将这 25 人送回广东，着广东督抚不时严查，不准其传邪教行乱，并令后继任各官防范。

（三）汤若望案后续

在此案中受到牵连的在华传教士有 30 人、清廷官员 40 多人，还不包括流放到宁古塔等地的家眷等，而李祖白等 5 名官员被处死，汤若望等官员受到革职处分。从此以后，不仅天主教在中国迅猛发展的势头遭到抑制，西洋传教士的传教活动也被禁止。钦天监的领导权归到杨光先手中，恢复以"大统术"治历法。

汤若望被革职后，于康熙五年七月十五日病逝于寓所。杨光先于康熙四年四月初七出任钦天监监副，八月初五任监正。他停止推行新法，以大统术治历。从表面上看，杨光先似乎已经获得了完全胜利，但实际上本案并没有真正完结。杨光先主持钦天监工作之后，错误连续不断，康熙帝知道杨光先实难胜任，便决定起用南怀仁治理历法，又经大学士图海等与钦天监官员共同测验立春、雨水、太阴、火星、木星，结果南怀仁所指，各项都相符。于是康熙八年三月，清廷任命南怀仁为钦天监监副，将第二年即康熙九年的一切历书等交给南怀仁推算。从此，全国又开始用九十六刻推算的历书。又根据南怀仁的建议，将

---

① 安双成编译：《清初西洋传教士满文档案译本》，大象出版社 2015 年版，第 279 页。

无象可推的紫气星不再编入七政历书内，对推算历法并无用处的候气旧制，亦令停用。

康熙八年八月，南怀仁、李光宏等呈告杨光先依附鳌拜，捏词陷人，将历代所用的洪范五行称为灭蛮经，致李祖白等各官正法，汤若望等无辜下狱。

图5　内阁密本档册内页　中国第一历史档案馆提供

康亲王杰书等议政大臣议复称：杨光先系妄生事端，殃及无辜，捏造无影之事，诬告汤若望谋叛。至于供奉天主，系沿伊国旧习，并无为恶实迹。决定恢复汤若望的"通玄教师"之名，避康熙皇帝讳，改为"通微教师"，照原品赐恤，给还教堂基地，但仍禁止传教士们聚会，或散发《天学传概》以及铜像等物。许缵曾等受革职处分官员，准予复职。李祖白等被处死的5人，照原官恩恤。所有流徙子弟，准予取回，有职者复职。李光宏、黄昌、司尔珪、潘尽孝等原受降革之职，仍行给还。康熙帝指示说，除南怀仁等照常自行奉教外，恐直隶各省复又立堂入教，仍着严行晓谕禁止。至此，汤若望案基本平反。杨光先本人，原议拟处死，但康熙帝念其年老，从宽免死，发遣回籍，死于途中。

四、密本档中有关17世纪在华西洋传教士活动档案的重要意义和价值

中外文化交流遵循着文化交流的规律。文化水平低的一方比

较容易成为接受者。古代中国在与周边国家的交流中，往往是施与者，这种状况一直持续到明代中期。进入近代，中国科技领域在国际上不再领先，往往借助外来文化补充自己的不足。[①]明代中期，如天文、历算往往学习西方，这就是中国接受外来文化的又一个实例。文化交流、交融、吸收、互补是不可避免的现象。内阁密本档中有关 17 世纪在华西洋传教士活动档案，是反映中西文化交流的重要文献，体现了中西文化交流中的融合与冲突。

无论在档案书写使用的文字、文书的形制，还是在反映民族和文化的多样性方面，该档案均有重要意义。

第一，在书写文字方面，密本档用满文书写，反映了清代作为一个少数民族政权在官方语言使用上的独特性，同时反映了当时语言文字使用的多样性。

中国是一个多民族的国家，自古以来，各民族都形成了独具特色的本民族文化，同时也丰富和发展了共同的中华民族文化。清朝是中国最后一个封建王朝，满族作为这个王朝的建立者，在入主中原之前就创制了本民族的文字——满文。清朝定满语为"国语"，满文为"国书"，中央及地方的各级满蒙族官员，一般都要用满文缮写公文，不准擅自使用汉文，因此有清一代留下了大量的满文公文档案。清代留存至今的档案文献，仅中国第一历史档案馆就有 1200 余万件，其中满文档案 200 余万件。除了汉文、满文，还有用蒙文、藏文等不同民族文字书写的文书档案，也有使用俄文、拉丁文、英文、法文等外文的文书档案。

第二，从档案形制方面看，内阁密本档是臣工进呈皇上的

---

① 任继愈:《总序一》，安双成编译《清初西洋传教士满文档案译本》，大象出版社 2015 年版。

密本按朝年抄录而成的档册，反映了清代有较为完善的公文副本制度。

清代中央和地方机关，都实行文书汇抄制度，以便保存档案资料，利于日后的查考和编史修志。这种汇抄一般使用两种方法[①]：一是按编年体汇抄成簿册，即以文书朝年时间先后为序，逐件抄录成册。如军机处专门汇抄皇帝明发谕旨的档册称作上谕档，内阁专门摘记题奏本章事由和批红的档册称作丝纶簿。内阁密本档就是按编年体汇抄形成的档册。二是以事件为主题汇抄文件形成的簿册，如军机处汇抄的土尔扈特档主要记录乾隆时期有关接纳土尔扈特部回归祖国的文件。地方机构留存下来的档案也多有文书副本制度下留存下来的簿册，如中国第一历史档案馆藏珲春副都统衙门档案中有行文档、来文档等。清代较为完善的文书副本制度，让我们在300余年之后仍能看到许多当时完整的档案记录。

第三，记载内容方面，反映了中西方文化碰撞与冲突。此案从表面上看是由于中西方天文学家在编制历法上的不同意见所引起的学术之争，实际上是长期以来中西方文化交流中的冲突和碰撞。档案记载的诸多细节反映了当时西洋传教士在清朝的状况，以及清统治者对于西洋文化、宗教、科学技术的态度。密本档所记载的内容在中西方文化交流史研究方面具有宝贵价值。

中国第一历史档案馆藏清代内阁密本档中有关17世纪在华西洋传教士活动的档案，于1999年成功入选《世界记忆名录》。这部分档案无论是在语言、民族、文化的多样性方面，还是在所

---

① 秦国经：《清代文书档案制度》，中国档案出版社2010年版，第124页。

记载内容方面，均须进行充分研究，充分探讨其在中西方文化交流史上的宝贵价值。

参考文献

1. 戴逸主编：《简明清史》第 2 册，人民出版社 1984 年版。

2.（英）崔瑞德、（美）牟复礼编：《剑桥中国明代史（1368—1644 年）》（下卷），中国社会科学出版社 2006 年版。

3. 郭美兰：《明清档案与史地探微》，辽宁民族出版社 2012 年版。

4. 安双成编译：《清初西洋传教士满文档案译本》，大象出版社 2015 年版。

5. 吕江英：《康熙初年的历法之争与儒耶冲突》，中华书局 2015 年版。

6. 裴燕生等编著：《历史文书》，中国人民大学出版社 2003 年版。

7. 秦国经：《清代文书档案制度》，中国档案出版社 2010 年版。

8. 吴元丰：《满文档案与历史探究》，辽宁民族出版社 2015 年版。

纳西族东巴古籍

Ancient Naxi Dongba Literature Manuscripts

石　慧

位于五彩云南的丽江古城历史悠久，充满神秘色彩，她坐拥三项世界级遗产——三江并流自然遗产、丽江古城文化遗产、纳西族东巴古籍记忆遗产。三大遗产之纳西族东巴古籍记忆遗产被称作丽江古城文化遗产和三江并流自然遗产的灵魂，被誉为纳西族精神和文化的象征、纳西文明传承的重要见证、了解纳西社会的"百科全书"。纳西族东巴古籍文献也是中国入选的第三项世界记忆遗产。从古代走向现代，从民族走向世界，纳西族东巴古籍究竟有何魅力？走过了怎样的历程？未来发展的困境与出路又是什么？让我们一起揭开它古老而神秘的面纱。

一、文献基本概况

文献遗产名称：纳西族东巴古籍。

文献形成年代：无确考。

文献数量：20000 余册。

文献入选时间：2003 年 8 月。

文献保存者：丽江东巴文化研究所。

文献题名申报者：云南省丽江地区行政公署、云南省档案馆。

二、东巴古籍"初认识"

（一）纸张

东巴古籍的纸张是研究古代造纸艺术的重要材料。这种纸张是用纳西地区小叶构树皮制成的厚绵纸，既白又平，两面光滑，纤纹修柔。据《中国造纸业发展史》记载："现存北京图书馆、中国历史博物馆、中央民族学院、云南省博物馆所存的东巴经，都是明、清时纳西族所造的纸写本。这种白地纸，帘纹不明显，经研光后，可供双面书写，是就地取材，因地制宜地用固定纸模抄造的，其实还是竹帘抄造，但是技术比较精，帘纹不明显。"[①]这种纸张制作，一般要经过剥刮树皮、浸泡、蒸煮、舂捣、加纸药、捞纸、榨压、晒纸等多道制作工序，是纳西族的传统造纸工艺之一。因所造纸张专供东巴教祭司写经或作画，故称东巴纸。

（二）封面

东巴经书的封面一般设计有装饰图案，中心写分类名和书名，为求设计美感，封面题名与空白处布局合理。有的经书封面，画有与内容有关的人物画，部分经书还作以色彩。东巴经书还有在卷首画插画的传统，这可能受苯教、藏传佛教的影响。卷首插画以东巴、神、护法、法师、圣人、高僧、大鹏鸟、虎

---

① 转引自李瑞泉、杨杰升：《丽江造纸》，丽江县政协文史资料委员会编《丽江文史资料》第 6 辑，1988 年。

等为主，也有少量藏八宝、海水、花纹、几何图案以及藏文的阿和嗡阿吽等。[①]

（三）内容

东巴经用锅底烟灰拌胆汁制的松烟墨及自制的竹尖笔书写，较为常见的有 3 种：白纸黑字的墨本、部分彩绘和整本彩绘。部分彩绘指卷首插图彩绘、卷首符彩绘或重点字画彩绘。整本彩绘经书并不多见。经书成品规格一般为横长竖短的长方形规格，横长 23 厘米~28 厘米，竖宽 8 厘米~9 厘米。经书文字从左至右横写，每页一般 3 行，每行有两三个直线分段。经文的起始处一般有卷首符，这是经文开始的标志。有时，在重要的段落和诗句开头也会有卷首符。卷首符实际上为苯教创制，在东巴经书尤其是明清时期的抄本中得到广泛应用，这也是了解藏文卷首符演变的重要资料。

（四）补白

在东巴经中，还有很多"补白字画"，这些字画就像一种随意创作的"涂鸦"，内容多为经书空白处的人物、动物、神灵形象以及各种图案等。它们不仅起到了补白装饰的效果，还兼具艺术美感，也是东巴们创作思维的体现。

图 1　东巴古籍中的"补白字画"　云南省档案馆提供

[①]　徐丽华编：《东巴文古籍艺术》，民族出版社 2016 年版，第 25 页。

（五）封底

东巴经封底有装饰图案和色彩，与封面对称，封底居中的方形或圆形图案代表封印，单数居中。封底装饰图案的内容没有封面的严格，灵活性大，信手拈来的绘画、剪纸都可以用作封底图案。一些东巴经的结尾还有钤印，但是有钤印的经书较少。东巴经一般用护书板和捆书带分类捆好，分散收藏在东巴祭司家中，置于厢房灶台上方的神堂座旁或安放在楼上。

（六）纸牌画

东巴古籍中还有很多纸牌画，这是一种用于各种仪式的宗教器物，种类多样。苯教典籍中出现的许多珍贵资料，在东巴文经典中也有清楚的记载。因此，纳西族东巴古籍也被认为是研究藏族苯教文化的重要史料之一。

（七）装订

东巴古籍装订方式为线装，一般在经书左端用线装订，方便东巴从右往左翻页书写或诵读。占卜经书则在经书横长上端用线装订，方便东巴从下往上翻页书写或者诵读。早先经书有护书板、捆书带和护书巾，后来护书板很少使用了。

三、起源与发展

东巴古籍是纳西族原始宗教祭司东巴使用的宗教典籍，有近一千种，分别应用于东巴教各种仪式。纳西族是位于我国西南地区的少数民族，主要分布在滇、川、藏三省区毗邻的怒江、澜沧江、金沙江三江并流流域及雅砻江流域。在独特地理环境和气候影响下，这一地区的民族和种群分布呈现出多元和互补格局。

（一）纳西族源于何处

有关史料和研究表明，纳西族一直处在南下和西进的过程中，我国著名的西南民族学家方国瑜教授在《纳西族的渊源、迁徙和分布》一文中指出："纳西族渊源于远古时期居住在我国西北河湟地带的羌人，向南迁徙至岷江上游，又西南至雅砻江流域，又西迁至金沙江上游东西地带。"[①] 这一结论得到学界的公认。"西北河湟地带"即黄河上游和湟水流域一带，是今天的甘肃、青海一带。《说文解字》释义："羌，西戎牧羊人也，从人、从羊。"依据这种说法，纳西族可能源于西北草原，早年以狩猎游牧为生。东巴经中记载的大量草原传说也似乎印证了这一点，如纳西族三大史诗之一《鲁般鲁饶》中记载："所有的人类都是从天上迁下来的，迁徙之路分左、中、右三条，左路为星星迁徙之路，一路的繁星闪烁耀眼；中路为人迁徙之路，人们是由居那若罗神山上迁徙下来的；右路为青草迁徙之路，青嫩的芳草连着天地。"[②] 这一幅美丽的草原画卷可能就是以纳西先民在草原的生活为蓝本的。大约在夏商周时期，纳西先民告别了辽阔的草原，南下迁徙到岷江上游区域，又向西南至大渡河、雅砻江流域，再西迁至金沙、澜沧江流域。

另有学者依据《鲁般鲁饶》中的记载——"从天上迁下来"，追溯纳西族送魂路线，推测纳西族先民曾经在四川省西部最高的

---

① 方国瑜、和志武：《纳西族的渊源、迁徙和分布》，《民族研究》1979 年第 1 期。

② 赵世红、和品正：《东巴艺术》，山东美术出版社 2009 年版，第 8 页。

贡嘎山（位于今四川省甘孜藏族自治州康定市）生息繁衍。至于纳西族何时居住在四川省西部贡嘎山附近地区，何时开始迁徙，无确切考证。目前，较为统一的看法是，秦汉以前，金沙江、雅砻江一带就已经有纳西先民居住了。换言之，纳西先民在金沙江、雅砻江地区至少已经有两千多年的历史了。

东晋史学家常璩所著《华阳国志》第一次明确记载了纳西先民的活动：定筰县，"在郡西，渡泸水，宾刚徼，曰摩沙夷。有盐池，积薪，以齐水灌，而后焚之，成盐"。定筰县即今四川省盐源县。也就是说，东汉末年在雅砻江下游已有"摩沙夷"活动了。唐朝时樊绰所著《蛮书》，又名《云南志》，较为全面、详细地记载了纳西族的分布及生活情况。"台登城直西有西望川。行一百五十里入曲罗。泸水从北来，至曲罗萦回三曲。每曲中间皆有磨些部落，以其负阻深险，承上莫能攻讨。"这些记载说明当时雅砻江曲流处有纳西族分布，且形成了一定势力。"环绕弄视川，南流过铁桥上下磨些部落，即谓之磨些江"，说的是金沙江南流过"铁桥上下"的区域，因为分布着很多"磨些部落"，故被称为"磨些江"。关于纳西族人的生活书中也有记载，"土多牛羊，一家即有羊群""俗好饮酒""俗好饮酒歌舞"，这些都是纳西族延续至今的传统习俗。

纳西族的族称经历了漫长的演变过程，直至 1954 年才正式确定为纳西族。历史上，纳西族有多种自称和他称。自称有"纳""纳西""纳日""纳恒"等。在纳西语中，"纳"是大或尊贵的意思，"西""日""恒"是人、族的意思。纳西族的他称多见于各种史书记载，例如，《华阳国志》《元史·地理志》中称纳西族为"摩沙"，《云南志》《旧唐书》《新唐书》《元史·兀良合台传》称之为"磨（摩）些"，《徐霞客游记》称之为"摩㱖"，

《南诏野史》称之为"摩狄"，等等。

（二）东巴教的产生与发展

虽然现存文献关于东巴教是如何产生的记载很少，考古发掘资料也不多，但我们可以推测，在生产力低下的原始社会，人类智力尚未完全开化，面对自然无能为力，于是便把支配自己生活的大自然人格化为具有神力的灵。纳西先民也是如此。他们认为万物有灵，天、地、山、川、星宿、木、石及动物等自然存在和自然现象都是有神灵的，对自然现象充满崇拜之情，其中以天地和木石崇拜较为突出，并对神灵充满敬畏之情。例如，人病了要驱鬼，人去世了要开丧超度。与之对应的就是各种祭祀活动的产生，如祈求风调雨顺的祭天仪式、愿多获野兽的祭猎神仪式、愿牲畜兴旺的祭畜神仪式等。随着不同族群的发展，各有特色的部落巫术逐渐形成。部族内的首领、智者或者被公认为英雄的人物担任主持巫术仪式的宗教教司，他们将仪式的形式、流程以及与仪式对应的传说绘制在石头或者木牌上，并代代相传。东巴教就是在原始巫教的基础上形成发展起来的，并在纳西族群迁徙的进程中不断改进和完善。

关于东巴教的具体形成时间，目前并没有确切的考证，较为统一的看法为唐朝时期。据文献记载，汉晋以来，金沙江流域的纳西族人过上了较为稳定的生活，出于生产生活和精神文化的需要，宗教文化获得了一定的发展。这时，相对固定的宗教祭祀仪式开始出现，宗教教司们还逐渐把原来石头、木牌上的图画绘制到了木片或者动物皮上，形成了纳西族东巴古籍的雏形。唐朝时期，纳西族部落成为唐王朝、吐蕃、南诏三大势力的逐鹿之地，饱受战乱之苦的纳西族，历经战乱动荡，唐文化、苯教文化、藏传佛教文化及南诏道文化传入，极大地冲击了纳西族原有的文化。因此，纳西人开始吸收其他民族文化的精华，对其宗教文化进行改造。例如，他们借用藏族苯教祖师敦巴辛饶的名字，创造了祖师东巴什罗的形象，将宗教祭司称为"东巴"；吸收苯、佛、道教中的神鬼谱系，充实完善原始宗教的神灵鬼怪；修改补充原有的祭祀仪式，增加法器道具和崇拜偶像，并用象形文字书写成经书。[①] 就这样，东巴教逐渐形成。宋元明时期，纳西族先后经历了大理国和木氏土司统治。其间，在西藏藏族的苯教、佛教文化，大理国的道教、佛教文化影响下，东巴教得到长足发展。至明清时期，木氏土司把东巴教作为对外征战、鼓舞士气的精神武器，东巴教流传到东巴兵将所到之处。与此同时，东巴教在民间迅速发展，复合仪式逐渐增多，经典数量不断增加，一些过去口耳相传的新经典逐渐诞生，东巴教进入新的发展阶段。

（三）东巴

"东巴"是信仰东巴教的纳西族群对其宗教教司的称呼，东巴和东巴什罗都是藏语称谓，意为智者、智慧。又有一说认为，东巴是占卜、祭祀的意思。东巴祭司的产生主要有世袭、神判、推荐和自愿等形式。[②] 在现实中，东巴教祭司多为世袭。若一个东巴教祭司有几个儿子，其中一个可以继承父亲的祭司职位。祭司也可以隔代传承，还可以拜师学习成为东巴。东巴教没有系统的教义教规、统一的组织、宗教活动场所和职业教徒。东巴之间除了对经典熟悉程度、做法仪能力高低的差别，其关系是相对平

---

① 和力民：《田野里的东巴教文化》，民族出版社 2016 年版，第 129 页。
② 和力民：《田野里的东巴教文化》，民族出版社 2016 年版，第 141 页。

等的。东巴师徒之间在宗教上也无地位高低区分，东巴弟子要尊敬东巴老师，东巴老师亦要关心和爱护弟子。历史上的东巴一般都是中下层劳动者，都不脱离家庭和社会生产，故有"富不当东巴"的民谚。渐渐地，东巴祭司们无形之中成为纳西族传统文化的传承人，掌握着经典、礼仪、习俗风尚。他们还多才多艺，集诗、歌、舞、画、卜算、工艺等技能于一身，被纳西族民众视为智者、尊者、知识分子，受到尊敬。[①]造纸术发明之后，东巴们开始把占卜知识和祭祀诵词记录在纸上，形成了东巴经典籍——纳西族东巴古籍。

四、内容与评价

（一）古代纳西社会的"百科全书"

纳西族东巴古籍总数达几万册，由东巴们代代相传，唯有东巴能够释读。这些古籍是东巴文化的重要载体，内容包罗天文历法、动植物、农牧业、医药、五金、哲学、史地、民俗、婚姻、家庭、语言、文学、艺术、战争、和平等纳西社会历史发展，以及纳西人日常生产生活的方方面面，被称为了解整个纳西族社会文化的"百科全书"。

东巴教的祭祀，按照性质和仪式内容，可以分为以下5个类型：

1. 丧葬类

这类古籍是开吊、超度普通人、为民族或者为本民族后代立

---

① 和力民：《田野里的东巴教文化》，民族出版社2016年版，第145~146页。

图2　用东巴文书写的《人类起源和迁徙的来历经》（节选）　云南省档案馆提供

功立德的人、畜牧能手或能工巧匠、长寿之人、东巴及其妻子等正常死亡者或其他非正常死亡者的专用经书，演示了纳西族的劳作，人与自然、人与人、人与神相互交往的画面，如《崇般图》（又称《创世纪》）、《鲁般鲁饶》（又称《人类起源和迁徙的来历经》）。

《人类起源和迁徙的来历经》这部经典前半部分叙述了天地万物包括人类的生成过程，后半部分主要叙述人类祖先蹉热冷恩上天求婚和从天上迁徙到大地上的过程。它是纳西族东巴文献中最为重要的创世史诗，不仅叙述了古代纳西族的宇宙观、自然观和对世界的看法，还特别叙述了人类的起源、民族的渊源和迁徙的历史。[①]

一般说来，完整版的《人类起源和迁徙的来历经》主要应用在比较大的仪式中。譬如，禳多鬼大仪式、祭祀秽鬼大仪式、开丧和超度仪式、隆重禳祭风鬼大仪式、祭自然神大仪式等，都会使用这本经书。

2. 禳鬼类

这类古籍是用于抗御妨碍人、畜生存和发展，影响农作物和

[①]　云南省档案馆编：《中国档案文献遗产名录云南珍档解读》，云南民族出版社2017年版，第110~111页。

其他植物正常成长的一切病害和灾难的专用经书，反映了纳西先民的一种交往形式——战争。

《董术战争》又称《黑白战争》，是纳西族东巴古籍中的一部重要经典。这部经典用东巴文书写而成，韵文体，全诗四千余行，以部落战争为主线，阐述了宇宙的起源、天地的形成、人类的诞生、万物的繁衍，表达了远古纳西族先民对宇宙产生的认识，以及围绕日月星辰、光明黑暗形成的善恶观。其中，这部经典特别感人之处是关于两个敌对部落的王子和公主在战争中萌发的爱情故事。

纳西族的孙子兵法《请优麻神摧毁鬼寨经》续写了《黑白战争》的故事。先叙述优麻神的来历，然后叙述门冷杜自烧天香，请优麻神来攻打门冷嵩自的寨子，获取胜利以后，又给优麻神除秽等。它表现了古代战争中的防御与进攻的一些军事思想和战略战术，对于古代战事和战术研究有一定的参考价值。另外，优麻神的来源与西藏苯教和藏传佛教有一定的渊源，这对研究西藏苯教与纳西族东巴教的关系，乃至研究东南亚文化的传播，都有重要的参考价值。①

图3　《请优麻神摧毁鬼寨经》（节选）　云南省档案馆提供

---

① 云南省档案馆编：《中国档案文献遗产名录云南珍档解读》，云南民族出版社 2017 年版，第 130~131 页。

3. 祈神类

这类古籍是表达人们福寿祝愿，祭祀自然、天、生命、五谷、祖先等的专用经书，演示了纳西族与自然界交往的画面。如《"署"之出处与来历》《祭天除秽》。

4. 占卜类

这类古籍是用于记载占卜方法，如占星、巴格卜、羊骨卜、海贝巴卜等方法的专用经书，共有16种，演示了纳西族与自然界交往等画面。如《巴格卜》《羊骨卜》。

《白蝙蝠求取祭祀占卜经》是纳西族东巴经文献中一个趣味横生的具有影响力的拟人神话。它记述了人类祖先蹉热冷恩和册痕部鲍家的白鹤爱儿和开美爱女生病，人们用尽各种办法祭祀鬼神，都无济于事，只有到十八层天上向女神潘自萨美求取祭祀占卜经，才能够解除疾病的威胁。后来，白蝙蝠取回经书，却被金色大蛙吞吃。最后，他请门壬旧钝神和门壬旧优神帮助射杀金色大蛙，取回经书。金色大蛙的尸体变化出木、火、铁、水、土五行，由此出现以八个方位占卜的巴戈图和一年十二月及十二个年份的来历。占卜师用巴戈图占卜出秽鬼在作祟，蹉热冷恩请祭司做驱除秽鬼仪式，祭司砍九种树枝做九十九把梭刷火把，用以熏除天地和村寨间的秽气。因及时除秽，白鹤爱儿和开美

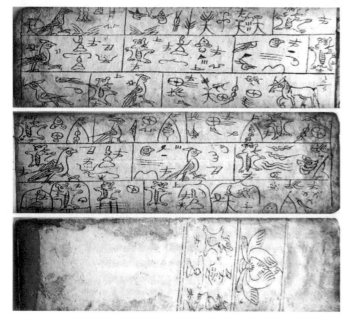

图4　《白蝙蝠求取祭祀占卜经》（节选）　云南省档案馆提供

爱女病愈。①

这部经书在纳西族较大的仪式中都会使用，白蝙蝠到天上取经和请神的故事也穿插在许多东巴经典里。因此，白蝙蝠也是纳西族神话故事里机智的代名词。

5. 世俗活动记事类

这类古籍是东巴进行各种宗教仪式时用于跳祭舞、迎神镇鬼的专用经书，一共记录了动物舞、工匠舞、神舞、灯舞、花舞、法杖舞、弓箭舞等40多种不同的舞种。其中，舞蹈的道具，如板铃、白海螺、五佛冠灯，以物质文明的形态，形象直观地展现了纳西族与其他民族的交往。

纳西族东巴舞蹈是东巴文化的重要组成部分，很多东巴教祭祀仪式中都穿插这种舞蹈。《向神求威力镇鬼和送神经》是一部送神经，主要记述需要送神时，每一种神灵与坐骑的关系。经书中叙述了大鹏、青龙、狮子、大象、豪猪、赤虎、牦牛等各种动物的舞蹈名称。②

图 5　纳西族东巴舞谱《向神求威力镇鬼和送神经》（节选）　云南省档案馆提供

（二）东巴文：世界上唯一活着的象形文字

东巴们使用了两种古文字来书写东巴经典，一种叫作东巴文，

---

① 云南省档案馆编：《中国档案文献遗产名录云南珍档解读》，云南民族出版社 2017 年版，第 122~126 页。
② 云南省档案馆编：《中国档案文献遗产名录云南珍档解读》，云南民族出版社 2017 年版，第 136~137 页。

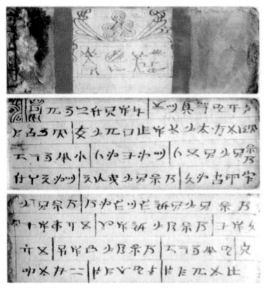

图6 用格巴文书写的东巴古籍《人类起源和迁徙的来历经》 云南省档案馆提供

一种叫作格巴文（又作"哥巴文"）。东巴文的纳西语读音为"森究"或"森究鲁究"。在纳西语中，"森"意为"木"，"鲁"意为"石"，"究"意为"痕迹"，也就是"木石上的痕迹"的意思。还有一种说法认为，这是"见木画木，见石画石"的意思，也就是见物画其形的一种象形、表意文字。长期以来，虽然有少数纳西族群众使用这种文字记事、记账、写信或作其他用途，但由于这种文字主要为东巴教祭司（东巴）掌握使用，东巴教祭司们认为，它是东巴教创教始祖东巴什罗创造的，因此称之为"东巴文"。

格巴文产生于东巴文之后，其中一部分是从东巴象形文字中蜕变出来的，一部分为独立创制，还有一部分则来源于汉字。格巴文的使用范围很小。产生于丽江中部和西部地区的东巴经典里，掺有少量格巴文，有的用来叙事，有的用来标记一些专有名词，如神、人、鬼等。到清朝末期，开始出现专门用格巴文书写的东巴经书；民国时期，出现了东巴文、格巴文对照的字书，但是与东巴文书写的经典相比，格巴文经典的数量极少。除了东巴文、格巴文，清末到民国时期的东巴经封面、扉页和底页里面还出现了藏文和汉文，甚至还有用藏文和梵文书写的东巴经典，当然，这些更是少之又少了。东巴经典主要还是使用东巴文书写。

东巴文究竟形成于何时？学术界众说纷纭，有殷商之前说、唐代说、宋代说、明代说等。"麽些先生"李霖灿认为，东巴文产生年代"最早当不能过唐，最晚亦在明成化之前"。他还认为，

"麽些象形文字的发源地不应该是在丽江而应该是在无量河边"。董作宾认为，东巴文"是麦琮创造的"，即产生于 13 世纪。约瑟夫·洛克认为，"这种象形字在丽江本地发明是可以相信的"，即产生于唐以后的丽江。方国瑜认为，11 世纪中叶"已有纳西文字写经书之说，可以近信"。和志武认为，"纳西象形文的产生和应用，约在公元七世纪的唐初"。林向肖认为，纳西族"迁徙到无量河一带产生东巴文的时代，以及迁徙到若喀地区产生东巴经的时代，至迟也应该在公元三世纪至七世纪之间，甚至还可能在此之前。这也就是东巴文和东巴经所可能产生形成的最早时代了"。① 东巴文的形成与发展必然伴随着纳西先民生产生活的需要渐次产生，循序渐进，最后形成文字符号系统。文字的形式也可能经历了从完整形象绘画到抽象化，从复杂化到简单化，从单一化到关联化的演变过程。可以认为，最初的文字是刻画在木石上的尚不能用音标表示的隐喻性符号，后来逐步发展、汇集、形成了一批约定俗成的标记性符号，再后来出现了标记事件和人物等复杂的记述符号，直至最终发展成为兼具形与音的象形文字。因此，纳西族在夏商周时期从西北河湟地带南迁至 7 世纪以前的漫长迁徙过程中，逐渐发展形成了自己独特的文字，这个漫长的过程历时近 2000 年之久。

象形文字是人类早期的文字形态，是一种以形达意的古文字。现今世界已发现的象形文字，有古埃及的象形文字、玛雅人的玛雅文、中国的甲骨文和金文。纳西族的东巴文不属于纯粹的象形文字，是一种介于图画文字和象形文字之间的过渡性字体形态。

---

① 转引自和力民：《田野里的东巴教文化》，民族出版社 2016 年版，第 207~208 页。

学界认为这是一个比图画文字晚但比甲骨文等象形文字更为原始的人类文字的特殊发展阶段。费孝通先生说，东巴文是一种比甲骨文还古老的文字。象形文字如甲骨文，目前大多只留下一些碎片供后人揣摩研究。东巴文却不同，其文字总数有 1400 多个，至今仍有人可以识读和运用这种文字，在纳西族民间还有人用它来记账、记事。所以，人们称之为古文字历史的"活化石"。在国际学术界，东巴文也拥有"世界上唯一保留完整的活着的象形文字"之誉。

东巴文还以其独特美学价值活跃在世界舞台上。李霖灿在其《麽些经典的艺术论》一文中写道："麽些象形文字的经典给人的印象，只有一个字——美！一种满纸鸟兽虫鱼洪荒太古之美。"东巴象形文字亦书亦画，看起来似鸟似兽似虫似鱼……它历史悠久，具有图画的原始形态，这种原始性赋予东巴象形文字一种古老又神秘的色彩。细看这种古老文字，仿佛在欣赏一幅朴拙稚嫩的儿童画。它天真烂漫、自由自在，具有强烈的象征性。但它又不是纯粹的图画，它源自纳西先民的生产生活，阐释着纳西先民的原始思维，具有不完全的抽象意义。

李霖灿先生并不是唯一对东巴文发出赞叹的人，国内外许多专家学者、设计师都曾经为之深深折服。日本著名设计大师浅叶克己曾在其所著的《东巴心传》一书中说："第一次看到东巴文字后，我惊呆了。像这样在世界上失传近一千年的文字竟还有人能读，实在震撼！"1987 年他成立了东京字体指导俱乐部，开始研究纳西东巴文字在设计领域的应用。2003 年，他还在为日本麒麟公司"玄米茶"设计的茶饮包装上使用了东巴象形文字，该包装深受消费者的喜爱和赞赏，得到"朴实亲切"的评价。日本消费者们所体会到的这种"朴实亲切"之感与东巴文的象形写意文风有密切关系，让东巴文超越了文化、民族的差别，使亲近者一眼便能体会到其中的意境和情感，这与中国古代写意绘画中所追求的文以载道、以形写神亦有着异曲同工之妙！

另外，东巴文也是一种积淀着纳西族"社会内容"的"有意味的形式"。李泽厚在其所著《美的历程》中讲道："凝冻在、聚集在这种种图像符号形式里的社会意识，亦即原始人们那如醉如狂的情感、观念和心理，恰恰使这种图像形式获有了超模拟的内涵和意义，使原始人们对它的感受取得了超感觉的性能和价值，也就是自然形式里积淀了社会的价值和内容，感性自然中积淀了人的理性性质，并且在客观形象和主观感受两个方面，都如此。这不是别的，又正是审美意识和艺术创作的萌芽。"他还讲道："美之所以不是一般的形式，而是所谓'有意味的形式'，正在于它是积淀了社会内容的自然形式。"东巴文字的产生，让纳西族迈入了灿烂辉煌的文明史。透过它，我们可以追溯纳西族先民的起源与迁徙、生产与生活、风俗和价值取向。

文字还反映出地理环境和居住环境的特征，以东巴文和甲骨文中的"水"作比较：东巴文中的"水"带有青藏高原的水系特征，如金沙江、澜沧江、怒江等皆为自北向南而流；产生于平原地带的甲骨文，其"水"字则呈现出弯曲流向的形态。又如，东巴文中的"日出""日落"都是傍山而生，依山而落，而甲骨文中的"日出""日落"则是于树林之中。地理环境导致的汉族与纳西族先民认知方式和思维方式的差异，通过文字直接或间接体现出来。

文字折射出纳西先民的价值观。例如，东巴文的"黑"字和"白"字，象征着两种不同的对立观念。纳西族先民认为"黑"象征邪恶和恶毒，"白"象征善良、吉祥、纯洁。

用东巴文写就的东巴古籍也处处呈现纳西先民的价值取向。以 1867 年法国传教士德斯古丁斯在云南搜集到的东巴经摹写本《高勒趣沃受》（意为高勒趣赎魂）为例，此经文记载了纳西族祖先高勒趣的父亲俄高勒因为大肆捕杀野兽被囚禁，高勒趣寻父途中不断劝息动物们的斗争，实现动物与动物、动物与人类的和谐共处，署主为其事迹感动，释放其父归家。途中，其父因仍捕杀生灵，罪孽深重，被署主埋葬于无量河，高勒趣将一根黄栗木和一根松木当作父亲的象征带回家，并举行祭奠仪式赎招了父亲的灵魂。这个故事既透射着纳西祖先艰辛寻父的孝心，又表现出纳西族人热爱自然、与自然和谐相处的价值追求。所以，西方人因为这册仅有 11 页的摹写本经典而为东巴古籍吸引，也不足为奇了。东巴古籍对我们了解和研究纳西族先民的世界观、人生观和价值观有重要意义。

（三）具有世界价值的东巴文化

纳西族东巴古籍是纳西东巴文化和艺术的凝练和升华。"东巴文化就源于东巴教。东巴文化包括象形文字、东巴经、东巴绘画、东巴音乐及舞蹈等。"[①] "东巴文化也是一种宗教文化，即东巴教文化。"[②] 东巴教仪式活动中的绘画、唱腔、舞蹈、文学、法器和仪式等内容，是纳西先民创造的伟大艺术形式和艺术展现。董作宾先生说，东巴文化"在中华民族文化的系统上，只能算泰岱、华岳旁边的一座小丘，长江、黄河沿岸的一股细流，

---

① 施惟达主编：《态与势：云南文化产业研究》，云南大学出版社 2007 年版，第 233 页。
② 和晓花：《纳西族民间文化的保护与传承研究》，云南人民出版社 2012 年版，第 63 页。

但是这座小丘、这股细流却自有它特立的精神和发生的源泉，是值得大书特书的"①。

东巴古籍中的韵文作品、诗歌谚谣、神话传说等构成了丰富多彩的东巴文学。这些是纳西文学中十分珍贵的宝藏。如《崇搬崇笮》《董埃术埃》中讲述的纳西先民创世纪与早期生活的史诗与传说，既包括创世、造物、降龙、镇妖和战争等各类神话，还涉及纳西先民的生产生活实践，为研究纳西先民的起源、生产生活提供了丰富的素材；又如《鲁般鲁饶》《库起库涵》这两部叙事长诗，它们以纳西族社会发生了明显的阶级分化为背景，描绘了不同社会阶层的生活状况，其中不乏对下层群众的深切同情和对上层统治者昏庸无道的辛辣讽刺。这是纳西族东巴文学逐渐走向成熟的重要标志。东巴文学既充满浓烈的浪漫主义色彩，又体现了强烈的现实主义风格，其中不少佳作至今仍在广大纳西族地区传唱。它们是纳西文学之源、东巴文学之源。

在东巴古籍中还有不少带有浓郁民族特色的艺术形式，如东巴舞蹈和舞谱、东巴音乐、东巴画等。东巴舞蹈多是指东巴祭司在各类宗教仪式中所跳的舞蹈，记录舞蹈的姿态、场位、路线、造型、韵律及乐器的舞谱被称为"磋姆"。东巴舞蹈种类繁多，形式多样。有些学者根据舞谱将东巴舞蹈分为神舞、鸟兽虫鱼舞、器物舞、战争舞、面具舞五大类。除此之外，还有开丧法仪舞、祭龙王法仪舞、求长寿法仪舞、祭风法仪舞以及占卜舞等。东巴舞蹈的主题主要是神战胜鬼魅，善战胜恶，光明战胜黑暗等。东巴舞蹈与舞谱对研究我国民族艺术具有独

---

① 董作宾：《〈纳西族象形文字字典〉序》，李霖灿编著《纳西族象形标音文字字典》，云南民族出版社 2001 年版，第 4 页。

特价值,东巴舞谱被有关专家认定为"同唐代敦煌石室舞谱残卷、宋代德寿宫舞谱一样是我国各民族艺苑的稀世奇珍"[①]。有专家考证:这是用象形文字书写的世界上最早的舞谱。曾担任联合国教科文组织舞蹈协会副主席的戴爱莲女士依据新发现的东巴舞谱,认为世界舞蹈史应该重写。

东巴音乐包括器乐和声乐。器乐在仪式开场或者结束时,通过吹奏乐、打击乐及弹唱乐等形式,使用直笛、琵琶、扁鼓、葫芦笙、口弦等乐器同时演奏;声乐主要是诵经调,由东巴配上伴奏自行诵唱。

东巴绘画也是东巴仪式中的古老艺术形式,分为木牌画、竹笔画、纸牌画和神轴画四大类。东巴画具有浓郁的民族特色,散发出古朴神秘的气息,深受国内外美术界关注与喜爱。其中,以大型神轴画《神路图》最负盛名。

《神路图》纳西语称"恒丁"或"恒日丁",意思是到达神界的路经图卷。用于东巴教开丧和超度仪式,其内容可以分为18个鬼狱界、人间界、自然界、33个神灵界等四个阶段,至《神路图》上端即送到最高神界。它反映出纳西先民的生命意识和生死观,即认为人死后灵魂不灭,人的亡灵只有通过东巴的引导,才能排除18层鬼域和各种鬼怪的阻挠,顺利到达祖先灵魂居住地,与祖先团聚,然后送到33界神地,受到神的庇佑。画中所描绘的赌博、偷盗、杀耕牛、杀人、乱伦、诽谤别人、污染水源、用大小斗和大小秤者等的受刑图像,表达的是纳西先民惩恶扬善、追求光明幸福和完善人生的伦理美学。

---

① 《中国民族民间舞蹈集成》编辑部编:《纳西族古代舞蹈和舞谱》,文化艺术出版社1990年版,第3页。

《神路图》以巧妙的构思、宏大的场面、壮观的气势、独特的风格和独到的技艺成为东巴绘画艺术中杰出的代表作。①

近代以来，云南画坛出现了一个从少数民族传统艺术中诞生的画派——当代东巴画派。这个画派由一批纳西青年画家组成，他们在纳西东巴象形文字基础上进行艺术再创作，稚拙的线条勾勒、自由的色彩运用形成了当代东巴画派返璞归真的美术风格。这是纳西东巴象形文字美学价值现代化运用的范例之一。

图7 《神路图》（节选） 丽江市东巴文化研究院收藏

五、保管与研究

（一）发端于西方的纳西学研究

尽管东巴古籍源自中国，它的研究和收藏价值被挖掘出来却始于西方。19 世纪中后期，清朝面临被帝国主义瓜分的危机，滇、川、藏地区因其特殊的战略位置，吸引了一大批法、英、美、意、荷、德等国传教士、团体先后前来进行自然和社会情况考察，他们发现了东巴古籍的存在，并被其吸引。

1867 年，法国传教士德斯古丁斯首次在云南搜集到一篇东巴经摹写本《高勒趣沃受》，此经文共 11 页。德斯古丁斯将其寄到法国巴黎，打开了西方人了解东巴文化的窗口。其后数年，英

①　参郭大烈主编：《中国少数民族大辞典·纳西族卷》，广西民族出版社 2002 年版，第 203 页。

国的吉尔上尉和梅斯内在丽江旅居时，搜集到 3 本东巴经书，其中一本被寄往大英博物馆，被标以"中国缅甸之间山地祈祷者的象形文稿"入藏博物馆。西方学者、传教士、探险家为东巴古籍吸引，视之为"人类启蒙时期原始图画文字的珍本"，并通过各种途径搜集、收购东巴古籍，开展东巴文化研究，大量东巴古籍因此流往国外。

1885 年，法国的太伦·拉卡蹈里尔第一次发表了东巴经典文字资料。1907 年和 1908 年，法国的巴克教授两次到云南纳西族地区考察。1913 年，巴克教授出版了第一本研究纳西东巴文化的专著《麽些研究》①，揭开了研究东巴圣典的序幕，引起国内外瞩目。在纳西族聚居区收集东巴古籍文献数量最多的外籍人士首推约瑟夫·洛克。1920 年，洛克到中国丽江采集植物标本，接触到了东巴经典，对其产生了浓厚的兴趣。他自 1921 年 2 月起，先后受美国农业部、哈佛大学、美国地理学会、檀香山博物馆等机构的派遣，在滇西北地区收集植物标本，考察地质情况，调查东巴文化。旅居丽江 28 年间，他成功收集、购买 3.8 万多册东巴经典。自 1926 年到 1949 年，他放弃了植物学研究，在丽江纳西族地区全身心地投入东巴经典的研究。他试图破译纳西经典，写了大量的著作，生前编写并出版的《纳西语英语百科词典》，是纳西族象形文字的权威之作。

还有一些西方学者从文化人类学角度研究东巴古籍，英国爱

---

① "麽些"是元明以来汉文献中对纳西族的称谓，与"末些""摩些""摩梭"均系同一称谓的同音异写形式，今台湾学者仍用此称谓。巴克记音为 Mo-so，《麽些研究：麽些人种、宗教、语言及文字》（LES MO-SO: ethnographie des Mo-So, leurs religions, leur langue et leur écriture）一书一般被学界简称为《麽些研究》，本书中均采用此简称。

丁堡大学安东尼·杰克逊是其中成就较为突出的一个。他整理研究大量东巴经，1965 年发表《麽些巫术手稿》，1970 年发表《纳西宗教仪式的基本结构》，1971 年发表《纳西亲属称谓制、自杀和象形文字》等，最著名的是 1979 年出版的《纳西宗教——对纳西宗教经典的分析评价》，其中论述了大英博物馆和印度事务部所藏 5 本属于东巴教求寿仪式的经书。他在对纳西族宗教结构进行分析时，创用了一个新词"亚仪式"，其意思是代表一个相对完整的短小宗教仪式，是一个具体的法事道场的结构部分。他将洛克计算的 13 个道场分解为 980 个亚仪式，以此再来分类经书。他多次到纳西族地区深入调查，其目的是想弄清东巴经在世界上分布的确切数字，以建立单独的一套巨大而详细的文献体系，整理出一份全世界收录较全的东巴经目录。

日本研究东巴古籍较之欧美起步晚，但由于是在中国及欧美学者的成果上开始研究，起点较高。1966 年，西田龙雄所著的《活着的象形文字——纳西文化》正式出版，这是日本研究纳西文化的奠基性著作。后来，有山田胜美的《曾经有过生命的绘画文字的世界》和诹访哲郎的《云南省纳西族的象形文字、标音文字先后论争》等研究成果相继问世，至今已建立起一支"以文字学为先锋，以神话学为中坚，以宗教学、民族学为两翼"的学术体系及研究队伍，为立体、多角度地探讨东巴文化创造了条件。①

（二）国内纳西学的崛起

国内学者开始重视东巴古籍的保管、抢救与利用工作在西方

---

① 白庚胜、杨福泉编译：《国际东巴文化研究集粹》，云南人民出版社 1993 年版，第 14 页。

学者之后。早在 1913 年法国学者巴克出版《麽些研究》之后，纳西族的学者们就已经在从诸多角度收集、整理和翻译东巴经典了。至 20 世纪 20 年代，洛克全面收集东巴经典时，他们曾竭力呼吁地方政府派专人研究，但始终未能如愿。

1933 年秋，从北京大学国学研究所毕业的年轻人方国瑜回到了自己的家乡丽江，一头扎进山高水深的金沙江一带，与东巴经师们走到了一起，开始对东巴古籍进行专门研究。原来，方国瑜此次回乡是受到导师刘半农的鼓舞，立志发掘、整理传统文化，揭开东巴象形文字和东巴文化的神秘面纱。一年后，他满载而归，潜心编成中国乃至全世界第一部翔实、科学的《纳西象形文字谱》。自方国瑜回乡调查东巴经开始，本民族文化在纳西族知识分子中引起注意。20 世纪 40 年代，随着抗战期间内地高校、研究所的西迁，纳西东巴经典的研究工作获得深入发展，并涌现出一批知名学者，如国立艺专的河南籍学生李霖灿、华中大学的傅懋勣、中央研究院历史语言研究所的张琨和陶云逵等。李霖灿和傅懋勣是将纳西语言和东巴经典研究作为终身事业的两位学者。李霖灿先后进行了大量的田野调查，实地考察纳西先民的迁徙路线、文字发源地和分布情况，相继撰写出《麽些象形文字字典》《麽些标音文字字典》《麽些经典译注九种》等著作。傅懋勣则多次到日本、美国进行东巴文化学术交流，并在日本出版了《纳西族图画文字〈白蝙蝠取经记〉研究》，在国内外颇有影响。这些先辈都是中国纳西文明研究的垦荒者，他们不惧艰险，不畏苦难，从事田野调查、实地考察，让东巴文化引起了更多人的关注。

东巴古籍的研究成就值得一提的还有舞蹈和绘画艺术。纳西族善歌善舞，其丰富的舞蹈艺术遗产除保存在民间外，还系统、详尽地录载于东巴古籍。20 世纪 70 年代末 80 年代初，几本东巴文书写的东巴舞谱在丽江纳西族自治县图书馆和民间相继被发现，立即引起注意并被翻译研究。1983 年 3 月在丽江召开"东巴达巴座谈会"时，来自北京等地的几十位舞蹈艺术研究专家和 60 位老东巴先生一起，共同研究东巴舞蹈和东巴舞谱，掀起了东巴舞蹈和东巴舞谱研究的高潮。90 年代，杨德鋆、和发源、和云彩的《纳西族古代舞蹈和舞谱》和戈阿干的《东巴神系与东巴舞谱》代表性地总结了 80 年代以来东巴舞蹈和东巴舞谱研究的成果。专家们认为，东巴舞谱是世界上唯一活着的用象形文字书写的古代舞谱，是世界级的国宝。

党的十一届三中全会之后，东巴经典文献的抢救性收集、翻译工作被列入地方政府的重要工作内容。1980 年，经方国瑜、和万宝等先生的努力，"东巴经翻译整理委员会"在丽江成立。1981 年，云南省社会科学院东巴文化研究室正式成立，历史上第一个专门研究纳西族东巴文化的研究机构诞生。1991 年，云南省社会科学院东巴文化研究室正式更名为东巴文化研究所；2004 年，更名为丽江市东巴文化研究院。东巴古籍保护与研究迎来新的春天。

1999 年，经过多年努力，由十几位老东巴和数十名研究人员辛勤分类、除去重本，耗资上百万元的《纳西东巴古籍译注全集》（100 卷）翻译工作完成，一并付梓出版。全集收录东巴古籍 1000 种，由东巴释读，采用东巴经原文、国际音标注音、汉语直译、汉语意译"四对照"译注体例，让东巴古籍成为一般读者也完全可以读懂的古籍。该书的出版为全面系统研究纳西东巴经典打下了坚实基础，被誉为"旷古一绝，稀世奇宝"。2003 年，纳西族东巴古籍文献入选世界记忆遗产。

（三）收藏与保管情况

在纳西东巴古籍收藏方面，近代以来，先后有 1 万多册东巴经书及大量图片、神像、法器等文物被美、英、法、德等国的图书馆、博物馆、研究机构收藏。据不完全统计，美国国会图书馆藏有 3038 册，哈佛燕京学社藏 598 册，德国马尔堡国立图书馆藏 1118 册，英联邦图书馆藏 108 册，等等。[①] 美国国会图书馆建于 1800 年，是美国 4 座官方国家图书馆之一。其收藏的东巴古籍文献主要源自以下几个途径：其一，购买。自 1924 年起多次向旅居云南的奥地利籍美国探险家、植物学家、摄影家约瑟夫·洛克购买。其二，捐赠。1941 年，罗斯福总统之孙昆丁·罗斯福捐赠 1073 册东巴古籍，这些古籍是昆丁·罗斯福于 1927 年至 1939 年在中国旅行时收集所得。其三，翻印。东巴古籍文献影印件有 570 多册，原版存于西班牙。

在中国，目前约有 1.5 万册东巴古籍保存在台湾、南京、北京、昆明、丽江等地的图书馆、博物馆和科研单位。云南省作为东巴古籍的诞生地收藏总数最多，其中又以丽江占比最大。丽江玉龙纳西族自治县图书馆藏约 4000 册，丽江市东巴文化研究院藏约 1700 册，丽江市博物院藏约 1050 册，云南省图书馆藏约 700 册。云南省外的机构之中，馆藏最多的是位于北京的国家图书馆，收藏 3798 册。另外，南京博物院藏 1231 册、中央民族大学藏 1626 册。[②] 值得一提的是，台北"故宫博物院"收藏 1300 多册。除了官方机构，

---

① 崔光弼：《中国少数民族文字古籍源流》，中央民族大学出版社 2012 年版，第 189 页。

② 参崔光弼：《中国少数民族文字古籍源流》，中央民族大学出版社 2012 年版，第 189 页。

在云南、四川等纳西族聚居区和全国其他地区的收藏家手中，也有部分东巴古籍收藏。根据以上机构收藏量统计，加上私人收藏，目前存世的东巴古籍文献有 3 万多册，除去复本，有 1000 多种。

六、保护与传承

（一）一波三折申遗路

东巴古籍内容和形式的独特性，都意味着这是一份独一无二的人类文明瑰宝、精神文化财富。2000 年 8 月，云南省举办的文化产业展览洽谈会开幕，东巴文化研究所人员应邀参加。一个很偶然的机会，他们得知云南省档案局正在开展《世界记忆名录》的申报事宜。世界遗产对研究所人员来说并不陌生，此时的丽江已经坐拥了三江并流自然遗产、丽江古城文化遗产两项世界级遗产。"对全世界范围内正在逐渐老化、损毁、消失的文献记录进行抢救和保护"，这说的不正是纳西族东巴古籍吗？他们明白，机会来了。事不宜迟，东巴文化研究所立刻安排专人开展申报工作，于 11 月 27 日向丽江行署提交了申报步骤和方案。丽江行署在 2001 年春节后上班第一天便召开专题讨论会，成立申报筹备领导小组，并拨专款 5 万元组建了申报项目组。为了及时跟进申报情况，申报办公室就设在东巴文化研究所。2002 年 3 月，东巴古籍成功入选《中国档案文献遗产名录》，并被确定为 2003 年度中国向世界申遗的项目。

然而，关注申遗的人们并未就此轻松下来。3 月 11 日，世界记忆工程亚太地区委员会执行局会议在昆明召开，此时他们得知报给联合国的文本全部不合要求，一切还得从头来过。申报组专门从北京和云南省档案局邀请专家赴丽江指导工作，并聘请外籍教师负责翻译审稿工作。时间又过去了一个多月，新的申报文本终于出炉了！

2002 年 10 月 16 日，申报文本寄往联合国教科文组织巴黎总部和马来西亚亚太地区分部。2003 年 5 月，初步评审举行，在焦急的等待中项目组收到了一个消息——"14 位评委认为东巴古籍没有世界意义"，这无异于当头一棒！但项目组并未放弃努力。如何讲述好"东巴古籍文献对世界有何重大影响"这一命题？他们专程邀请世界记忆工程咨询委员会副主席、亚太地区咨询委员会秘书长、香港历史档案处处长朱福强先生至丽江与研究所人员交流。回到昆明，云南省社科院副院长杨福泉、云南民族大学副校长和少英等专家再次与朱先生沟通。功夫不负有心人，东巴古籍文献二度评审终于顺利通过。2003 年 9 月 2 日，令人振奋的消息传来——东巴古籍成功入选世界记忆遗产！

（二）传承之路任重道远

云南省社科院副院长、著名民族学家杨福泉博士曾经向记者讲过这样一个故事：

1989 年，他到丽江著名的东巴教圣地白地乡作田野调查。当时，当地一位 89 岁高龄的著名老东巴巴久高吉，由于生活贫穷，竟主动提出，只要杨福泉给他 1000 元，他便将家里的全部经书转给杨福泉。这令杨博士十分惊讶。杨福泉博士提出了一个令人振聋发聩的疑问："拿走他的经书，就等于拿走当地的文化。那么，他们拿什么来传承给下一代？"

步入 21 世纪以来，政府及各界有识之士为了加强对纳西东巴文化的保护，做出了很多努力。继 2003 年申遗成功之后，2006 年 1 月 1 日起《云南省纳西族东巴文化保护条例》正式实施，该《条例》将 1996 年前出版和手抄的纳西族东巴古籍文献，纳西族东巴语言文字、音乐、舞蹈、曲艺、绘画、雕塑、服饰、器皿、代表性建筑及设施和场所等，纳西族东巴文化传承人及其所掌握的传统知识和技艺，具有纳西族东巴文化特色的传统民俗活动，等等，都列入保护范围。还专门设立了纳西族东巴文化专项经费，设立纳西族东巴文化保护区，鼓励公民将其收藏的纳西族东巴文化的珍贵资料、实物捐赠给从事文化遗产保护和纳西族东巴文化研究的部门和单位。从此，纳西东巴文化保护有了政策依据。近几年，该《条例》与时俱进，根据实际情况的变化仍在不断修订和完善。

古籍翻译整理、技术保护和数据库建设方面亦是硕果累累。除 1999—2000 年出版的《纳西东巴古籍译注全集》（100 卷）外，有关东巴文化研究的著作仍在不断问世。例如，2008 年，东巴文化研究院同中国社会科学院人类学与民族学研究所合作，开始对哈佛燕京学社收藏的 598 册东巴古籍进行整理翻译，2011 年《哈佛燕京学社藏纳西东巴经书》第一卷正式出版，纳西东巴古籍的翻译整理工作走出国门。2013 年，"'世界记忆遗产'东巴经典传承体系数字化国际共享平台建设研究"获评国家社会科学基金重大项目。历时 5 年，项目数字化采集国外 11 家、国内 10 家机构收藏的东巴古籍计 3378 册，建立东巴古籍数据库、释读规则库及释读知识库，实现东巴文字、音像以及图形、音像并轨等海量信息智能管理和多种检索，以构建国际共享平台等方式实现东巴古籍世界范围内共享和利用。2018 年 5 月，云南省古籍保护中心正式启动"世界记忆遗产"东巴古籍实验性修复工作，希望通过科学的修复，帮助残损的东巴古籍重焕新生。

近年来，纳西文化主题的会议、活动在全国各地不断举办，推动了纳西文化的宣传与研究。如 2015 年，"丽江纳西族东巴文化展"在中国国家博物馆举行，受到广大观众热烈欢迎。2017 年，云南丽江纳西族 150 卷东巴经手抄本入藏中国国家博物馆，对东巴文化的保护、传承和弘扬起到积极作用。

虽然今天弘扬、学习、研究东巴文化的学者不断涌现，东巴文化引起了当地乃至全国、全世界机构、团体组织和专家学者的重视，但是，它的传承与发展依旧面临许多困难。比如，东巴经书买卖活动仍在民间进行着，许多珍本仍在不断流失。随着东巴古籍的"走红"，学点东巴文化便将之市场化的情况比比皆是，真正传承东巴文化的人却凤毛麟角；而熟悉东巴文化的东巴们相继离开人世，"他们每走一个，就带走一批文化，相当于永远地带走了一座文化博物馆"。与其他文化相比，东巴古籍研究者还是相对少数，怎样才能使东巴古籍得到更多更广泛的关注和保护？东巴古籍用的纸张历经岁月沧桑在不断老化，一册经典可能存在永远无法复原的风险。由于历史原因，大量的东巴古籍仍流失国外机构和个人手中，我们该如何保护这部分民族遗产？另外，关于东巴古籍的基础性研究还有待进一步推进，比如东巴古籍的编目与统计工作，至今没有比较权威、统一的数据公布。这些都是东巴古籍面临的发展困境。

"路漫漫其修远兮，吾将上下而求索"，这就是对致力于保护东巴古籍、传承东巴文化的专家学者和各界人士的真实写照。成功入选《世界记忆名录》，让东巴古籍从民族走出中国、走向世界，然而，东巴古籍的保护与传承并不止于此，它的未来之路还很长。

参考文献

1.丽江县政协文史资料委员会编：《丽江文史资料》第6辑，1988年。

2.徐丽华编：《东巴文古籍艺术》，民族出版社2016年版。

3.方国瑜、和志武：《纳西族的渊源、迁徙和分布》，《民族研究》1979年第1期。

4.赵世红、和品正：《东巴艺术》，山东美术出版社2009年版。

5.和力民：《田野里的东巴教文化》，民族出版社2016年版。

6.云南省档案馆编：《中国档案文献遗产名录云南珍档解读》，云南民族出版社2017年版。

7.崔光弼：《中国少数民族文字古籍源流》，中央民族大学出版社2012年版。

8.施惟达主编：《态与势：云南文化产业研究》，云南大学出版社2007年版。

9.和晓花：《纳西族民间文化的保护与传承研究》，云南人民出版社2012年版。

10.白庚胜、杨福泉编译：《国际东巴文化研究集粹》，云南人民出版社1993年版。

11.《中国民族民间舞蹈集成》编辑部编：《纳西族古代舞蹈和舞谱》，文化艺术出版社1990年版。

清代科举大金榜

Golden Lists of the Qing Dynasty Imperial Examination

王金龙

清光绪三十一年（1905），因时势所迫，清政府不得不宣布废除在中国实行了 1300 多年的科举考试，科举制度就此走向终结。科举制度的废除，影响颇为深远，意味着中国历史的一项根本改变，而承载着无数读书人梦想的"金榜"，也在这个改变中正式成为历史。

2005 年，是科举制度废除 100 周年。6 月 16 日，美丽的云南丽江，世界记忆工程国际咨询委员会第七次会议上，经联合国教科文组织委员代表和观察委员讨论后，由中国国家档案局申报、中国第一历史档案馆收藏的"清代科举大金榜"成功入选《世界记忆名录》，成为继中国传统音乐录音档案、清代内阁满文秘本档有关 17 世纪在华西洋传教士活动档案、纳西族东巴古籍之后，中国第 4 项入选《世界记忆名录》的档案，也成为继清代内阁满文秘本档后，中

图 1 联合国教科文组织颁发清代科举大金榜入选《世界记忆名录》的证书　中国第一历史档案馆提供

国第一历史档案馆所藏又一项入选该名录的档案。

清代科举金榜是中国古代纸质榜式文书，为中国古代科举制度的标志性档案文献，是中国古代社会科举考试制度中最高一级考试殿试的成绩排名单，是中国古代科举制度的见证。中国的科举考试制度，创始于公元7世纪初的隋朝，历经唐、宋、元各朝的发展，到明清时期，已相当成熟和完善，成为明、清两朝中央政府选拔官员和人才的主要途径，被视为"正途"，因此金榜是科举考试制度选拔高级人才成果的直接体现。中国古代的读书人虽将"金榜题名"视为毕生的梦想，但要真正让梦想变为现实，成为"天子门生"，并不是件容易事，需要经过层层考试和选拔，历经种种艰难和曲折。

一、荣登金榜之路

清代的读书人，要想实现题名金榜，必须历经童试、乡试、会试、殿试等不同阶段和层级的考试，进而获得生员（俗称秀才）、举人、贡士、进士的身份。

参加童试被录取者称为生员，生员参加乡试被录取者称为举人，举人再参加会试被录取者称贡士，贡士最后参加由皇帝亲自出题的考试——殿试，最终题名金榜之上，成为进士。成为进士之后，还要参加朝廷选拔庶吉士的考试，即朝考。

（一）童试

童试是在府县举行的考试，即童生考生员的考试，亦称"小考"。清代，凡是参加考生员之试者全都称为童生。童生之称，

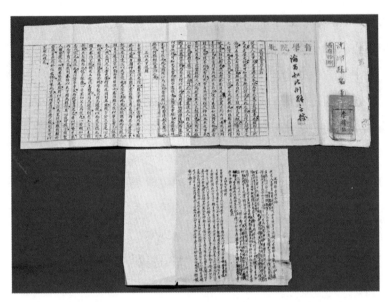

图 2　童生县试考卷
中国第一历史档案馆提供

不论年龄，"壮艾以至白首之老翁"①，只要是参加童试的，都可称为童生。曾有报道称，清末广州举行的一次考试中，童生中既有十四五岁的青涩少年，也有七十多岁的白头老翁。②童试三年两考，由县试、府试和院试逐级而升。县试由知县主考，考试日期多在二月。考生报名参加考试，须满足无冒籍、匿丧、冒名顶替，且身家清白、非倡优皂隶之子孙等条件。县试一般考四场或五场，每场考一天，当天交卷。其中第一场最重要，称正场，考四书文二篇、五言六韵试帖诗一首，文字通顺者即可录取；第二场仍考四书文和试帖诗一首，要淘汰一部分文字低劣的参试者；第三场试一赋一诗，或试以一策一论，再将较差者淘汰一些；第四场试以时文、诗赋、经论、骈文；如果考官要考第五场，参试者亦须应考。考列第一名者称为县案首，所有录取者准考府试。

府试日期多在四月，由知府或知州、同知任主考。报名、考法与县试大致相同，考列第一者称府案首，录取者可参加院试。院试是由学政主持进行的考试。府试考毕，要将录取者造具清册

①　商衍鎏：《清代科举考试述录及有关著作》，百花文艺出版社2004年版，第3页。
②　张仲礼：《中国绅士研究》，上海人民出版社2008年版，第77页。

申送学政。学政逢子、卯、午、酉乡试之年，由京城钦命简放。学政由侍郎、翰林官充任，每省钦派一人，任期三年。奉天府学政由府丞兼任，台湾学政由台湾道兼任。学政三年内要两次到各府和各直隶州主持考试。第一次是为了主持"岁考"，通过考试确定生员的升、贬或黜革，因此民间有"秀才怕岁考"的说法；第二次是为了主持"科考"，是乡试前的一次预考，目的是确定参加乡试人员的考试。院试是紧接"岁考"和"科考"之后，学政尚未离开各府、州时举行。武生员没有"科考"，考选武生员的院试只是在每三年武岁考后举行一次。因此，文科院试每三年举行两次，武科院试每三年举行一次。

院试日期，由学政悬牌公示。考生按照考期，在贡院参加考试。考生入场时，会严行搜检，甚至解发、袒衣并及袜履、文具，不许携带片纸只字。因考试人多，时间匆促，不发题纸，将题目粘于木牌上，于考场四周游走，以示考生。考试时，考生不得交头接耳，擅自移动，学政终日监视，并派人四处巡察，有作弊者究治。院试取列第一者为院案首，院试正式录取者为生员，即秀才。

每次考试录取生员的数量，是按行政单位分配的。各府、县均设有生员就学的官学，每所官学在每次院试后录取的生员都有一定的数额，因各行政单位重要性和级别的不同，官学可分为大、中、小三等，大学录取名额约 20 名，中学 12~15 名，小学 8~10 名。因此，学额与参加考试的考生人数无关，而与各行政单位的地位和级别直接相关。根据有关资料记载，即使是考中生员也并非易事。清代每个县的童生数量为 1000~1500 人，某一时期童生总人数约 200 万人，每次童试录取生员约 25000 人[1]，所以童生

---

[1]　"太平天国前全国 1741 所官学每次院试录取名额为 25089 名。"参见张仲礼：《中国绅士研究》，上海人民出版社 2008 年版，第 63 页。

考取生员者仅为百分之一二。武生员的学额较文生员略少，大概22000人。据统计，清代的读书人考取生员的平均年龄约为24岁。

（二）乡试

乡试为各省于省城举行的考试，逢子、卯、午、酉年举行，三年一次，考试频次很少有变更。但如遇皇帝、太后万寿，皇帝登基、婚礼等大庆典，则要另开"恩科"，不限于上述年限；如果遇有大规模的战事凯旋，有时也会特别举行考试，给读书人增加进取的机会。乡试一般于秋天举行，故又称"秋闱"。各省乡试考官由中央直接派大员前往担任，除顺天乡试考官为三至四人外，其他各省为两人，一为主考，一为副主考。主考与副主考的人选，与学政一样，必须是由翰林院出身的科甲人员充任。乡试考试日期一般在八月，共考三场，分别于初九日、十二日、十五日举行，考试地点在各省贡院，只有特殊情况才会改期改地。乡试考试的内容，第一场考《论语》题一道，《孟子》题一道，《大学》《中庸》题一道，并五言八韵试帖诗一首；第二场考《诗》《书》《易》《礼记》《春秋》五道经题；第三场考对策五道。

清代乡试场规非常严密。每场考试前，对考生严加搜检，如考生有怀挟等弊，对作弊人员处以枷革的惩罚。不仅对于考生，对考场各官员及跟役也有严格要求和规定。如乡试主考官一经派定，便不准见客，出京后，驰驿而行，由所在地方官供

图3　乡试卷　中国第一历史档案馆提供

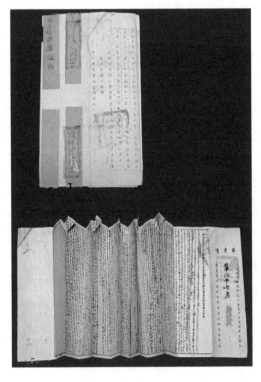

给食宿。到省以后，与督抚不能见面，以防暗通关节。主考入闱后，同考官也要同日入闱，入闱后要将考场门封闭，断绝内外交通。房官入闱后，即住在内帘（内帘专管出题和阅卷），不准与外帘（外帘专管试务）互通消息，批阅试卷必须用蓝笔。闱内能用墨笔的，仅有正、副主考两人。各官跟役所带用具及先期应运送入考场之物，均逐一搜查，对读、誊录等考场工作人员，入场时也要严行检查。每场考试试卷收毕后，为防止阅卷官认识考生笔迹，所有考生的墨卷须由誊录誊抄成朱卷，并由对读人员将朱卷与墨卷进行校对，确保朱卷与墨卷内容一致，之后将朱卷分送考官评阅。

乡试揭晓日期由主考官酌定，顺天及大省在九月十五日内，江南在九月二十五日内，中省在九月十日内，小省在九月初五日内。凡乡试录取者称为举人，考列第一名者称解元。督抚于新科举人发榜后，特设"鹿鸣宴"，宴请主考官、同考官和全体举人，庆贺国家得人，并为举人插戴金花，另给旗匾银两，以示奖励。平均起来，清代每次乡试全国共设举人额数太平天国前约 1400 个，太平天国后约 1500 个[1]，而参加乡试的总人数达十余万，每个省参加乡试的人数在数千人到一万余人不等，每次录取额数少则几十人，多亦仅百余人，录取率极低。据统计，道光十四年（1834）和咸丰元年（1851）两榜举人中举的平均年龄约 31 岁。[2] 考秀才不易，考举人更难，清代小说家吴敬梓的《儒林外史》中描述范进考中举人后喜极而疯的形象，说明考中举人确实是非常不容易的。

---

① 张仲礼：《中国绅士研究》，上海人民出版社 2008 年版，第 103 页。
② 张仲礼：《中国绅士研究》，上海人民出版社 2008 年版，第 103 页。

（三）会试

会试即"集中会考"之意，是由礼部主持进行的考试，即各省举人在京城考进士的考试。会试也是三年一次，逢丑、未、辰、戌年举行。会试一般在乡试次年二月或三月举行，参加考试者为各省上年乡试中式举人及以往会试落第举人。因于春季举行考试，会试也称"春闱"；又因为由礼部主持考试，故又称 "礼闱"。会试共考三场，每场三天，三月初九日为第一场，十二日为第二场，十五日为第三场，先一日领卷入场，后一日交卷出场。会试主考称总裁，一般用四人，一正三副，以大学士及一二品官、翰林进士出身者充任。入场之后的考法、场规与乡试基本相同。

清初，会试录取人数并未按各省划分额数，康熙五十一年（1712），康熙皇帝以各省取中人数多寡不均，恐有一些省遗漏人才，要求会试时按省划定名额录取。以当时应试人数的多少，查明入场人数以及前三科各省取中额数情况，由礼部题请，经皇帝钦定当科会试中式人数。因各省大小、文风、人口等情况各异，各省中额的多少也不尽相同。如乾隆十七年（1752），皇帝钦定的会试中额为235人："这会试，满洲、蒙古取中七名，汉军取中一名，直隶取中二十二名，奉天取中一名，山东取中十三名，山西取中十五名，河南取中十名，陕西取中十二名，江南取中三十一名，浙江取中二十九名，江西取中二十五名，湖北取中十名，湖南

图4 会试朱卷 中国第一历史档案馆提供

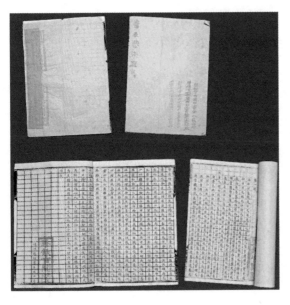

取中四名，福建取中十四名，广东取中十四名，广西取中五名，四川取中八名，贵州取中七名，云南取中七名。"①

关于清代会试中额，清人吴振棫在《养吉斋丛录》卷九中记载："会试中额，顺治间多至四百名。康熙以来，多则三百名，少则一百数十名。惟雍正庚戌科四百六名为最多，乾隆己酉科九十六名为最少。嘉庆、道光以来，或一百数十名，或二百数十名，无至三百者矣。"吴振棫关于清代会试中额的记载，使我们对清代会试录取人数有了大致了解。从中国第一历史档案馆所藏清宫原始档案看，每次会试参加考试的人数少则三四千人，多则七八千人不等，录取人数最多时达 400 余人，最少时仅 81 人，录取率从 2% 至 6% 不等。

（四）殿试

按照清代科举定制，会试之后举行殿试，参加殿试人员为会试中式贡士，若没有丁忧、病重等特殊情况，贡士们都会参加殿试。殿试是由皇帝亲自主持的考试。殿试于会试后不久，在紫禁城内保和殿举行。清代殿试时间和地点屡有变更，乾隆二十六年（1761）将殿试时间确定为四月二十一日，地点原在天安门，后改为太和殿，乾隆五十四年（1789）改为保和殿，以后相沿不变。殿试只考制策，当天交卷。因皇帝是殿试名义上的主考官，故殿试只设读卷官，殿试卷也不用再行誊录。

殿试结束后，须将殿试卷收贮于箱内，送至文华殿分给各读卷官进行阅卷，每位读卷官分得 30 本左右。阅卷时，各读卷

---

① 中国第一历史档案馆藏内阁全宗档案，乾隆十七年礼部尚书伍龄安请钦定本年恩科会试中额事题本，档号：02-01-005-022842-0027。

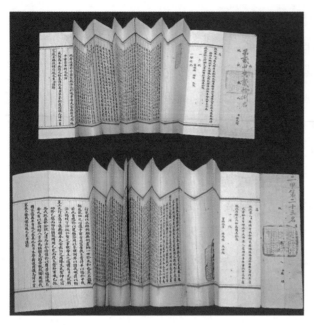

图 5　殿试卷　中国第一历史档案馆提供

官按五等标识成绩，由高到低分别标识圈（〇）、尖（△）、点（、）、直（｜）、叉（×）于签上，并粘于卷背。读卷官阅完本人分得之卷后，再轮阅其他读卷官阅过之卷，所有试卷阅完后，即推首席读卷官为总核，进行综合评议，得圈多的试卷方能前列。阅卷时，还有一个规则，即如果第一位读卷官用圈（〇），则第二阅卷者不能用点（、）之后的标识；如果第一阅者用尖（△），则第二阅者不能用直（｜）或叉（×）的标识，即所谓"圈不见点，尖不见直"，以防标识过于悬殊。

试卷阅毕后，要将前十名试卷进呈皇帝钦定，名次钦定后，召读卷官入殿，拆开弥封，用朱笔填写一甲三名次序，再书二甲前七名。十名以后之卷，读卷官到内阁后拆开弥封，按照阅定名次填写金榜。清代殿试，例不黜落，凡会试录取成为贡士的，只要参加殿试，均会金榜题名，殿试只是重新排定贡士的名次而已。

二、细说清代科举金榜

清代科举大金榜，黄纸墨书，长度从十几米至二三十米不等，宽 0.8 米至 0.9 米不等，其长度与当科录取进士人数的多少有关，录取人数越多，金榜越长。从内容看，金榜首为皇帝制书一道，其格式为：奉天承运，皇帝制曰，×××年×月×日策试天下贡士×××等×××名。第一甲赐进士及第,第二甲赐进士出身,第三甲赐同进士出身,故兹诰示。其后按照甲次顺序书写录取进士的姓名、名次和籍贯,最后书写传胪日期,这也是金榜张挂的日期。金榜用满汉两种文字书写,汉文从右向左书写,满文从左向右书写,两种文字的年月日落款汇于榜中,榜的正中赫然用满汉两种文字书写着巨大的"榜"字。金榜之上,在年月日时间落款及不同人员抄写内容的衔接处钤盖"皇帝之宝"玺印。

金榜因形制和用途不同,分为大小金榜两种,大金榜用于张挂供大家观看,小金榜则专供皇帝、皇太后及皇后等人阅览之用。殿试结束后,读卷官将前十名试卷呈进,由皇帝钦定名次。前十名以外之卷则照阅卷时所排定次序填写金榜。"榜用黄纸,表里二层,令中书四人写小金榜,另外四人写大金榜。小金榜存大内,大金榜盖印皇帝之宝,待到传胪日张挂。"① 大金榜张挂时,要在太和殿前举行隆重的传胪典礼。传胪当天,王、公、百官均穿朝服,新进士朝服三枝九叶顶冠,按其名次分别单数、双数排立太和殿前东西两侧,将盖有"皇帝之宝"的金榜陈于太和殿内东侧案上。典礼举行过程中,大学士进入殿内捧出金榜,交由礼部尚书陈设于丹陛正中黄案之上。传胪典礼结束后,礼部尚书将金榜捧起承于云盘并置于彩亭内,以黄伞鼓吹导引,由太和中门、午门中门送出,至东长安门外张挂于长安街。新科进士左队出昭德门,右队出贞度门,一甲三人随榜亭由午门正中出去。平时,午门中路只有皇帝可以走,即使亲王、大学士也不能过,但文武殿试一甲三人传胪后可以从午门正中出去,以表皇帝特优之礼。为便于张挂,大金榜上每隔一米左右,会设有一个纸绳圈。金榜

---

① 郭松义等:《清朝典章制度》,吉林文史出版社2001年版,第316页。

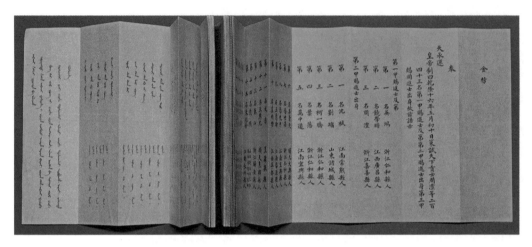

图6　小金榜　中国
第一历史档案馆提供

要在外张挂三天，为了有效保护金榜，张挂前还要搭一个临时的
简易榜棚，金榜张挂时，挂于榜棚内，以防止金榜遭受雨淋日晒。
张挂三天后，金榜收贮内阁保存。

　　毕竟大金榜长达十几米至二三十米，宽近一米，使用卷轴装，
要随手翻阅，甚为不便，故在书写大金榜的同时，内阁的官员们
还要为皇帝、皇太后及皇后准备能够随手翻动、便于阅览的小金
榜。小金榜与大金榜一样，也是用满汉两种文字，由内阁中书按
照皇帝钦定和读卷官排定的甲次和名次抄写，其内容几乎与大金
榜完全相同。除形制和用途不同外，小金榜与大金榜还有一些不
同：小金榜为经折装，大金榜为卷轴装；小金榜上不盖"皇帝之宝"
玺印，而大金榜上则盖有数量不等的"皇帝之宝"玺印；小金榜
在满汉文汇合的年月日期中间，没有用满汉文特书大大的"榜"字，
但在开面书有"金榜"二字。

　　大、小金榜除上述不同外，还有一个不同，就是制作数量的
不同。大金榜仅抄写一份，用于长安左门外张挂，供大家观瞻，
三日后恭缴内阁收贮。但小金榜则不止抄写一份。光绪《清会典
事例》卷三百五十二载，乾隆二十八年（1763），乾隆皇帝发布

上谕称："所有每科文武殿试小金榜……向俱恭进皇太后、皇后各一本，嗣后即一并停止。"由此上谕看，在乾隆二十八年之前，小金榜至少需要抄写三份，除皇帝外，还须进呈皇太后和皇后各一份。但从中国第一历史档案馆所存近200件清代小金榜来看，并未发现乾隆二十八年以前小金榜有同一件存在多份的情况，反而在嘉庆以后，十多件小金榜有同一件存在两份的情况，尤以光绪朝的小金榜为多。这与前述乾隆二十八年上谕的记载相矛盾，需要做进一步的探讨。

小金榜是用黄纸包裹后存放的，包裹纸上题写有金榜签收记录，如："乾隆二十八年四月二十五日王常贵交来小金榜一册""（乾隆）五十八年四月二十五日奏事太监王进福交来清汉字小金榜一道""乾隆十年十月二十五日奏事王常贵等交来武进士小金榜一册，着懋勤殿收贮"，等等。现存时间最早的存有一件两份的是嘉庆元年的文武科小金榜。嘉庆元年的两份文进士榜签收记录相同：嘉庆元年四月二十五日奏事太监王进福交来小金榜一道。武科的一份签收记录为嘉庆元年十月二十日奏事太监王进福交来武进士小金榜一道，另一份则为乾隆六十一年十月二十日奏事太监王进福交来武进士小金榜一道，但此榜制文中所记时间为"嘉庆元年"。这也说明乾隆皇帝禅位后，清朝年号虽改为嘉庆，但在宫内有时还用乾隆的年号，因此有"乾隆六十一年"之说。此种情况同时也说明了这两份小金榜中的一件，正是进呈乾隆太上皇帝阅览的。

金榜除按形制和内容分为大小金榜外，还可按照考试科目的不同，分为文科金榜和武科金榜两种。清朝的科举考试，分为文科考试和武科考试，文科殿试一般于四月举行，武科殿试于十月举行，不管是文科还是武科，殿试结束后，都要将录取者载于金榜。与前述文科金榜一样，武科金榜也分为大小两种，武科大金榜用于张挂在长安右门外，武科小金榜用于皇帝阅览。但清朝文武科开科次数是不同的，清朝文武科考试自顺治三年（1646）始，文科至光绪三十一年（1905）停止，共开科 112 次；武科至光绪二十七年（1901）停止，共开科 109 次。因此，就大金榜而言，清代应产生文科大金榜 112 榜，武科大金榜 109 榜。此外，因顺治九年（1652）和十二年（1655），清廷在文科考试时实行了满汉分榜，故文科大金榜应增加 2 榜，清代应产生文武科大金榜共 223 榜。

如前所述，金榜上所列为当科殿试取中名单，依照甲次顺序先后排列。虽然宋代殿试所取进士并非按三甲录取，一甲进士也不限于 3 人（据南宋宝祐四年登科录，当科取中进士共分五甲录取，一甲录取了 21 人），但明清时期，金榜上的名单已经固定下来，只分三甲录取，一般第一甲只录取三人，即状元、榜眼和探花，二、三甲录取人数在数十人至百余人不等。但综观清代科举金榜，文、武科还是有些不同。清代文科金榜中，一甲均是三人，毫无例外；武科金榜中，却并非每科都是三人，有些科次出现一甲仅取二人甚至一人的情况。如道光十八年（1838）、道光二十七年（1847）和道光三十年（1850）三科武殿试后，金榜所列名单中，一甲仅录取二人，仅有状元和榜眼，并无探花。何以会如此呢？原来是这几科殿试中，参试者武艺较差，实在选不出合适的人，所以道光皇帝决定改变一甲向取三人的惯例：“武殿试一甲向取三人。此次中式武举，朕亲加校阅，除一甲一名郝光甲、一甲二名佟攀梅马步箭、弓刀石俱称外，其余各武举内或马步箭尚好，弓刀石间有二号者，或弓刀石尚好，马步箭中不及数者，一甲第三不得其人，未便迁就符额，用示朕核实抡才之意。”（《清宣

宗实录》卷三百十五）

　　还有一甲仅录取一人的科次。嘉庆二十四年（1819）的武科小金榜中，一甲有三人，按照名次先后分别为徐开业、秦锺英、梅万清。但在道光二年（1822）的武科小金榜中，也出现了徐开业和梅万清的名字，经查，这两人并非重名的不同进士，而是同一人的名字先后两次登上金榜。为何同一人会先后两次名登金榜呢？原来，徐开业和梅万清二人于嘉庆二十四年考得武状元和武探花后，名字已经被写入金榜中，但在随后的传胪中，因为迟误传胪大典而被革去武状元和武探花身份。

　　据清人陈康祺《郎潜纪闻三笔》卷四记载，嘉庆二十四年十月，举行传胪典礼当天，徐开业和梅万清二人因故未能及时赶到典礼现场，当传胪官员点名时，状元和探花均未在班。这是清代科举传胪大典上，第一次出现状元和探花不在现场的情况。嘉庆皇帝对此十分生气，决定革去徐开业的状元和梅万清的探花头衔，但保留了其武进士身份，罚停殿试一科。因此，传胪之后形成的嘉庆二十四年武进士登科录中，按照嘉庆皇帝的决定，徐开业和梅万清二人被除名，一甲只剩秦锺英一人，自然也就成了当科武状元。而徐开业和梅万清则不得不再次参加道光二年举行的武殿试，因此，道光二年的武科小金榜中，二人又名列其中。

　　清代重登金榜的武进士不止前述的徐开业和梅万清二人。乾隆时期，也有一位武进士，先后两次名登金榜，而且两次均名列"鼎甲"。乾隆十七年（1752）武殿试后，山西阳曲人马瑃考中一甲第三名进士，位列鼎甲，荣登金榜；后由二等侍卫改官福建抚标右营游击；不久，因工作上的琐事与同事发生争斗，被革职。此后，他更名马全，改籍直隶大兴，并于乾隆二十五年（1760）再次参加武会试。在紫光阁观看新科进士马步箭时，乾隆皇帝认出了马全，马全只好叩头谢罪，但乾隆皇帝并没有怪罪马全，因为其优异的表现，还让其成为一甲第一名武进士，即武状元，并授职头等侍卫。马全后官至总兵、提督，在平定金川时英勇殉国。

三、清代"金榜题名"人数

金榜，因书写于黄纸之上，亦称"黄榜"，又因为它是以皇帝名义下发的最具权威性的榜文，故又称"皇榜"。中国古代社会，能够实现"金榜题名"，成为"天子门生"，进而入朝做官，名载史册，是读书人的最大梦想。那么，清代题名金榜的人数有多少，各省的金榜题名人数大致如何呢？

清代自顺治三年（1646）开始举行科举考试，至1905年废除科举，文科殿试共举行了112次，武科殿试共举行了109次。由于清代科举金榜的大量存留，再加上国子监进士题名碑以及殿试登科录、会试录等实物及文献，使我们可以较为清晰地统计出清代的金榜题名人数；又因为金榜和这些文献中，每位进士都标明了籍贯，也可以统计出各省的进士人数。

先看一下清代状元人数及地域分布情况。同是金榜题名者，但位居榜首的状元总是受到人们的更多关注。清代共举行文科殿试112次，共产生文科状元114人（因顺治九年和十二年实行满汉分榜，故状元人数比清代文科殿试开科次数多2人）。清代武科殿试共举行109次，共产生武状元109人。清代文武科殿试共产生状元223人。按省级区域划分，这些状元的地域分布如下表。

清朝文武状元的地域分布

地区	武状元	文状元	地区	武状元	文状元
直隶	41	4	山东	14	6
江苏	7	49	浙江	7	20
山西	7	0	汉军八旗	7	0
河南	5	1	广东	4	3
甘肃	4	0	陕西	4	1
福建	3	3	江西	2	3
满洲八旗	2	2	四川	1	1
贵州	1	2	安徽	0	9
广西	0	4	湖北	0	3
湖南	0	2	蒙古八旗	0	1

从上表可以看出，清代文科状元以江苏为最多，达 49 人；武状元以直隶为最多，达 41 人。山西、甘肃、汉军八旗没有产生文状元，湖北、湖南、安徽、广西、蒙古八旗则没有产生武状元。这些信息对我们研究清代人才的地理分布具有重要价值。

我们再来看清代"题名金榜"的文科进士人数及地域分布。虽然有诸多学者对清代文科进士人数进行过统计，但因所据资料和统计方法不尽相同，学者们对清代文科进士人数的统计结果差别很大，据不完全统计，有 26888、26815、26849、26319 等多种。但据清代科举金榜、军机处上谕档以及起居注等原始档案进行考订，26849 人比较可靠，近年来一些学者也都倾向认可这一结果。因此，清代 112 次文科殿试，共取中进士 26849 人，平均每次考试取中近 240 人。其中，顺治十二年录取 449 名（含满榜 50 名）进士为最多，乾隆五十八年取中 81 名进士为最少。我们将这 26849 名文科进士按朝代和地域进行统计，结果如下表。

清代各朝文进士人数表

朝代	人数	朝代	人数
顺治	3065	道光	3269
康熙	4088	咸丰	1046
雍正	1499	同治	1588
乾隆	5384	光绪	4090
嘉庆	2820		

清代各省文进士人数表

地区	人数	地区	人数	地区	人数
江苏	2920	浙江	2808	直隶	2701
山东	2260	江西	1894	河南	1692
山西	1432	福建	1400	八旗	1400
陕甘	1385	湖北	1221	安徽	1189
广东	1013	四川	763	湖南	726
云南	693	贵州	599		
辽东	183	广西	570		

　　据上表，从清代文科进士人数的时间分布看，以乾隆朝录取人数为最多，咸丰朝人数最少；但如果从各朝每科录取人数看，则顺治朝每科取中380余人为最多，康熙朝每科取中190余人为最少。从地域分布看，清代江苏省考中进士人数最多，达2920人，浙江、直隶和山东也较多，均在2000人以上，而贵州、广西和辽东较少。

　　相比文科进士，要统计清代武科殿试的"金榜题名"者，困难要大一些。主要原因是清代武科进士的金榜留存不全，且武科进士也不会在国子监建立题名碑，所以没有形成完整的进士题名文献。虽然没有完整的武进士题名文献，但《清实录》、起居注以及军机处上谕档等档案文献中较为完整地记载了每次武殿试取中的人数。清朝武殿试也始于顺治三年，至光绪二十七年清廷将武科考试废止，256年间共举行武科殿试109次，每科录取人数从20余人至300人不等。大致顺治朝每科约200人，康熙朝每科约100人，雍正朝每科120余人，乾隆至同治朝每科25人至110人不等。咸丰十年（1860）取中25人为最少，顺治十八年（1661）录取301人为最多。清代顺治至光绪朝109次武殿试共录取武进士9514人。因清朝武进士没有形成完整的题名录，很难按区域做出统计，但我们可以按朝代进行统计。清代9514名武进士各朝分布情况如下表。

清代各朝武进士人数表

朝代	人数	朝代	人数
顺治	1411	道光	858
康熙	2242	咸丰	172
雍正	608	同治	482
乾隆	1675	光绪	1472
嘉庆	594		

根据以上统计，我们可以知道，清代武科殿试平均每次录取武进士约87人。从时间分布看，清代武进士人数康熙朝最多，咸丰朝最少。但从各朝每科录取人数看，顺治朝每科取中人数最多，约202人；咸丰朝录取人数最少，每科仅30余人。

四、金榜的价值及意义

从表面看，清代科举金榜不过是一张考试的成绩排名单而已，但当我们了解了其背后蕴含的深厚文化底蕴，知道它不止是一张成绩单那么简单，它是在中国实行了 1300 余年的科举考试制度的见证，不管是对中国还是对世界，均具有重要意义和深远影响。中国的科举制度通过公开报名、平等参与、公平竞争、择优录取的方式，为历朝历代选拔了大量的治事官员和精英人才，尤其是题名金榜之上者，是经过层层考试，千挑万选选拔出来的高级人才，在中国古代社会发展中发挥了重要的作用。比如，据统计，清代的 119 个大学士中，唯独左宗棠是举人出身，其他全都是进士出身，都是"题名金榜"之上者；同时，118 名进士出身的大学士中，属翰林出身者达 101 人，而非翰林出身的进士仅 17 人。

中国古代科举制度不仅仅是一种考试制度，也是一种基本的政治制度，它改变了传统社会结构。通过科举考试，中央政府给普通民众提供了一个平等竞争的机会，当一个平民通过这样的机会最终成功后，意味着个人在社会等级阶层之间的地位发生实质性变化，实现了社会阶层垂直的上升流动。① 这使得社会渐渐由一种封闭和凝固的等级社会，转变成为一种开放和流动的等级社会，而这种社会流动无疑会为社会发展加入"新血液"，注入新活力，使社会发展获得一种充满朝气和勃勃生机的动力，而这种朝气和动力，无论对过去、现在还是将来的社会发展，都是至关重要的。

"金榜题名"的重要意义，不仅仅是为古代中央政府选拔出了大量官员和精英人才，加速了社会流动，使社会发展充满活力，还对世界其他国家和地区产生了深远影响。中国的科举制度对"汉字文化圈"的国家产生了重要影响。如日本，在公元 8 世纪就仿照唐朝的科举制度建立了贡举制，并通过立法确保通过科举考试

---

① 何怀宏：《选举社会——秦汉至晚清社会形态研究》，北京大学出版社 2011 年版，第 20~21 页。

选拔官员，但因日本的特殊国情，科举制度在日本实行时间不长，在 12 世纪就停止了贡举制。朝鲜在 10 世纪末将中国的科举制度引入，作为选拔国家精英的制度，直到 1894 年才废除。越南则在 11 世纪就开始实行科举考试，直到 1919 年才将其废除，比中国废除科举制度还晚了 14 年。

100 多年前，孙中山先生曾说，现在各国的制度，差不多都是学英国的。穷流溯源，英国的考试制度原来还是从中国学的。他认为，科举考试为"中国良好之旧法"，清政府废除科举是因噎而废食，并将科举考试与监察制度并列为中国古代固有的两大优良制度。1853 年，英国在对文官制度进行改革时，负责草拟文官制度改革人员的报告中就建议学习和实行中国的科举制度，通过公开、竞争性的考试手段来选拔官员，而这一建议被英国国会采纳。此后，法国、美国等许多欧美国家把中国的科举考试制度也"拿了过去"，通过适当改造，建立了自己的选人用人制度。他们认为，中国的科举制度有很多优点，至少可以使官员重视文化知识的学习，进而造就一批高素质的官员。

中国的科举考试制度在古代塑造了一个"书香弥漫"的社会，甚至目不识丁者也都"敬惜字纸"，社会普遍有一种对文字和文献的敬畏和崇拜。同时，科举制度也支配了全社会一般人的生活，以致乡间流行着这样的谚语："去到考场放个屁，也替祖宗争口气。"今天，科举制度已经废除了 110 多年，但其所具有的公开、平等、竞争和择优精神，仍是人们普遍追求的重要价值，激发了人们奋发向上的进取意识，通过自己的努力去改变自身现状，而这是任何社会发展都需要的正能量。

如今，这些纸色依旧金黄、墨色依然浓郁的金榜被视为珍贵的历史文献遗产而锁进了档案柜，但其所蕴含的深厚文化底蕴和背后隐藏的种种故事，仍吸引着今天人们关注的目光和浓厚的兴趣。2005 年，清代科举大金榜经联合国教科文组织国际咨询委员会讨论后，入选《世界记忆名录》。这不仅是对清代科举金榜重要价值和意义的认可，同时也有利于强化社会对这些珍贵档案文献遗产的了解和认识，也更有利于加强对清代科举金榜的有效保护。

参考文献

1. 商衍鎏：《清代科举考试述录及有关著作》，百花文艺出版社 2004 年版。

2. 张仲礼：《中国绅士研究》，上海人民出版社 2008 年版。

3. 何怀宏：《选举社会——秦汉至晚清社会形态研究》，北京大学出版社 2011 年版。

4. 江庆柏编著：《清朝进士题名录》，中华书局 2007 年版。

5. 沈兼士：《中国考试制度史》，中国和平出版社 2014 年版。

6. 郭松义等：《清朝典章制度》，吉林文史出版社 2001 年版。

7. 李世愉：《清代科举制度考辩》，沈阳出版社 2005 年版。

中国清代样式雷建筑图档

The Qing Dynasty Yangshi Lei Archives

刘长秀

《考工记》有言："知者创物，巧者述之，守之世，谓之工。百工之事，皆圣人之作也。"清代雷姓家族因长期执掌样式房而被称为"样式雷"。自康熙至宣统朝的 230 多年间，"样式雷"主持或参与设计了几乎所有的皇家建筑，包括圆明园、颐和园、天坛、中南海、北海、承德避暑山庄、清东西陵等。中国被列入"世界文化遗产"的古代建筑中，有五分之一都打上了"样式雷"的烙印。

图 1　联合国教科文组织颁发清代样式雷建筑图档入选《世界记忆名录》证书　中国国家图书馆提供

一、基本情况

"中国清代样式雷建筑图档"形成于清代，传世的有 20000 余件，2007 年 6 月入选《世界记忆名录》，现由中国国家图书馆、故宫博物院、中国第一历史档案馆、清华大学

建筑学院分别保存。

二、样式雷图档的形成

随着营造行业日趋细分，清代的工官制度更加完备。按照清朝的典章制度，工部"掌天下造作之政令与其经费"（光绪《钦定大清会典》卷五十八）。工程处又称钦工处，下设样式房、算房、印房和银库等办事机构，各自拣派样子匠和算手供役，分工明确，各司其职。样式房负责建筑工程的规划与设计，供役其中的工匠被称为"样子匠"。每承接一处工程，样式房的样子匠都要制作大量的"画样"和"烫样"。画样即图纸，有草图和正式图样之分。草图又称糙底，正式图样的底本被称为细底和准底；从内容上看，有风水地势图、山向点穴图、测绘图、设计图、施工图、地盘图等；从功能上看，有立样、旁样、侧样、详样、轴测图、透视图等。何为烫样呢？烫样是以纸板、秫秸和木头为原料，用烙铁熨烫而成的建筑模型。样子匠制作烫样供皇帝御览，可以减少与皇帝的沟通障碍。另外，施工前后及施工过程中还会产生大量文字记录，诸如清单和略节等。

图 2　畅春园观澜榭地盘画样

明末清初，雷发达从江西永修迁居南京。康熙年间，他应募到北京修建皇家园林，开启了样式雷家族的百年传奇。雷发达之子雷金玉子承父业，开始执掌样式房，后因营造有功，被钦赐内务府七品官，食七品俸。雷姓家

族由此名声渐起。第三代雷声澂继任样式房掌案，无功无过，略无记载。雷声澂的三个儿子雷家玮、雷家玺、雷家瑞通力合作，内外兼营，在乾嘉两朝将样式雷家业推向第一个高潮。雷家玺之子、第五代样式雷雷景修从十六岁跟随父亲在样式房学习，目睹了英法联军火烧圆明园的恶行。他主动搜集样式雷图档并安排了专门的保存之所，在样式雷图档的流传中有承前启后之功。雷景修之子雷思起少时曾随父参与修建定陵，后主持惠陵和西苑的设计，被皇帝、太后多次召见。第七代传人雷廷昌与第八代雷献彩先后担任样式房掌案，在重建慈禧太后陵寝、重修圆明园并修葺三海的工程中表现突出，奠定了清代皇家园林三山五园的基本格局。

样式雷主持或参与设计的有关图文及模型统称为样式雷图档。依据雷氏《随工日记》《旨意档》《堂司谕档》的记载，样式雷图档主要有三个来源：1.“留中”。皇家建筑从选址到施工的各个环节都要恭呈御览，得到皇帝首肯才能施行。御览过的图档被留在宫中称为“留中”。2.各该管衙门的存档。样式房作为“五行八作”之首，需要向各分管和施工单位提交图档，以指导工程实践。严密的工官制度背景之下，各级管工官员、算房以及木厂都有存档。同一份图档复制八份十份实属平常。3.雷氏家藏。在正稿产生前的无数草稿，无须也不可能全部上交，多半由雷氏自行保管。还有些工程竣工后，之前提交的图档返回样式房掌案即样式雷家族造册保管，这本是工官制度的程序之一。家藏样式雷图档较前两种不够正式，却能够更生动地反映出施工过程。有的同一份图档留下了前后几代雷氏人的手笔，从中既见继承，又有创新，更显珍贵。家藏样式雷图档构成当今样式雷图档的主体。

1911 年清王朝终结，样式雷家族八代十人的辉煌随之戛然而止，但样式雷图档有幸保存了下来。样式雷图档得以传世，使得清代大多数皇家园林有迹可寻，有史可考。正因如此，才有了"一家样式雷，半部古建史"的说法。

三、样式雷图档的流传与研究

（一）筚路蓝缕

清王朝结束后，奉旨"留中"及移交内务府等机构保存的样式雷图档由故宫博物院接收保管。这 22 件有关圆明园和北海的烫样，正是样式雷图档流传的起点，而家藏样式雷图档由雷氏后人分别保管。1930 年 5 月，住在西直门东观音寺胡同的雷氏嫡系后人雷献春因生活所迫，开始出售样式雷图档，引得在华外国机构和个人争相抢购。此情此景让一个人深感不安，他便是时任中国营造学社社长的朱启钤。

朱启钤（1872—1964），字桂辛，贵州紫江人。他在清末入仕，多次督办建筑工程，曾"以司隶之官，兼匠作之役"。朱启钤不但遍览宫殿、苑囿、城阙、衙署等古迹，还致力于寻访匠师，收集营造文献。民国初年，他本着"举吾国营造之瑰宝，公之世界之意"①，开始访求样式雷遗物。不过，他深知仅凭一己之力，绝无可能将样式雷图档保存下来。1929 年 3 月下旬，朱启钤将自己多年搜集的营造图籍在北平中央公园展出，引起了社会各界的广泛关注。他趁机向中华教育文化基金会申请资助以创立营造学

---

① 朱启钤：《中国营造学社开会演词》，《中国营造学社汇刊》第 1 卷第 1 册，1930 年。

社，专事网罗专家研究古代建筑。《中国营造学社缘起》提到了该社的宗旨和工作重点之一："访问大木匠师，各作名工，及工部老吏样房算房专家。明清大工，画图估算，出于样房算房，本为世守之工，号称专家，至今犹有存者。……制作模型，烫样傅彩……"①

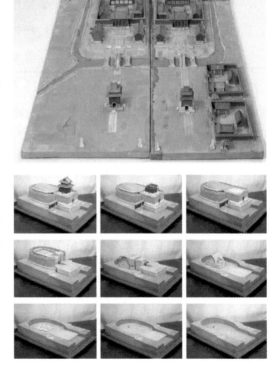

图 3　普陀峪万年吉地全分烫样

听闻样式雷图档在售的消息后，朱启钤一边托人与雷氏后人商谈打包购买的价格，一边设法筹款。经他建议，中华教育文化基金会拨款五千元用以购买样式雷图档，共计图档数百种、烫样 37 箱。随后，该批样式雷图档入藏北平图书馆。1930 年《国立北平图书馆馆务报告》称："本年六月本馆委员会商得董事会同意拨款五千元，全数购入除圆明园、三海及近代陵工之模型二十七箱外，尚有各项工程图样数百种，黄签贴说，确为当年进呈原件，不得不视为前民艺术之表现也。"同年的《国立北平图书馆馆刊》第 4 卷第 4 号《馆讯·圆明园模型之整理》提到："上月间，本馆由东观音寺雷宅购入工程模型三十七箱，系圆明园及三海普陀峪陵工各项模型，制做极精。圆明园早被焚毁，得此模型，

① 朱启钤：《中国营造学社缘起》，《中国营造学社汇刊》第 1 卷第 1 册，1930 年。

已可粗知梗概。本月已将该园部分，整理告竣。"①10月中旬，北平图书馆举办展览会，部分圆明园、三海及定东陵的样式雷烫样经过整理，首次面世。这次展览极为成功，不但引起了学界的注意，还吸引了上千名观众。

1931年3月，"圆明园遗物与文献展览"展出了圆明园的烫样14幅、画样29幅，再次引起轰动。半年间两次成功的展览使样式雷名声鹊起，其价值也逐渐为世人所知。5月，雷氏别支雷文元将一批样式雷图档出售给中法大学。促成此事的是时任北京工务局局长的汪申博。汪申博毕业于法国建筑高等专业学校，曾任北平大学艺术学院建筑系主任、北平文物整理委员会副处长、故宫博物院建筑技师等职，深谙样式雷图档在建筑史上的价值。中法大学于是一举成为北平图书馆之外收藏样式雷图档最丰富的机构。至此，家藏样式雷图档的绝大部分由雷氏后人手中流转至知名机构收藏，成功避免了四散飘零的厄运。

除了打包收购，还有一些个人和机构零散收藏。如陆达夫、陆伯忱父子从雷氏后裔处购得雷氏家族族谱、各类画样、烫样等②，他们还做了一些关于雷氏家族的口述历史；1927年12月，北平人文科学研究所收购样式雷图档数十种；1931年5月至7月，日本建筑史家关野贞及竹岛卓一在调查北京周边的陵寝时，从田中庆太郎的"文求堂"购得崇陵等陵寝图样18件、园林图样2件；1910年受聘清廷学部而长期居留北京并曾加入营造学社的日本建筑师荒木清三，在华期间收购277件雷氏画样和崇陵工程的相关文档数千件；美国康奈尔大学东方图书馆、法国巴黎吉美东方艺

---

① 中国文化遗产研究院藏《民国二十五年五月中法大学购得部分雷家杂图样单》。

② 《样式雷遗迹专号》，《北晨画刊》第6卷第9期，第2、3版。

术博物馆、德国柏林民族学博物馆也有少量收藏。1932—1936 年，营造学社与北平图书馆协力购入 2000 余件图档，其中有些是木作作头、算房等处官员的私藏，有些是当时参与营造活动的他人手笔，真伪难辨。

样式雷图档入藏北平图书馆之时正值英法联军火烧圆明园 70 周年。学界有感于圆明园断壁残垣的荒凉景象，倡导各方研究保护，避免重蹈覆辙。朱启钤充分认识到样式雷图档的整理难度，率先提出"希望各部分所有图型集中一处，汇合整理。查雷家图样名目，有白样，有糙样，有细样，有寸样，二分样，一分样，有进呈者，有留底者，有重改样，同地名异，由于标写不清，遂致难于辨别。如果汰其重复，传写异样，分工合作，不期年彼此皆成为有系属之完本。雷氏兄弟分家各据一枝，不相通假，致有此歧形之事实。吾辈研究艺术，应具有整个之认识。甚望主持机关同情于会合整理，以协调之精神，采用吾说也"[1]。

营造学社是当时唯一一家以古代建筑为主要研究对象的学术团体，自觉担负起了整理样式雷图档的使命。成稿于 1931 年 3 月的《圆明园图样目录》统计了近千件图档，并对其内容进行了归纳和分类。营造学社绘图员金勋[2]在充分考察遗址并搜集资料的基础上，考释性地绘出了《圆明园复旧图》。朱启钤的研究方法是见物见人，主张首先廓清雷氏谱系。在查阅大量资料后，他审慎考证，撰成《样式雷考》，并发表于《中国营造学社汇刊》第四卷第一期。《样式雷考》作为样式雷研究的嚆矢之作，整合

---

[1]　朱启钤：《本社纪事：中法大学收获样子雷家图样目录之审定》，《中国营造学社汇刊》第 3 卷第 1 期，1932 年。

[2]　金勋，满族，父亲曾参与宫苑营造。1931 年为营造学社绘图员，后任北平图书馆舆图部馆员，遵朱启钤嘱咐整理样式雷图档。

了样式雷世家、建筑图档以及相关工程档案资料，为后来一系列的个案研究提供了重要参考和有力支撑。受其启发，营造学社文献部主任刘敦桢随后发表了《同治重修圆明园史料》。该篇立足史料，展示了圆明园的兴衰变迁以及样式雷在其中扮演的重要角色，系统地揭示了工官制度的设置及运作，成为样式雷个案研究的经典范例。他的另一项重要贡献在于为家藏样式雷图档正本清源，明确了圆明园停工后"各路烫样均令样式房雷思起收存"的重要史实。自 1933 年 10 月至 1937 年 6 月 30 日，营造学社对北京故宫、大高玄殿、社稷坛、安定门、阜成门、东直门、宣武门、崇文门、新华门、恭王府、孔庙、文丞相祠等建筑进行了系统测绘。

自样式雷图档入藏北平图书馆至抗战全面爆发不到十年的时间里，样式雷图档的相关研究取得了突破性进展。营造学社同仁秀出班行，成果尤为瞩目。但是，样式雷图档为多年积累而成，流传中经多人之手，而且卷帙浩繁，大多数未经梳理，有些标注混乱甚至缺少标注。上万件图档不分条理地随意捆扎在一起，大小、形制、内容各异，内在并无逻辑关系，彼此甚至毫无关联。另外，样式雷图档不但包罗万象而且具有极强的专业性，必须有功底深厚的文献和建筑专家参与其中才能——理清。在这种情形下，整理编目工作历时虽久，但成果不尽如人意。

（二）承前启后

20 世纪 30 年代北平图书馆和中法大学的两次打包收购，奠定了样式雷图档收藏的基本格局。1946 年，营造学社解散，所存样式雷图档分别为文物整理委员会（今中国文化遗产研究院前身）和清华大学继承。据中国文化遗产研究院藏《北京文物整理委员会代管北京营造学社图书登记簿》记载，当时它接收了图书、资料、书籍和杂志有 500 多种，其中包括 1933 年春东观音寺胡同的雷献瑞、雷献华兄弟所藏的 11 册雷氏族谱及先辈有关信札、文件，部分样式雷画样以及朱启钤《样式雷考》遗稿、札记等，共计 35 册。

　　1949 年中华人民共和国成立后，样式雷图档的分布随着国家机构的调整不断变化。1951 年初，中法大学收集的样式雷图档全部移交故宫博物院，共计图档 2331 件，有关建筑、首饰、瓷器、木器等的画样 3706 件。[①] 20 世纪 60 年代，雷氏后人雷文桂和雷文雄两兄弟将家藏先辈文物捐献给北京市文物部门 [②]，其中身着清廷朝服的样式雷祖先画像尤为珍贵。8 幅图像中男、女像各有 4 幅，经鉴定分别是雷家玺、雷景修、雷思起、雷廷昌及各自的夫人。这批文物后由历史与建设博物馆筹备处收藏。在继承营造学社原藏样式雷图档的基础上，清华大学在 20 世纪 50 年代购入两批近百件样式雷图档，又在 20 世纪 80 年代从算房高家后人高宛英处购入文书档案 404 件。

　　1963 年 2 月，《建筑学报》上发表了《宫廷建筑巧匠——"样式雷"》，作者是供职故宫博物院多年的单士元。营造学社解散后，他长期从事明清档案的整理研究及古建筑的研究和保护工作。这篇专题论文介绍了样式雷的业绩，修正了之前"故老传闻"和"楠木作样式房"的提法，强调了样式雷图档本身的科学性与艺术性。

　　之后从事样式雷图档研究的主要是各大高校。20 世纪 70 年

---

① 参见北京市档案馆藏《私立中法大学宫殿样子建筑部分图样移交清册》，档案号：J026-001-00435。

② 参见《一家样式雷 半部建筑史》，（香港）《文汇报》2003 年 12 月 21 日，B2 版。

代末，由颐和园管理处和中国人民大学清史研究所合作编写的《颐和园》一书出版。清华大学也在 1979 年恢复了对颐和园建筑的测绘及其他相关工作。样式雷图档对圆明园复原研究的价值在这一时期日益凸显，关于圆明园及园内各景点的研究成果不断涌现。对颐和园和圆明园展开研究的学者无一不强调样式雷图纸、烫样及相关文字资料的重要价值并屡屡援引。

　　天津大学对清代陵寝的专题研究始于 20 世纪 60 年代初。在教授卢绳的带领下，该校建筑系学生率先对易县清西陵进行测绘。80 年代，天津大学继续对清东、西两陵进行系统测绘。在完成了陵区内主要建筑的测绘图后，冯建逵等人开始着手对其展开系统研究。1982 年，王其亨跟随导师冯建逵攻读硕士学位，他的研究对象是陵寝建筑中最核心也最复杂的地宫。为解决调研中发现的问题，王其亨到北京图书馆查阅资料。当时他面对的样式雷图档数量庞大而且杂乱无章，尚不能准确鉴别，遑论研究利用了。回溯营造学社时期朱启钤和刘敦桢等人的研究思路及方法，王其亨决心一边挖掘文献档案，一边进行实物测绘。通过两相对照，他不仅释读了古代文献中大量晦涩难懂的建筑专业术语，还准确复原了许多工程的构造层次。埋首古代工程图籍一年之久的王其亨再赴北京图书馆，开始系统整理样式雷图档。得益于样式雷图档中关于清代陵寝的详实记录，王其亨顺利完成了《清代陵寝地宫研究》一文。该文章再现了陵寝从选址、设计到施工的过程，着重阐释了地宫的基准点地位，还剖析了古代风水理论所包含的建筑学意义。他在论文中提到："对于深化认识样式雷画样在设计思想、设计方法、设计程序、表现手段和图学成就以及施工程序等许多方面的问题，无疑是新的进展和突破。更为重要的是，由于找到了系统有效的鉴定、整理方法，对于今后全面展开样式雷画样研究，填补以往的大量空白，已经展示了良好的前景。"①

1990 年，王其亨在"第四次古建园林学术讨论会"上发表了《清代陵寝建筑工程样式雷图档的整理和研究》，归纳了样式雷陵寝图档的整理成果，也揭示了样式雷研究的新路径、新方法：

1. 图物对照。结合亲自动手整理样式雷陵寝档案的实践经验，王其亨总结了整理工作的困难及原因，同时也提出了困难之下的出路，即依据清陵建筑的系统测绘以及档案文献相互佐证，鉴别样式雷图档的内容，进而确定各陵寝的建造时间与内容。

2. 图文对照。一份图档是静态的，连续的多份图档却能够反映出从选址到测绘再到设计和施工的完整工序。依据雷氏《旨意档》《堂司谕档》《随工日记》《工程备要》等文献，确定图档的先后顺序并与之相互印证。

3. 以图补史。如何扩展样式雷图档研究利用的广度和深度是接踵而来的问题。园林与陵寝功用不同，却蕴含着相似的古代建筑理念。关于样式雷图档的深入系统研究对古建筑史与清史等领域都会有所帮助。

样式雷图档为颐和园、圆明园及陵寝的个案研究提供重要参考，反过来，个案研究的进展对样式雷图档的断代及鉴别也大有裨益，两者相得益彰，越辨越明。

（三）久久为功

1998 年底，北京图书馆更名为"中国国家图书馆"。善本部重新开放，中断近十年的样式雷图档整理工作得以继续。自 2000 年 9 月至 2003 年底，天津大学与国家图书馆合作，完成了 11000

---

① 王其亨：《清代陵寝地宫研究》，天津大学，1984 年。

余件样式雷图档的扫描与信息提取工作。这项工作功在当代，利在千秋。图档数字化避免了对原件的反复翻阅和挪动，能够最大程度地予以保护。同时，利用计算机进行分类和比对以及辨识工作，极大地提高了工作效率。随后，编目工作也依据相关国家标准和行业规范迅速展开。王其亨及其团队还在全世界范围内追踪散落的样式雷图档。2002—2004年，天津大学与东京大学东洋文化研究所合作整理了后者所藏的53件样式雷画样并出版了《东京大学东洋文化研究所所藏清朝建筑关系史料目录》。天津大学样式雷专题研究还包括"清代建筑工官制度""工官制度下的建筑设计事务""清代皇家建筑的设计方式"等多个领域，成果丰硕。1995年，王其亨在《清代陵寝工程的兴修次序和施工礼仪》一文中揭示了清代国家大型工程的管理组织模式、机构设置、人员分配以及组织流程等细节。1998年，王其亨指导吴葱完成了博士论文《在投影之外——文化视野下的建筑图学研究》。在总结样式雷研究已有成果的基础上，该文章从建筑制图发展史的角度论述了样式雷画样的特点及成就。

样式雷图档中有大量涉及装修陈设，尤其是圆明园图档中有关内檐装修的近半。清华大学郭黛姮先后发表《紫禁城宫殿建筑装修的特点及审美属性》《内檐装修与宫廷建筑室内空间》，从建筑类型学的角度归纳了清廷建筑的室内形态变迁。由她指导完成的博士论文《清代宫廷内檐装修设计问题研究》立足样式雷图档，全面专注于内檐装饰。

2004年7月，经过5个多月的紧张筹办，"清代样式雷建筑图档国际学术研讨会"在国家图书馆召开。一个月后，由多家单位合办的"华夏建筑意匠的传世绝响——清代样式雷建筑图档展"在国家图书馆揭幕，展览展出了来自国家图书馆、故宫博物院、文化遗产研究院等单位收藏的样式雷画样、烫样及《雷氏族谱》等遗物的原件。此展览第一次全面系统地展示了样式雷图档及雷氏家族遗存，学术性与艺术性并存，为观众提供了一次视觉盛宴。天津大学紧随其后，将历年研究成果的精华制作成 61 块图版展出。

2007 年 6 月 20 日，在国家图书馆的不懈推动与努力下，"中国清代样式雷建筑图档"被联合国教科文组织列入《世界记忆名录》，成为其中规模最大、内容最丰富的古代建筑设计图像资源。同年 9 月，为庆祝入选《世界记忆名录》和首个国家图书馆日，国家图书馆举办"大匠天工——清代'样式雷'建筑图档荣登《世界记忆名录》特展"，共展出 276 件图档原件。这是到目前为止，样式雷图档展出数量最多的一次。至此，样式雷图档逐渐从学术界走进大众视野，引起社会的广泛关注。时至今日，样式雷图档的数字化与整理编目工作仍在继续，研究工作方兴未艾。

四、样式雷图档个案研究

（一）圆明园

圆明园被称为"万园之园"，凝结着几代样式雷的心血与智慧，是"一切造园艺术的典范"。1931 年圆明园样式雷图档得以入藏北平图书馆，正值圆明园罹难 70 年。率先对圆明园发起研究的是营造学社的刘敦桢。1933—1934 年的《中国营造学社汇刊》第 4 卷第 2、3、4 期连载了他的《同治重修圆明园史料》，该文篇首写道："……惟着手之初，系以样式房雷氏为导线。……遗物属于斯园者独多，为研究便利计，首自圆明园始。"刘敦桢 1921 年获得东京高等工业学校建筑科学位，后加入营造学社。他拥有建筑学专业背景，开创了样式雷图档及清代皇家园林乃至中国古代建筑工程个案研究的先例。在整合大量样式雷图档与文献资料并对照分析的基础上，他用大半篇幅描述了圆明园大宫门等 22 处重修项目的变迁经过，还理清了所涉及样式雷画样和烫样的内容与制作时间。文中"工程""材料""工费""勘估与监修"等节，系统揭示了清代皇家建筑工官制度，明确了雷氏家族面对的激烈竞争。雷氏《旨意档》忠实地记录了重修过程中皇帝与太后的屡次降旨经过，刘敦桢还从中总结出了雷思起、雷廷昌父子的不凡业绩和重要地位。

1933 年 10 月，北平市政府工务局完成了较为准确的《实测圆明园长春园万春园遗址形势图》。此图《图说》称："园内各遗址之位置及名称与旧籍所载颇有出入，为求详确计，曾向国立北平图书馆舆地部征询，经出示所藏雷氏圆明园图样，详加校正，其实地现无遗址可寻者，均按雷氏图样，用墨虚线补入，复请北平营造学社代为审订，始行付印。"该图中墨虚线部分的依据正是"雷氏圆明园图样"。

1978 年，清华大学建筑工程系依据样式雷图档与文献资料及实测数据，完成了《圆明园遗址规划设计方案》。20 世纪 80 年代，清华大学的何重义、曾昭奋合作发表了《〈圆明、长春、绮春三园总平面图〉附记》，北京林学院（今北京林业大学）的白日新发表了《圆明、长春、绮春三园形象的探讨》，介绍了绘制《圆明、长春、绮春三园总平面图》《圆明三园鸟瞰复原图》两图的缘起及主要依据样式雷圆明园图档的事实。1991 年出版的《清代档案史料·圆明园》一书刊布了有关圆明园的大量原始档案史料，其中包括咸丰、同治、光绪三朝圆明园《旨意档》《堂司谕档》及做法单等。这是雷景修、雷思起、雷廷昌、雷献彩四代样式雷任职圆明园样式房掌案的忠实记录，弥足珍贵。圆明园管理处工作人员张恩荫先后出版了《圆明园变迁史探微》《圆明园百景图志》，两书介绍了北京图书馆所藏圆明园图档的数量、类型以及年代、特征，可以作为样式雷图档研究的参考。

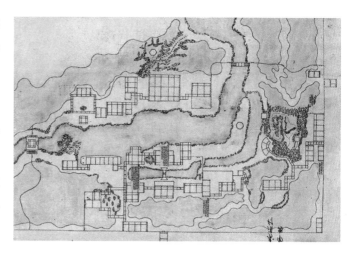

图 4　圆明园南路地盘画样

　　圆明园内檐装修的图档在已知该园图档中占半数。1933 年刘敦桢发表的《同治重修圆明园史料》中援引了同治和慈禧亲笔绘制装修图样后交由样式雷修改的生动事例。20 世纪 90 年代末，清华大学郭黛姮继续相关研究。她在 1997 年发表的《内檐装修与宫廷建筑室内空间》一文中，列举了圆明园慎修思永殿、慎德堂、清夏堂、万春园澄心堂等建筑的装饰，部分原始史料即为样式雷图档内檐装修地盘样。《慎修思永——从圆明园内檐装修研究到北京公馆室内设计》一书，对圆明园慎修思永殿的室内装修展开个案复原，为圆明园研究另辟蹊径。此后，郭黛姮团队开展了"再现·圆明园"的数字化研究工作，根据样式雷图档、奏销档、活计档等历史档案以及官方的历史文献、清人笔记，对圆明园各景区山水格局、建筑细节等进行深入详细的复原研究，力图在虚拟世界中真实再现圆明园的盛世辉煌。2015 年，清华大学硕士学位论文《万方安和九咏解读——档案、图样与烫样中的室内空间》运用数字化三维建模手段，对万方安和的空间格局进行了复原。

（二）清代陵寝

历代陵寝工程都规模浩大，耗银往往在数百万两以上。因此"山陵大工"在中国建筑史上往往具有重要的地位。作为最后一个封建王朝，清王朝气数已尽，清东、西陵却保存迄今。圣得神功碑楼、石像生、龙凤门，神道石桥、神道碑亭、东西朝房、东西配殿、二柱门、明楼、地宫等各个建筑因地制宜、错落有致地分布在一段山坡上，宛如鬼斧神工。1934年，刘敦桢发表的《易县清西陵》，是清代陵寝建筑研究的开山之作。他"调查西陵，即以测绘平面配置为主要工作。并以雷氏诸图所载尺寸，换算公尺，与实状核校，于是诸图中何为初稿，何为实施之图，亦得以证实"。受时局掣肘，实地测绘与相关样式雷图档整理工作当时均未全面展开。但是他提出用实地测绘数据比照档案文献的工作思路，值得后人借鉴。

20世纪60—80年代，天津大学建筑系陆续对清东、西陵进行测绘，历时多年终于完成了对其主要建筑的测绘工作。1982年，中国第一历史档案馆出版《清代帝王陵寝》彩色图集，公布了十余张样式雷陵寝图档。① 除此之外，有关清代帝王陵寝的原始档案及资料少之又少。当时正在天津大学攻读硕士学位的王其亨选择清代陵寝中的地宫作为自己的研究对象，他埋首样式雷图档，收获巨大。在顺利完成硕士论文后，他又陆续发表20多篇相关文章。

帝王葬礼是封建王朝最隆重的典礼之一。国家图书馆和故宫博物院所藏样式雷图档中有一系列画样和文献记载涉及咸丰

---

① 中国第一历史档案馆编：《清代帝王陵寝》，档案出版社1982年版。

皇帝的葬礼。这些图档大多是第六代样式雷的手笔。咸丰八年（1858），雷思起成为定陵工程处样式房掌案，这是他首次担纲。作为样式房掌案，除了主持修建定陵，他还要协助筹备葬礼，包括建造各种临时建筑设施、准备葬礼用品、演练各项奉安礼仪等。雷思起的《随工日记》既全面又详实，恰好填补了宫廷档案的缺环，是开展相关研究的第一手资料。这些与定陵奉安筹备有关的图档，是样式雷图档同一类型中数量最多、内容最丰富的。

（三）"天地一家春"

曾在《国家宝藏》第二季节目中出现的"天地一家春"是同治年间预备复建圆明园的一座重要建筑，慈禧太后曾亲自绘制内檐装修的纹样，样式雷奉命主持"天地一家春"复建工作。"天地一家春"的室内装修方案五易其稿才最终确定。清华大学所藏"天地一家春"内檐装修平面图为墨线糙底图，图中除了简单绘出了室内平面图，标注面宽、进深、高度以及柱子的直径等尺寸，还可见四件家具。故宫博物院所藏"天地一家春"内檐装修平面图也是一张糙图，图纸有残破，仅简单地标注了隔罩的形式和纹样。中国国家图书馆所藏"天地一家春"内檐装修平面图为朱、墨线绘图，图中标有柱网及装修位置、

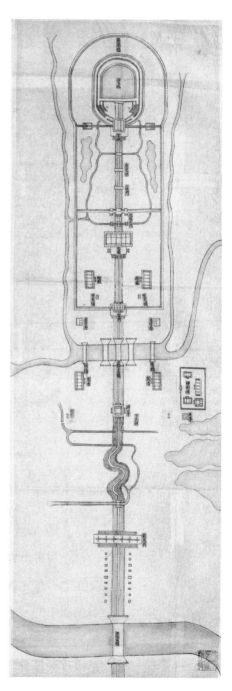

图 5　裕陵地盘画样

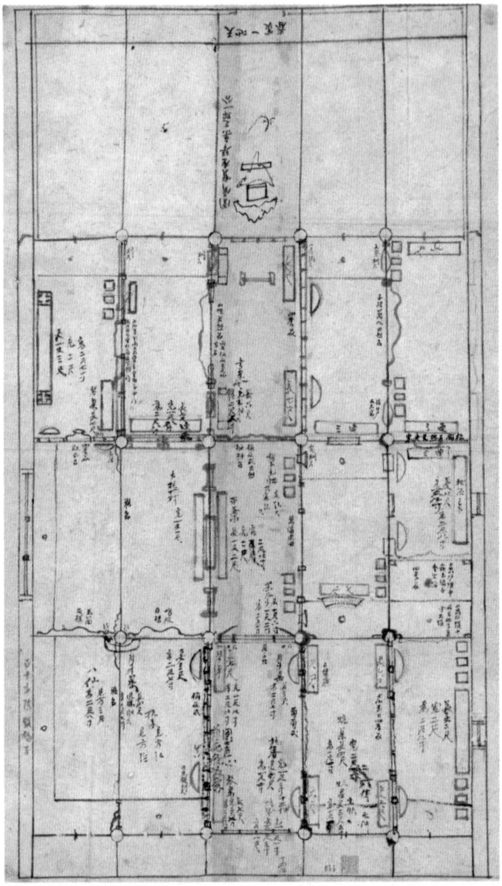

图6　"天地一家春"
内檐装修平面图　中国国
家图书馆提供

内檐装修的名称和家具的具体位置。此
图与《旨意档》和《总管内务府奏遵旨
酌拟天地一家春等殿内桌张尺寸折》所
描述尽数相符，应为定稿图样。这座建
筑除了画样，还有烫样。故宫博物院所
藏"天地一家春"烫样展现了分为东、
中、西三路的建筑群，四周有围墙。该
烫样制作时间较早，色彩清晰可辨。另
有"天地一家春"单体建筑烫样，其顶
部可逐层揭开，室内空间分布和装修一
目了然。更细致的还有可开启的门窗等
单片装修样，均是等比例缩小。这些画
样与烫样，出自能工巧匠之手，本身极
具艺术与观赏性。尤其是烫样，作为古
代建筑的模型，直观而生动，是不可多
得的文化遗产。

五、关于样式雷图档的一些思考

1989 年，王其亨结合风水理论阐释了清代陵寝选址和规划中
的尺寸与布局等问题，提出了建筑外部空间设计的"形势原理"，
又在之后将之表述为"风水形势说"。这一论述的依据在于样式
雷图档中的"平格"。平格表现为由墨、朱两色线绘制的经纬网
络，一般遵循古代"百尺为形、千尺为势"的空间原则。这种网
格通过测量各个交点的标高，记录地势高低，可以确定之后的设
计高程和土方工程量，在选址勘测、设计规划、施工过程中被普

遍采用。它与 1958 年美国人提出的数字地面模型（DTM）的核心理念非常契合。现代计算机技术甚至可以直接将样式雷图档的高程数据还原为三维地貌模型，足见样式雷图档的科学性，同时也有利地驳斥了欧美建筑界认为中国没有科学建筑的看法。林徽因在《清式营造则例·绪论》中写道："中国建筑为东方独立系统，数千年来，继承演变，流布极广大的区域。虽然在思想及生活上，中国曾多次受外来异族的影响，发生多少变异，而中国建筑直至成熟繁衍的后代，竟仍然保存着它固有的结构方法及布置规模，始终没有失掉它原始面目，形成一个极特殊、极长寿、极体面的建筑系统。故这系统建筑的特征，足以加以注意的，显然不单是其特殊的形式，而是产生这特殊形式的基本结构方法，和这结构法在这数千年中单纯顺序的演进。"这段百余字之言，代表了中国建筑界一贯的观点，古代建筑绝非匠人们的随意之作，中国古代建筑是独立发展的，而且自有其灵魂与价值，值得后世深入细致的研究。至于样式雷图档，"这是中国古代建筑史中有待发掘的宝藏之一，跨学科对样式雷图档进行全面整理和深入研究，必将深化中国建筑史界对古代建筑成就和水平的认识，并使世界建筑史界对中国古代建筑有更具体、深刻的认识"[1]。

纪晓岚曾道："天下之势，辗转相胜；天下之巧，层出不穷，千变万化，岂一端所可尽乎。"自 20 世纪 30 年代至今，样式雷图档的研究已近百年，但故宫博物院所藏样式雷图档中仍有 400 多张无法辨认。随着相关研究的不断深入和扩展、技术手段不断更新，这些难关将会被逐一攻克。样式雷家族存续 230 多年，执业范围涵盖"宫殿、苑囿、陵寝、衙署、庙宇、王府、城楼营房、

---

[1] 引自傅熹年 2000 年为国家图书馆善本部申报社科基金项目的推荐信。

桥梁堤工、装修、陈设、日晷、铜鼎、龟鹤、斗扁鳌山灯的切末、烟火雪狮，以及在庆典中临时支搭的楼阁等点景工程都包括在内"①。样式雷图档包罗万象，对清史研究的诸多问题都具有史料价值。

奉旨留中及由内务府等保存的样式雷画样和烫样，现收藏于中国第一历史档案馆、故宫博物院及台北故宫博物院，共1000余件；样式雷家藏图档几经易手，流传至今尚存19000件，主要保存于中国国家图书馆及故宫博物院，另有国内外各机构零散少量收藏。2003年10月，样式雷图档入选第二批《中国档案文献遗产名录》。2006年3月底，中国国家图书馆向联合国教科文组织世界记忆工程秘书处提交材料，将其申报《世界记忆名录》。2007年6月11日至15日，国际咨询委员会在南非召开会议，讨论并通过将样式雷图档纳入《世界记忆名录》，样式雷图档正式成为世界记忆遗产。

时至今日，很多清代建筑已不复存在。辗转存世的样式雷图档展现给世人的不仅是皇家园林的盛世风貌，还有延续至今的古代建筑理念。样式雷图档卷帙浩繁，犹如中流一壶，它们在中国古代建筑史、科技史、清史、社会史等领域均有无可替代的独特价值。随着相关研究的不断深入，我们必将从中获益更多。

---

① 单士元：《宫廷建筑巧匠——"样式雷"》，《建筑学报》1963年第2期。

参考文献

1. 朱启钤：《中国营造学社开会演词》，《中国营造学社汇刊》第 1 卷第 1 册，1930 年。

2. 朱启钤：《中国营造学社缘起》，《中国营造学社汇刊》第 1 卷第 1 册，1930 年。

3. 中国文化遗产研究院藏《民国二十五年五月中法大学购得部分雷家杂图样单》。

4.《样式雷遗迹专号》，《北晨画刊》第 6 卷第 9 期，第 2、3 版。

5. 朱启钤：《本社纪事：中法大学收获样子雷家图样目录之审定》，《中国营造学社汇刊》第 3 卷第 1 期，1932 年。

6. 北京市档案馆藏《私立中法大学宫殿样子建筑部分图样移交清册》，档案号：J026-001-00435。

7.《一家样式雷 半部建筑史》，（香港）《文汇报》2003 年 12 月 21 日，B2 版。

8. 王其亨：《清代陵寝地宫研究》，天津大学，1984 年。

9. 刘敦桢：《同治重修圆明园史料》，《中国营造学社汇刊》第 4 卷第 2、3、4 期，1933—1934 年。

10. 中国第一历史档案馆编：《清代帝王陵寝》，档案出版社1982 年版。

11. 单士元：《宫廷建筑巧匠——"样式雷"》，《建筑学报》1963 年第 2 期。

《黄帝内经》

Huang Di Nei Jing （Yellow Emperor's Inner Canon）

许　茵

中华文化源远流长，为中华民族生生不息、发展壮大提供了取之不尽、内容丰厚的滋养。作为中华文化重要组成部分的中国传统医学文化，博大精深，璀璨辉煌。千百年来，中医传统文化护佑着一代又一代的中华儿女，创造出举世瞩目的中国奇迹和成就。在浩如烟海的中医古籍中，《黄帝内经》位居中国传统医学四大经典古籍文献之首，其余三部分别为《难经》、《伤寒杂病论》和《神农本草经》。

图 1　联合国教科文组织颁发《黄帝内经》入选《世界记忆名录》证书

《黄帝内经》是中国医学宝库中现存成书最早的一部医学古籍文献，它全面创立了中医学理论体系，阐述了中医学的基本理论和学术思想，为后期中医学史上的不同学术思想和学术流派的发展奠定了坚实的基础，堪称中医鼻祖。2010 年 2 月《黄

帝内经》入选《中国档案文献遗产名录》，2010 年 3 月入选《世界记忆亚太地区名录》，2011 年 5 月成功列入联合国教科文组织《世界记忆名录》。从此，《黄帝内经》成为人类世界记忆遗产大家庭中的一员。

一、《黄帝内经》成功入选实至名归

中医古籍文献申报《世界记忆名录》是一项专业性很强的工作。为将中国传统医药推向世界，2007 年 1 月，"中国传统医药档案文献申报世界记忆遗产"项目正式启动。在该项目获国家中医药管理局批准立项后，中国中医科学院中医药信息研究所被确定为牵头单位，成立了中国传统医药档案文献申报《中国档案文献遗产名录》及《世界记忆名录》委员会。同年 2 月，该委员会向全国 51 家图书馆、博物馆发出通知，要求其将各自所藏中医药传统档案文献申报第三批《中国档案文献遗产名录》。此后，相继有 28 家中医古籍收藏单位向中国中医科学院中医药信息研究所报送了 52 种中医古籍文献。同年 3 月，国家中医药管理局主持召开评审会议，会议推荐《本草纲目》（明代金陵版）、《补遗雷公炮制便览》（明代内府彩绘本）、《履巉岩本草》（明代彩绘本）、《尊生图要》（明代文徵明稿本）、《重修政和经史证类备用本草》（蒙古定宗晦明轩刻本）、《黄帝内经》六种中医古籍文献作为第一批中国传统医药档案文献申报第三批《中国档案文献遗产名录》。经专家筛选和论证，最终决定将《黄帝内经》和《本草纲目》申报《中国档案文献遗产名录》。

《黄帝内经》申报档案文献选用的是中国国家图书馆保存的、公元 1339 年（元代）胡氏古林书堂印刷出版的《新刊黄帝内经》

版本，此为存世最早、保管最完好的版本。《本草纲目》申报档案文献选用的是保管在中国中医科学院图书馆的、1593年（明代）金陵胡承龙刊刻的《本草纲目》原始木刻本。这两部中医古籍文献在中医药学理论知识的原创性、研究的深度和广度上举世罕见、绝无仅有。它们的损坏、消失或被世人遗忘，将会给以传统中医药为源头的中国以及周边其他国家和地区造成无法弥补、无可挽回的损失。

2009年9—10月，国家中医药管理局、国家档案局就《黄帝内经》《本草纲目》申报《中国档案文献遗产名录》《世界记忆亚太地区名录》召开了专家认证、审稿和座谈会，联合国教科文组织有关官员也应邀参会。为配合申报工作，委员会专门聘请中央电视台"科技探索栏目"拍摄《黄帝内经》《本草纲目》影像宣传资料片，作为申报材料的附件，于2009年11月14日，报送国家档案局"中国国家世界记忆工程委员会"审查。同年11月20日，相关申报材料及附件寄送至香港联合国教科文组织世界记忆工程亚太地区委员会审核。2010年2月22日，"中国档案文献遗产工程"国家咨询委员会召开会议，《黄帝内经》和《本草纲目》双双入选第三批《中国档案文献遗产名录》。2010年3月10日，联合国教科文组织世界记忆工程亚太地区委员会在澳门举行会议，宣布《黄帝内经》和《本草纲目》成功入选《世界记忆亚太地区名录》。为了增进和加深联合国教科文组织国际咨询委员会专家对《黄帝内经》和《本草纲目》两部医学古籍文献的了解和认识，2010年8月26日，"《黄帝内经》《本草纲目》申报《世界记忆名录》特展"在国家图书馆举办，联合国教科文组织4位专家和官员参观了特展并给予高度评价。2011年5月23—26日在英国曼彻斯特举行的联合国教科文组织世界记忆工程国际咨询委员会（IAC）第十次会议上，《黄帝内经》和《本草纲目》成功入选《世界记忆名录》。

《黄帝内经》和《本草纲目》从正式申报开始到成功入选《世界记忆名录》，历时 19 个月，这充分说明了国际社会对以《黄帝内经》《本草纲目》为代表的传统中医古籍文献源头及其价值的认可和重视。《黄帝内经》和《本草纲目》入选《世界记忆名录》可谓实至名归。从此，中国传统医药在世界记忆的百花园中绽放出绚丽的风采。

二、《黄帝内经》是一部什么样的著作？

《黄帝内经》是中国中医学典籍中最早的代表性著作，内容丰富，影响深远，分为《素问》和《灵枢》两部分，各 9 卷、81 篇，共 80 余万字，最终成书于公元前 2 世纪。在历代流传的过程中，均形成过 24 卷本和 12 卷本两个版本系统。最早给《素问》作注释的是南北朝时期的全元起，但是该注本在南宋以后失传。唐朝的王冰在全元起注本的基础上，重新整理、注释，将旧本《素问》析为 24 卷，共 81 篇。王冰在注释的同时保留了全元起注本的旧貌。到了宋朝，校正医书局的林亿、高保衡等人奉命对王冰版本《素问》加以修订，去除谬误 6000 多字，增加注释 2000 多条，并由官府支持刊印颁行。因此，林亿等校正的《素问》版本被视为元、明、清三代诸多版本之祖本。而《灵枢》最早称为《九卷》《针经》。南宋时期，史崧"参对诸书"，校正家传旧本《灵枢》9 卷，共 81 篇，增修音释，附于卷末，刻为 24 卷。24 卷本版本系统中《素问》现存最早版本是金刻 24 卷本，可惜仅存 13 卷；传世的 12 卷本版本系统中，以 1339 年胡氏古林书堂刻印本为现存最早最完整的版本。中国国家图书馆藏有元至元五年（1339）胡氏古林书堂刻印本《新刊补注释文黄帝内经素问》12 卷，以及元至元五年刻板、至元六年（1340）印行的《新刊黄帝内经灵枢》12 卷。此版本为申报并入选《世界记忆名录》的《黄帝内经》版本。当时是以《新刊黄帝内经》之名申报的，后简称为《黄帝内经》。该书所用纸张为中国古代造纸术制成的纸张。《新刊补注释文黄帝内经素问》，每半叶 13 行，每行 23 个字，黑口，四周双边；开本高 26.3 厘米，宽 16.1 厘米；版框高 20.5 厘米，宽 12.4 厘米。《新刊黄帝内经灵枢》，每半叶 14 行，每行 24 个字，黑口，四周双边；开本高 25.7 厘米，宽 15.3 厘米；版框高 19.6 厘米，宽 12.7 厘米。[①]

经众多学者考察和研究证实，《黄帝内经》并非某一时代的某个人所著，也就是说它没有确定的作者。因此，它应该是在中医药实践和发展的历史长河中，经过许多医家编撰汇辑而成的一

图 2 《黄帝内经·素问》 中国国家图书馆提供

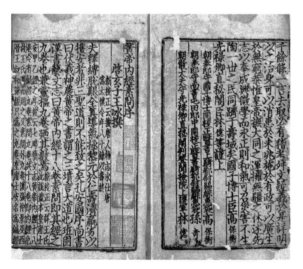

部医典。该书的主要部分形成于战国时期，秦汉时期陆续又有所补订，并出现了多种不同的传本。该书可谓集中国秦汉以前医学理论与实践之大成。《黄帝内经》这一书名，最早见于汉代刘向父子的《七略》及班固《汉书·艺文志》等书中，当时《黄帝内经》一书被收录于"医经"；以突显其重要性。黄帝历来被奉为中国古代人文始祖，被誉为

① 李文洁、李坚：《国家图书馆藏元刻本〈黄帝内经〉》，《"发展中的世界记忆"国际学术研讨会论文集》，2019 年，第 9 页。

中国古代科学技术、东方文明的开
创者和杰出代表，本书以黄帝为名，
也体现了其凝聚力、影响力、权威
性和重要性。《黄帝内经》在古代
被视为"三坟之书"，言大道也，
实为承载华夏民族"生长壮老已"
之百科全书，被历代医家奉为圭臬。

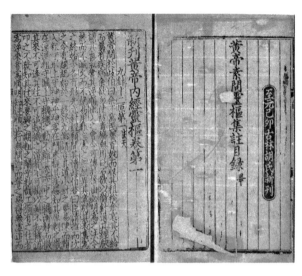

图3　《黄帝内经·灵枢》　中国国家图书馆提供

　　从编写体例上看，《素问》
的撰写采用特殊的黄帝、岐伯、雷
公、伯高等上古名医一问一答的方
式，论述了中医学关于脏腑、经络、病因、病机、病症、诊法、
治疗原则以及针灸等内容。而《灵枢》是与《素问》相辅相成的
姊妹篇，内容与之相近，除论述脏腑功能、病因、病机之外，还
重点阐述了经络、腧穴、针具、刺法和治疗原则等。每篇均为综
合性文献，探讨的问题少则2~3个，多则8~9个。

　　《黄帝内经》创立的中医基本理论内容涵盖了整体观念、阴
阳五行、藏象经络、病因病机、诊法治则、预防养生和运气学说等。

　　整体观念强调人体的结构和各个部分都是彼此联系的，人体
本身和自然界应视为一个整体。比如《黄帝内经》提到"此人与
天地相应者也"（《灵枢·邪客》），"人与天地相参也，与日
月相应也"（《灵枢·岁露论》）。其整体观念是中国古代哲学
思想贯穿于中医学的体现，涉及中医生理、病理、辨证、诊法等
各个方面。

　　阴阳五行则是论述阴阳学说和五行学说的合称。阴阳学说是
指世界是物质的，物质世界在阴阳二气的相互作用下孳生、发展
和变化。五行学说强调木、火、土、金、水是构成物质世界所不

可缺少的基本元素。这五种基本元素相互影响、相互制约的运动变化构成了物质世界。《素问·阴阳应象大论》说："阴阳者，天地之道也，万物之纲纪，变化之父母，生杀之本始，神明之府也。"这里的"神明"，是物质世界无穷变化的意思。五行学说认为，属于同一五行属性的事物都存在相互的联系。《素问·阴阳应象大论》提到"东方生风，风生木，木生酸，酸生肝，肝生筋，筋生心"，意思是方位东和自然界的风、木，以及酸味的物质都和肝、心相关。阴阳理论要求中医根据病症的阴阳偏胜偏衰情况确定治疗原则，再结合药物性能的阴阳属性，选择合适的药物，以纠正因疾病引起的阴阳失调状态，从而治愈疾病。五行学说认为五脏病变时的相互传变，都可以五行间的生克乘侮规律来阐明，但也有例外，因此不能把它看成刻板的公式而机械式套用。

"藏象"二字最早出现于《素问·六节藏象论》。藏，是指藏于体内的脏腑；象，是指表现于外的生理、病理现象。因此，藏象学说就是通过对人体生理、病理现象的观察，研究人体各个脏腑的生理功能、病理变化及其相互关系的学说。藏象学说以脏腑为基础。脏腑按照生理特点，又分为脏、腑、奇恒之腑三类。脏是指心、肺、脾、肝、肾，合称"五脏"；腑是指胆、胃、小肠、大肠、膀胱、三焦，合称"六腑"；奇恒之腑有脑、髓、骨、脉、胆、女子胞（子宫）。《素问·宣明五气》提到"心藏神、肺藏魄、肝藏魂、脾藏意、肾藏志"，进一步揭示了人的情志活动正常与否与五脏的盛衰有着密不可分的关系。需要注意的是，藏象学说中的脏腑不是单纯现代解剖学中的概念，更为重要的是它从一个全新的视角概括了人体某一系统的生理学和病理学概念。

经络学说是研究人体经络生理功能、病理变化及其与脏腑相互关系的学说。它是古人从针灸、推拿等治疗实践中总结出来的经验，并结合解剖学知识，逐步上升为理论。经络是经脉和络脉的总称。《灵枢·经脉》提到"经脉十二者，伏行分肉之间，深而不见……诸脉之浮而常见者，皆络脉也"，意思是指经脉有一定的循行路径，而络脉则是纵横交错、布满全身，把人体所有的器官、孔窍以及皮、肉、筋、骨等组织联接为一个统一的有机整体。在正常的生理情况下，经络起着运行气血、感应传导的功能，而当发生病变时，经络就成为传递病邪和反映病邪的途径。《素问·皮部论》提到"邪客于皮则腠理开，开则邪入客于络脉，络脉满则注于经脉，经脉满则入舍于腑脏也"，意思是经络是外邪从皮毛腠理内传入五脏六腑的途径。由于脏腑之间通过经脉沟通联系，所以经脉还可以成为脏腑之间病变相互影响的途径。

病因病机强调的是弄清楚疾病产生的原因，以及疾病的发生、发展和变化等内容的学说。病因即疾病产生的原因，而病机则是指疾病发生、发展与变化的机理。中医认为，没有无缘无故的疾病。任何症候都是在某种原因的影响和作用下，患者体内所产生的一种病态反映。因此，要通过分析疾病的症状、患者体征来推求病因，这种方法也称"辨病求因"。中医认为，导致疾病的原因是多种多样的，主要有六淫（六气）、七情、饮食、劳倦等。六气是指风、寒、暑、湿、燥、火，是自然界六种不同的气候变化。六气是万物生长的条件，对于人体是无害的。当人的抵抗力下降时，六气才能成为致病因素，侵害人体健康。《素问·至真要大论》提到"谨候气宜，无失病机""谨守病机，各司其属"，意思是要谨慎地审察六气适宜的时令，不可以违反病机，谨慎地遵守病机理论，根据疾病的属性进行治疗。

诊法治则是讨论如何诊断疾病以及采用什么方法治愈疾病的理论。诊法理论主要是强调中医四诊——望、闻、问、切。望诊就是观神色、察形态、辨舌苔。闻诊则是听声音和嗅气味。问诊就是询问患者的自觉状况。切诊就是搭脉断病，包括切脉和切肤。治则理论主要是研究如何治疗疾病的学说，中医的治疗原则包括治未病、预防为主、防微杜渐等。此外，还强调因时、因地、因人制宜来治疗疾病。《素问·异法方宜论》提到"一病而治各不同"，如东方之域，"其治宜砭石"；西方之域，"治宜毒药"；北方之域，"治宜灸焫"；南方之域，"治宜微针"；中央之域，"治宜导引按跷"。也就是说，同样的疾病在不同的地区治疗方法不同。东部地区的人患病宜用砭石刺激治疗，西部地区的人患病宜用药物治疗，北方地区的人患病宜用艾灸的热疗方法治疗，南方地区的人患病宜用微针治疗，中部地区的人患病宜用导引按摩的方法治疗。可见，治疗方法不宜一概而论，要因地制宜。

除医学理论外，《黄帝内经》还包含了大量古代深奥难懂的哲学思想。例如，提到"气"是宇宙万物的本原，人与自然的关系，人是阴阳的对立统一体，生命观，形神统一观，等等。这些哲学思想无不影响着人们为人处世的态度和行为，影响着人们的生命观和价值观。《黄帝内经》为中华民族以及世界上其他热爱中医文化的人们，提供了源源不断的精神动力。

三、《黄帝内经》的学术价值和临床指导意义

《黄帝内经》这部中医古籍文献在中国、亚洲乃至全世界都具有非凡的学术价值和意义。

首先，《黄帝内经》是目前保存完好且最具影响力的中国传统医学典籍的代表。

公元前 2 世纪，是中国古代文明高度发展的重要时期。这一

时期的社会生产力极大提高，医学、哲学、天文学、气象学、地理学、物候学、农学等众多领域得到了飞速的进步与发展。《黄帝内经》体现了东方人的思维方法、生活习俗，并且代表古代东方社会学的进步以及医药学的发展水平。

《黄帝内经》的整理与流传，不仅能够反映出中国古代各个时期的官府和医学家对中医文化的珍视，也反映出中国古代文明的传承与发展脉络。因此，《黄帝内经》也被视为中华优秀传统文化的经典性著作，具有非常重要的学术价值。

《黄帝内经》自公元前 2 世纪形成后，先后以竹简、缣帛、纸为载体流传。至北宋官方校勘颁行，此后被陆续整理、修订。据不完全统计，《黄帝内经》在近 400 年来被重印 50 多次。[①]

其次，《黄帝内经》是中国医学史上的开山之作，也是对中国几千年来医学发展的总结。《黄帝内经》总结了其之前几千年的医学成果，保存了许多上古时期的重要医学文献，并且将这些文献进行了整合，使之具有指导性、实用性和强大的生命力。

自《黄帝内经》成书以来，在其影响和启发下，中医学产生出各种各样的医学流派，例如伤寒学派、河间学派、易水学派、温病学派等。从问世以后，《黄帝内经》受到历代医学家和政府的普遍关注，因此形成了注释、分类合纂和发挥《黄帝内经》的众多研究体系。[②]

在南朝齐梁间就有全元起注本《素问训解》出现。在公元 8 世纪，它又得到唐代著名医学家王冰的系统整理和研究。分类合纂的传本有西晋皇甫谧的《针灸甲乙经》，唐代杨上善的《黄帝

① 中国国家图书馆：《世界记忆名录申报表》，2009 年。
② 中国国家图书馆：《世界记忆名录申报表》，2009 年。

内经太素》，明代张景岳的《类经》，等等。至于发挥《黄帝内经》的医学著作，保存至今的就有 100 余种。①

历代研究者在注释和发挥过程中，也把自己和当时的新见解、新发现、新发明纳入《黄帝内经》的注文和诠释之中，使《黄帝内经》理论不断增添新的医学思想，推出新的诊断治疗技术。

再次，《黄帝内经》所奠定的临床医学与预防医学体系理论与方法，对于世界传统医学体系的构建与完善，产生了积极的、巨大的影响。

《黄帝内经》是中国及其周边国家和地区传统医学的代表性著作，具有不可比拟性。它不仅奠定了中国医药学形成和发展的基础，也成为日本汉方医学，朝鲜、韩国、越南等国家传统医药学的源头和始祖。例如，早在公元 6—10 世纪，朝鲜、日本以及阿拉伯国家都曾派人来中国学习医学等科学技术，《黄帝内经》也随之传播到这些国家和地区。书中记载的临床医学、预防医学体系理论，以及以针灸为代表的传统医学治疗方法一直被沿用至今，在传统医学领域产生了广泛和深远的影响，至今仍具有强大的生命力，受到世界各国的重视，并在治疗疾病和维护人类健康方面做出了积极贡献。自 20 世纪中叶至今，已有包括英文在内的多种文字版本的《黄帝内经》译本传世，它已成为人类共同的宝贵精神财富。

《黄帝内经》被古代亚洲地区如日本、朝鲜、越南等国作为主要的医学经典著作，有多种传本、刊本及引录，这些书都使用汉字原文。如日本方面最早的医事法令"大宝令"（701 年）所规定"医学生必读书目"中有《素问》《黄帝针经》。日本人编

---

① 中国国家图书馆：《世界记忆名录申报表》，2009 年。

写的各种医书中也广泛引录《黄帝内经》的内容。现存较早的日本人注本有 1699 年竹中通庵集注的《素问要语》9 卷、《灵枢要语》8 卷，1854 年喜多村直宽注的《黄帝内经讲义》12 卷等书。其中尤以丹波元简的《素问识》8 卷、《灵枢识》6 卷（1806 年）及其儿子丹波元坚的《素问绍识》4 卷（1846 年）等书详于考释，多有发挥。①

古代朝鲜，在 1091 年高丽国曾派使节来华送还中国当时已失传的多种古医书，书目中即有《黄帝针经》及《黄帝太素》等。在 1136 年的医事制度中同样将《素问》《黄帝针经》列为必修课目。1433 年刊行的《乡药集成方》、1477 年刊印的《医方类聚》（1445 年完成编纂）、1613 年刊行的《东医宝鉴》等医书中均引录了大量的《黄帝内经》原文。越南方面，黎有卓撰《海上医宗心领全帙》（刊于 1879—1885 年）是一部大型综合性医书，其中也有节录注释《黄帝内经》的内容。

近代以来，《黄帝内经》一书也引起一些欧美国家医学界的重视。美国医学史研究者爱尔萨·威斯（I. Veith）于 1949 年将《素问》前 34 篇译成英文出版，书名仍为《黄帝内经》，并以此译书获得博士学位。这是首部较为完整的《黄帝内经》英译本。英国人福克（Alfred Forke）于 1925 年所著《中国人的世界观、天文、宇宙和物理哲学的理论》，美国人摩西（William R. Morse）于 1934 年著《中国医学》及德国人道森（Percy M. Dawson）于 1925 年著《素问——中国医学的基础》等书，也都译述了《黄帝内经》的部分内容。② 由此可见，《黄帝内经》的影响力已经遍

① 中国国家图书馆：《世界记忆名录申报表》，2009 年。
② 中国国家图书馆：《世界记忆名录申报表》，2009 年。

及全球。

最后，《黄帝内经》在中国医学教育史上有着重要的地位。

我国传统的中医官方教育，自南北朝时期发端，经唐宋时期兴盛，直到明清，都把《黄帝内经》当作必修课目。从养生预防到临床诊疗、康复医学，《黄帝内经》无不涵盖，尤其是在病因方面做了全面的探索，从自然生态环境到社会的人际环境，从心理失衡到心理因素，都纳入了研究的范围，体现了生物—自然—社会（心理）的医学观。历史上卓有建树的中医学家无不重视和研究《黄帝内经》，它从古至今都是我国中医教育的必读之书，其重要地位毋庸置疑。

《黄帝内经》至今对临床诊断有着积极的指导意义。比如说，养生学术思想、阴阳恒动平衡理论、食疗为先的思想、心理疗法的运用、自然疗法的方式，以及征服疾病的信念等，对临床工作者仍然有着积极的指导作用。《灵枢·九针十二原》讲道："疾虽久，犹可毕也；言不可治者，未得其术也。"意思是，无论病人患病的时间有多久，都可以治愈。他们之所以会说久病不能够医治，是因为他们没有掌握好针灸的治疗方法。这里《黄帝内经》表达了一种战胜一切疾病的坚定信念，激励着中外医学工作者为了人类的健康长寿而努力拼搏。这种积极的医学教育理念，鼓动了一代又一代中医人的雄心壮志，激励着他们不断去解决临床中的新问题、挑战医治新病种，真正实现《黄帝内经》所昭示的医者的理想。

四、《黄帝内经》哲学思想中的生命观及其启示

《黄帝内经》是中医药学的奠基之作。南怀瑾先生在《小言

〈黄帝内经〉与生命科学》一书中高度评价《黄帝内经》不只是一部医书，还"医世、医人、医国、医社会"。它融合了中国传统哲学的整体观、生命观和社会观，呈现出自然、生物、心理、社会的"整体医学模式"，因此可以称之为最早一部关于生命的百科全书。《黄帝内经》哲学思想中闪烁着的生命观把人的生老病死当作一种自然规律，任何人都无法抗拒和回避，特别是《黄帝内经》结合养生理念，指出针对生命的不同阶段的不同状况，通过调理体质和治未病来延年益寿，以及通过死亡危机意识去唤醒人们的养生防病意识，都有助于树立正确的生命观和价值观。

　　《黄帝内经》没有论述如何救治面临死亡的病人，而是提倡用自然平和的心态去面对死亡，认为死是一件自然发生的事情，不必过度干预。《素问·六元正纪大论》中说："大积大聚，其可犯也，衰其太半而止，过者死。"其意思是，已经在体内"大积大聚"的病，可以用剧烈的药物来控制和治疗，当病邪已经除去大半，就要停药了，如果用药过当，就会导致病人死亡。《素问·四气调神》中还提到："是故圣人不治已病，治未病，不治已乱，治未乱。"意思是强调对未来可能发生的疾病进行预防性治疗，要好过治疗已经发生的疾病，要未雨绸缪。由此观之，《黄帝内经》中阐述的"正视死亡"的生命观，至今仍有指导意义。而这种生命观与当下发生的医疗案例中那些对生命不可逆的病人进行过度治疗的行为形成鲜明的反差，值得我们去深刻反思。只有当人们悟出了生命的真谛，拥有了正确的生命观和价值观，才能对生命的意义拥有更加准确的认识。生前，可以锻炼身体、调理体质以及治未病来防病延寿，让生命更有意义、更加充实。临终前，则需要防止过度治疗和用药，一旦发生不可逆以及治疗极为痛苦的情况，与其让生命继续承担痛苦，不如让生命有尊严地、从容安详地离去。这也不失为一种尊重生命的文明表现形式。

此外，《素问·移精变气论》提出了"所以远死而近生""生道以长"的养生哲学思想，意思是如果你知道如何回避死亡而达到生命安全，你就可以长寿。《黄帝内经》认为，不同物种有其固定的自然寿命，人的自然寿命大概为一百年，也就是"天年"，即天赋之年。《灵枢·天年》中黄帝向岐伯请教："人之寿夭各不同，或夭或寿，或卒死，或病久，愿闻其道。"岐伯说："五脏坚固，血脉和调。肌肉解利，皮肤致密。营卫之行，不失其常。呼吸微徐，气以度行。六腑化谷，津液布扬。各如其常，故能长久。"此处意思是，人的寿命长短各不相同，有早逝的，有长寿的，有突然死亡的，有患病很久的。要想活得长久一些，就要做到以下各方面都能健全正常才行，即五脏形质坚固，血脉调和顺畅；肌肉润滑通利，皮肤坚固致密；营气和卫气的运行不失其常态；呼吸均匀徐缓，全身的经气有规律地运行；六腑能够正常地消化食物，并能使津液传送到身体的各个部位。《黄帝内经》也提出"天人相应"的哲学思想，认为这是影响人类生命长度的一个重要外因。比如《灵枢·本神》岐伯讲："故智者之养生也，必顺四时而适寒暑，和喜怒而安居处，节阴阳而调刚柔。如是则僻邪不至，长生久视。"意思是，人体的健康长寿与气候、环境、情绪、饮食、起居等方方面面的因素有关。因此，它指出了养生综合调摄的重要性。《灵枢·本神》提到聪明的人保养身体，必定顺从四时节令的变化以适应寒暑的气候，调和喜怒而不使其过度，注意正常的饮食起居，节制房事，调剂阴阳刚柔的活动。这样，病邪就不能侵袭人体，人就能够健康长寿，不易衰老。

《黄帝内经》启示我们，健康长寿从来不是靠什么灵丹妙药，而是要有积极向上的生命观和价值观。面对即将来临的不可逆的死亡，不要过度进行医疗或过度用药。要尊重生命的自然规律，积极防病养生，以平常心态过平常生活，按时饮食起居，控制好自己的情绪，适度锻炼身体，与人为善，乐于助人，方能延年益寿，活出生命的长度和高度。

五、《黄帝内经》里深藏着的养生大智慧

《黄帝内经》中所包含的中医养生原则与大量的预防疾病的思想，与现代医学的预防思想不谋而合，并日益引起全世界人民的广泛关注与兴趣。《黄帝内经》中强调人的生命活动要与大自然的变化规律相统一，并且不能违背自然变化的各种规律，同时，强调人体的健康状况与人的精神状态密切相关。《黄帝内经》的"天人一体、形神统一"观点表明，只有顺应自然界的变化，保持舒畅的心情，才能维持健康的身体。联合国世界卫生组织所提出的健康四大基石，即合理饮食、心态平衡、适度运动、戒烟限酒，在《黄帝内经》中都有充分论述。《黄帝内经》之所以重要，是因为早在2000多年前它就论述了亚洲人看待人体、疾病和自然的方式。它所体现的养生原则，是将人体完全融入大自然中，认为人体是大自然的一部分，充分揭示出人与大自然是不可分割的有机整体。《黄帝内经》中蕴含的养生智慧启示我们，从我做起，从点滴做起，将养生融入日常生活中。

《黄帝内经》不仅论述了疾病的诊断、治疗和预防，还提出了药食结合的治病和养生观点，指出中医治病需要药物和食物结合起来，才能达到最佳的治疗效果。客观上讲，某些特定的食物对特定病症的治疗可以起到一定的辅助效果。《素问·五常政大论》提到"大毒治病，十去其六；常毒治病，十去其七；小毒治

病，十去其八；无毒治病，十去其九。谷肉果菜，食养尽之，无使过之，伤其正也”，其意思是，药物有有毒和无毒之分，服用时要按照一定的规则。凡毒性大的药，病去十分之六，就可停药；毒性一般的药，病去十分之七，就可以停药；毒性较小的药物，病去十分之八，就可以停药；没有毒性的药物，病去十分之九，就可以停药。停药后，可以采用谷物、肉类、水果以及蔬菜等食物进行调养，扶正祛邪，让疾病得以治愈。切不可用药过度，伤了身体的正气。此外，《黄帝内经》中论述的十三首方药，比如"汤液醪醴""生铁洛为饮""兰草汤""泽泄饮"等，就是以药膳为主的方药。比如"汤液醪醴"就出自《素问·汤液醪醴论》，其中汤液和醪醴都是以稻谷为原料酿制成的药酒，具有通阳发散、防病治病的作用。如外感初起的时候，患者适当服用可以祛邪防病，经脉不畅的人也可以服用以疏通经络。"生铁洛为饮"出自《素问·病能论》，原文为"夫生铁洛者，下气疾也"。中医认为生铁洛，其气重而寒，能泄热开节，平木火之邪，又能重镇心神，即铁屑泡水能治病，不仅能够治疗人的怒狂之疾，还能调节人的精神和情绪。而中式烹饪中自古讲究用铁锅和铜锅作为炊具来烹饪菜肴，或许也与此有着异曲同工之妙。

六、《黄帝内经》的保管保护和开发利用任重道远

现藏中国国家图书馆的公元 1339 年由胡氏古林书堂印刷出版的《黄帝内经》是现存最早保存最完好的《黄帝内经》版本。从 600 多年的保存实践来看，除有极少数纸张残破外，书中内容保存完整，没有缺失，已被列为中国国家图书馆重点古籍保护对象。国家图书馆配备了专门的设施和专业人员按照相关法律法规，

对其进行有效管理。国家图书馆良好的软硬件设施、经验丰富的专业工作人员，以及配套的档案文献保护制度和政策，为中医古籍文献《黄帝内经》的保管保护以及开发利用工作提供了安全保障。

《黄帝内经》原件限制阅览，除特殊需要外一般不对公众开放。但读者可以阅览、利用该文献的缩微胶片、影印出版物等复制件。中国国家图书馆古籍馆向读者提供免费阅览、收费复制等相关服务，古籍善本室配有阅读桌椅、胶片阅读机以及扫描仪等设备。此外，该馆还为读者提供复制品收费快递以及电子邮件寄送服务。

《黄帝内经》入选《世界记忆名录》前后，已被社会各界广泛地开发和利用，在国内外掀起了学习中医传统文化的新高潮。这些活动对提高人民的健康意识、提升人民的民族自豪感以及让中医传统文化走向世界起着积极的推动作用。如2004年底广东电视人和出版人完成了一项弘扬优秀传统文化的合作项目——广州电视台联合中国视协电视纪录片学术委员会、中华中医药学会等单位，摄制了60集大型电视纪录片《黄帝内经》。花城出版社则根据该片的电视文本配以图片并附上《黄帝内经》原文，出版了厚达700多页的图书。历时7年，拍摄跨越全国近20个省区，通过影像与文字的融合，再现了中华文化重要一脉的源流，通俗易懂、出神入化地为大众解读了这部博大精深的中华医学养生宝典。电视纪录片及配套图书的问世，就是要让《黄帝内经》从图书馆和艰涩的古籍文字中走出来，走进广大群众中，让人们在潜移默化中掌握《黄帝内经》中蕴藏着的养生精髓，去追求和打造全新的健康生活。

电视纪录片《黄帝内经》及纸质版图书内容丰富，力图以通俗的视角、生动的画面和文字、精彩的中医理论和专业的医学案例，揭开这部名著蕴含的深意。为达到最佳的视觉效果，电视片采用了多种表现手段，以故事化的方式拍摄《黄帝内经》的全部内容，观赏性很强。此外，片中记录了大量极其珍贵的文化及医学遗址文物、古今医学名家和医案，科学地辨别古代医学理论中的精髓，展示了起源于 8000 年前的针灸、针刀、推拿诊疗绝技，分析了神奇的中医五行观，等等。2016 年，据英国《华闻周刊》报道，英国中华传统文化研究院经过一年的努力，已将中国拍摄的 60 集大型纪录片《黄帝内经》翻译成英文，其英文文字稿已陆续在该研究院的官网上发布。

英国中华传统文化研究院是英国华人华侨自发创办的民间团体，成员包括旅居海外的来自中国大陆、台湾和香港的学者，曾多次在英国爱丁堡大学、伦敦大学以及西伦敦大学等高等学府举办各类高层次座谈会、讲座和教师培训班等。该院将这部纪录片翻译成英文并搬上全世界的银幕，更使《黄帝内经》成为全人类的财富。

在《黄帝内经》翻译出版方面，我国中医翻译界的领军人物李照国教授翻译的《黄帝内经》全译本入选"大中华文库"，这是我国向海外介绍中医及其文化的一部重要著作。2018 年，《黄帝内经》研究专家，世界《黄帝内经》文化促进会会长，中俄友好、和平与发展委员会健康生活方式理事会副主席王寅教授携其新书《解读黄帝内经》（日文版）在日本东京举行新书首发活动，受到了日本前首相海部俊树、福田康夫、鸠山由纪夫等有关政要、学者以及广大读者的好评，鸠山由纪夫还为其亲笔题词："科学解读《黄帝内经》"。王寅教授长期研究《黄帝内经》，提出了"《黄帝内经》乃中国文化哲学体系之根，是中国传统文化之本"

的独到见解，并先后出版了《智慧解读〈黄帝内经〉》《道解〈黄帝内经〉》《科学解读〈黄帝内经〉》等著作，用浅显易懂的方法，告诉人们怎样读懂《黄帝内经》，怎样应用《黄帝内经》。王寅教授还特别强调对《黄帝内经》进行保护整理与阐释的重要性。他进一步指出，在全球化时代，我们应该重视《黄帝内经》的现代价值，在提高认识的基础上，在实践中做到扬弃与创新并举，让经过岁月洗礼的中华优秀传统文化焕发时代光芒。由此可见，传播和弘扬《黄帝内经》，翻译和解读工作非常重要。如何用最简单、最易懂的文字、影像等表现形式，把这部精彩、厚重的中医古籍文献传遍五湖四海、造福全人类，任重道远。

在中医药院校中医典籍课程教改方面，主要在校园中开展"以赛促教"活动。在教育部、国家中医药管理局的指导下，中国教育网络电视台健康台于 2015 年成功举办了首届全国《黄帝内经》知识大赛，成功打造了一个具有影响力与时代特色的国家级中医药经典理论赛事，创造性地开创了一个政府、专业学会、高校、社会机构共同参与的活动模式。大赛总报名人数超过 30 万，参赛学校 400 余所，覆盖全国所有省份。大赛官方微信粉丝量近50 万，相关视频新闻和文字报道点击量近 3 亿。在中医药高校掀起了"以赛促教"的小高潮，在社会上形成了解中医、认同中医、珍惜中医的热潮，为中医药在新时代下的复兴发展起到很好的推动作用。2017 年，教育部和国家中医药管理局又联合举办了全国《黄帝内经》知识大赛。这次大赛是由教育部高等学校中医学类专业教学指导委员会、中华中医药学会、中国健康管理协会、全国中医药高等教育学会、全国青少年中医药文化传播与身心健康发展中心、中国教育网络电视台健康台主办。此次赛事参加人数更多，影响更大，力求通过大赛让更多的人尤其是广大在校学生，加深对以《黄帝内经》为代表的中医药经典的了解，并在全国范围内掀起中医学习和中医传承的热潮，为推动我国中医药事业的发展贡献力量。

在《黄帝内经》学术研究和推广方面，2019 年 4 月 1 日，《黄帝内经》国际研究院在上海中医药大学揭牌成立。研究院将聚焦以《黄帝内经》为核心的中医药文化研究，以跨界发展理念携手中医药院校、行业以及海内外专家、学者，打造集中医教育、医疗和对外交流等为一体的研究平台，形成多学科研究《黄帝内经》的氛围和格局，从而引领《黄帝内经》学术研究科学、可持续发展。打造高素质研究团队、产出高水平研究成果、创造"高品味"的文创产品、创新高影响传递模式，并力求促进研究成果社会化，是该研究院的建设目标。研究院聘请上海中医药大学原校长严世芸教授，上海中医药大学终身教授段逸山，湖南中医药大学熊继柏教授为顾问，还聘请了包括北京中医药大学烟建华教授、山东中医药大学迟华基教授、湖北中医药大学张六通教授、陕西中医药大学张登本教授在内的国内有影响力的《内经》专家作为首批特聘教授。前卫生部部长张文康为研究院发展咨询委员会主席，他希望研究院在中医药基础理论研究大框架下形成一源多流、百家争鸣、百花齐放的学术生态，提炼中医药知识、文化、技艺等深层次的哲学内涵，助力中医药传承发展，在丰富中医药学科建设和理论研究、促进中医人才培养方面发挥积极的作用，体现中医药在解决健康问题方面的理念、优势、特色，为世界贡献中国智慧、中国方案。

就《黄帝内经》档案文献本身而言，我们期待国家图书馆今后在《黄帝内经》的开发和利用工作中，能够瞄准世界一流国家图书馆建设标准，考虑将人工智能、大数据与云计算相结合，用

AI 技术修复文献损毁的部分，为读者提供技术更加先进、更加舒适完美的利用体验。此外，国家图书馆也要强化和相关科研单位、企业的合作，配合政府部门强化对有关《黄帝内经》文化产业的规划和开发工作，除了协助出版行业出版解释性、启发性的《黄帝内经》读本，还可以牵头或配合相关部门组织多种文化交流活动，组织世界各地的《黄帝内经》研究者、爱好者相互对话和交流，向世界传递中医古籍文献的精髓，加深在世界范围内对中医药科技价值的认可，扩大中医药的国际影响。结合《黄帝内经》的特色，联合有关单位或部门举办涉及《黄帝内经》的大型中医药产品展览展示会，拍摄相关电影、电视剧、专题片等，讲好中医故事，传播中医药文化；也可以服务文旅、健康产业，打造中医特色的主题公园、养生园、养老基地、特色养生餐饮机构等，让传统中医古籍《黄帝内经》不断绽放出新的光彩。

参考文献

1. 李叶主编：《彩绘全注全译全解黄帝内经》，北京联合出版公司 2014 年版。

2. 孙可兴：《〈黄帝内经〉之辩：中医思维方法探原》，郑州大学出版社 2017 年版。

3. 沈丕安主编：《〈黄帝内经〉学术思想阐释》，人民军医出版社 2014 年版。

4. 李祖长编著：《黄帝内经中医养生与疾病预测》，江苏凤凰科学技术出版社 2015 年版。

5. 郑文清、周宏菊主编：《现代医学伦理学导论》，武汉大学出版社 2012 年版。

6. 陈斐然：《中医古籍缘何成为"世界记忆"？》，《中国中医药报》2011 年 6 月 2 日，第 3 版。

7. 何文彬：《论〈黄帝内经〉的学术价值与现实指导意义》，《南京中医药大学学报》（自然科学版）2000 年第 5 期。

8. 《〈黄帝内经〉国际研究院上海揭牌 将促进中国传统文化国际传播》，"中国新闻网"，2019 年 4 月 1 日。

9. 李文洁、李坚：《国家图书馆藏元刻本〈黄帝内经〉》，《"发展中的世界记忆"国际学术研讨会论文集》，2019 年。

10. 中国国家图书馆：《世界记忆名录申报表》，2009 年。

11. 黄光惠：《〈黄帝内经〉西传推动西方医学发展》，《中国社会科学报》2019 年 8 月 30 日，第 5 版。

《本草纲目》

Ben Cao Gang Mu （Compendium of Materia Medica）

许　茵

医药巨典《本草纲目》由李时珍倾其毕生之财力和智慧，殚精竭虑，呕心沥血，历经 3 次大修，历时 27 年，于明万历六年（1578）年编著而成。万历二十一年（1593），该书由金陵出版商胡承龙刊行，故称为金陵版《本草纲目》。书中不仅包含了丰富的药物学知识，而且涉及语言文字学、古代哲学、地理学和历史学等社会科学领域内容以及植物学、动物学、矿物学、冶金学、地质学、物理学、化学、天文学、气象学等自然科学领域的内容。书中旁征博引的 1892 种天然药物名称、形态、产地、功效及主治等内容，既有对过去药物学著作中谬误的修正，又补充了新发现的天然药物；既记载了 16 世纪以前的中国

图 1　联合国教科文组织颁发《本草纲目》入选《世界记忆名录》证书　中国中医科学院图书馆提供

药物知识，又记载了来自域外——古代波斯、印度及地中海等地区的天然药物的相关知识。《本草纲目》这部博大精深的"中国古代百科全书"，对全球自然科学的进步有着举世瞩目的贡献。保存在中国中医科学院图书馆的《本草纲目》，于 2010 年 2 月入选《中国档案文献遗产名录》，2010 年 3 月又入选《世界记忆亚太地区名录》，2011 年 5 月 23—26 日成功列入《世界记忆名录》，同时入选的还有《黄帝内经》。2011 年 6 月 1 日，国家中医药管理局与国家档案局在北京联合召开《本草纲目》《黄帝内经》入选《世界记忆名录》新闻通气会，正式向全球公布这一喜讯。

一、被誉为"药物学界中之王子"的李时珍

李时珍（1518—1593），湖北蕲州（今湖北省蕲春县）人。字东璧，号濒湖山人，世称李濒湖。李家世代行医，李时珍祖父为蕲州当地乡村医生，其父李言闻为蕲州一带颇有名气的医生，并担任太医院的吏目，在当地享有"李仙"之美誉。李言闻不仅医术高超，行医之余还潜心研究医药，笔耕不辍，著作颇丰，著有《人参传》《蕲艾传》等医药学著作。

李时珍在家中排行老二，自幼体弱多病。受父亲影响，李时珍从小就对医药兴趣十分浓厚，但由于当时医生的社会地位不高，李时珍选择了遵从父命攻读儒家经典，希望步入仕途。李时珍于 1531 年考取了秀才，时年 14 岁，可谓少年得志。但在其后的乡试中屡考屡败，三次落第。十年寒窗苦读，换来的却是沉沙折戟。科举之梦未能如愿以偿，李时珍心灰意冷，不再眷念仕途，转而想按照自己的初心和喜好攻读医药学典籍，立志随父学医，继承家业。此后，他伺诊于父亲身侧，悬壶济世，造福乡里。李时珍

博览群书，刻苦攻读古代医药典籍，在实践中敢为人先，勇于创新，很快成为蕲州医术精湛的名医。《光绪蕲州志》中提到李时珍"益刻志读书，十年不出户阈，上自坟典，下及子史百家，罔不该洽"。父亲李言闻是李时珍从事中医药实践和研究的启蒙者和导师。李时珍从小耳濡目染着良好的医药家学，儒家"格物致知"的理念早已深深地渗透到李时珍的脑海里。因此，他坚持把从事医药研究、探寻物质的本源，视为医药学学者不可缺失的一种品格。他在《本草纲目》中提到："其考释性理，实吾儒格物之学，可裨《尔雅》《诗疏》之缺。"在《本草纲目》中，李时珍提到父亲李言闻运用高超的医术治愈多位患者的案例，其中也包括李时珍自己。比如，运用黄芩汤治愈李时珍的"骨蒸发热"，运用藜芦治愈王室妃子的中风危症，等等。他坚持把深奥的中医知识和熟练的临床技能结合在一起，摸索出自己的临床经验和技艺，深受达官贵人的赏识，频频被邀出诊。顾景星的《白茅堂集》记载，李时珍曾治愈楚王世子"暴厥"危症，"立活之"。此外，他还用牵牛子为主药为王室贵妇治愈 30 年顽疾"肠结病"；运用单味药延胡索治愈荆穆王妃胡氏的胃病。由此可见，李时珍对中药的选用已经做到拿捏精准、药到病除的境界。这也从一个方面说明，他编写《本草纲目》时不拘泥于古人的方法，而是贴近医药实践，更加可信可靠。随着李时珍名气越来越大，当地楚王（明朝封在湖北一带的朱姓藩王）聘请他担任楚王府奉祠，兼掌良医所事务，类似楚王府最高医药总管。

　　嘉靖年间，李时珍北上赴太医院任职，在京期间，他目睹了京城许多医药学乱象以及丧失医德的官医，深感不适，一年后便返回家乡。返乡途中，他仍念念不忘探访药物。他看见北方的车夫晚上回家煎旋花根饮用，就虚心向他们请教。他认为该药可以"益气续筋",遂将它载入《本草纲目》中,并由其子孙绘制成图。

多数学者认为,李时珍从北京回乡后,就着手编纂《本草纲目》。《本草纲目·历代诸家本草》中记载该书编纂"始于嘉靖壬子(1552),终于万历戊寅(1578)"。李时珍立志编纂《本草纲目》是基于这样的想法:"伏念《本草》一书,关系颇重;注解群氏,谬误亦多。"(《进〈本草纲目〉疏》)书成之后,李时珍去太仓请著名学者王世贞作序,又谈及"古有《本草》一书,自炎皇及汉、梁、唐、宋,下迨国朝,注解群氏旧矣。第其中舛谬差讹遗漏不可枚数,乃敢奋编摩之志,僭纂述之权"。李时珍意识到"本草"(药物)对于医药和民生至关重要,过往药学中的谬误直接关系到人身之安危,遂主动承担起中医古籍文献的勘误工作,力求纠正过去诸家药物解释中的错误,以保护人们的生命健康安全。

李时珍从35岁开始着手编著《本草纲目》,并发动其儿子、孙子和徒弟一起参与全书的校订和绘图任务,直至61岁方才脱稿。全书完稿之后,经过10多年的努力,于1593年由金陵(今南京市)藏书家、刻书家胡承龙刊行。就在该书刻印之时,李时珍溘然长逝,享年76岁。

李时珍一生刻苦钻研中医药知识,虚心问药于民,并实地考察药用植物、解剖药用动物、采掘和炼制药用矿物,成功完成这部医药学巨著的编纂工作。明代著名学者、《本草纲目》第一作

图2 《本草纲目》著者及刊刻者 中国中医科学院图书馆提供

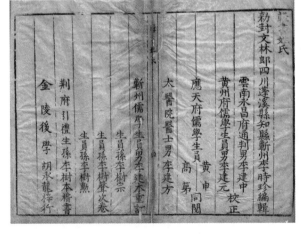

序人王世贞称李时珍为"真北斗以南一人"，郭沫若称之为"医中之圣"。当代英国著名的中国科技史专家李约瑟（J. Needham）赞其为"药物学界中之王子"。莫斯科大学将其列为世界史上最伟大的60名科学家之一。1951年2月，联合国"世界和平理事会"在德国柏林召开，在此次会议上，李时珍被推选为"世界文化名人"。李时珍为人类社会留下了极为珍贵的医药遗产，值得后人永世铭记，代代相传。

二、洋洋大观的中医药科技经典

"本草"一词首见于汉代班固的《汉书》。古代中医为什么称药学为"本草"？汉代许慎《说文解字》对"药"的定义为"治病草"。中药古称"本草"，含义是"诸药以草木为基本"。"本"就是根；"草"泛指植物。虽然中药还有动物药和矿物药，但药物中以草类为最多，这些根根草草是古代药物的主体，植物药始终占据主导地位。据第三次全国中药资源普查统计，药用植物约占87%，药用动物占12%，药用矿物占1%，因此古代将"本草"作为中药的总称。"本"又有推本、查究之意，研究"草"的学问就以"本草"为名。

公元1578年，李时珍完成了《本草纲目》后，书名始终未能确定。传说某日，他出诊归来，看到桌上的《通鉴纲目》，灵感顿生，于是提笔在洁白的书稿封面上写下了"本草纲目"四个苍劲有力的大字，《本草纲目》书名由此而定。

《木草纲目》成书后的第一个作序人与评价者王世贞在其所写序言里称："如入金谷之园，种色夺目；如登龙君之宫，宝藏悉陈；如对冰壶玉鉴，毛发可指数也。博而不繁，详而有要，综核究竟，

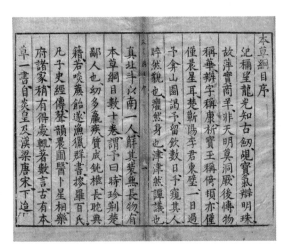

图3 《本草纲目》
序 中国中医科学院图书
馆提供

直窥渊海。兹岂禁以医书觏哉，实性理之精微，格物之通典，帝王之秘箓，臣民之重宝也。"

王世贞认为，走进《本草纲目》，就如同进入了"金谷园"。我们漫步"金谷园"，可领略中医药科学圣殿的辉煌。《本草纲目》"书考八百余家"，是为本草资料的渊薮。全书有52卷，190万字，收载了1892种药物，其中新药374种，收集药方11096个，书中附有插图2卷，绘制精美插图1109幅。

该书的前4卷相当于总论，述本草要籍和药性理论，其余48卷为药物各论。具体篇目和内容概述如下：

序例篇（第1~2卷）：介绍了《本草纲目》之前的中国古代药物学著作的内容，系统归纳了中药基本理论，并对服药禁忌、妊娠禁忌、饮食禁忌等进行了阐述。

图4 《本草纲目》
附图

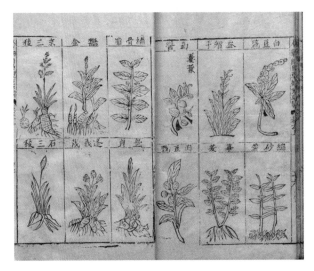

主治篇（第3~4卷）："百病主治药"。详细说明了对外感、内伤所致内、外、妇、儿科各种疾病主治药物的内容，相当于一部临证用药手册。

具体药物篇（第5~11卷）："水部、火部、土部、金石部"。细致介绍了水、火、土、金石类药物的内容。李时珍认为"水为万化之源"，也就是说，水是所

有变化的根源。他还从八卦理
论阐述了水的性质，认为水在八卦
中有坎卦的外在形象特征，把坎
卦的符号立起来，看上去就是一
个"水"字。水的属性形质是纯
粹的阴柔，触之柔和顺滑；但是
水的作用又是阳刚，不平则流淌，
遇热则升腾，滴水也能穿石，无
孔而不入。李时珍认为水之性、
味，防病、养生的人最应该潜心

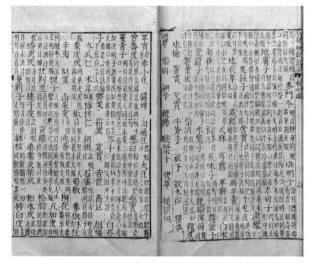

图5　《本草纲目》卷四

去研究，因此，他把水部药物放在了前面。一共43种药，分为
天水类和地水类。关于火部药，李时珍认为水和火都是人们生
活中赖以生存的基本物质。以前的本草古籍里只对水有认识，
对火则未能辨别，缺乏认识。火的功能是运行于天，藏伏于地。
《本草纲目》中一共收录了与人们日常所用的灸蘡疗法相关的
火11种。关于土部，李时珍认为土是五行的中心和最重要的一
行，是构成大地的实体。土有五色，以黄色为正色；土有五味，
以甘味为正味。关于金石部药，李时珍认为，石头是构成物质
世界的核心，是泥土的骨架。石头中的精华变为金和玉，石头
中的毒品变成礜和砒石。金石部四类，首为金类药，收录28种；
次为玉类药，收录14种；第三为石类药，收录71种之多；第
四为卤石类药，收录20种，附录27种。金石类药物一共收录
160种。

　　具体药物篇（第12~21卷）："草部"。细致介绍了草类药
物的内容。李时珍曰："天造地化而草木生焉。刚交于柔而成根荄，
柔交于刚而成枝干。叶萼属阳，华实属阴。由是草中有木，木中

有草。得气之粹者为良，得气之戾者为毒。"李时珍认为天地之间相互作用，化生出草木。草木之根柔中有刚，草木之躯干刚中有柔。按照古人的阴阳属性划分，植物的叶和萼属于阳，花和果实属于阴，因此草中有木，木中有草。该部共有610种药，分为10类：山草、芳草、隰草、毒草、蔓草、水草、石草、苔草、杂草和有名未用。

具体药物篇（第22~25卷）："谷部"。细致介绍了谷类药物的内容。李时珍曰："太古民无粒食，茹毛饮血。神农氏出，始尝草别谷，以教民耕蓺；又尝草别药，以救民疾夭。轩辕氏出，教以烹饪，制为方剂，而后民始得遂养生之道。"李时珍认为远古时代的人不吃粒食（颗粒状可食用的植物种子），只吃动物类食物。神农氏出现后，才开始尝和辨，教给百姓耕种的方法。同时，通过尝和辨，达到治病救人的目的。黄帝（轩辕氏）出现后，又教会人们烹饪的技术，并将药物进行配伍制成方剂，此后人们才开始借此治病养生。该部涉及73种药，分为4类：麻麦稻、稷粟、菽豆和造酿。

具体药物篇（第26~28卷）："菜部"。介绍菜类药物的内容。李时珍曰："凡草木之可茹者谓之菜。"李时珍认为凡是草木可以食用的部分都可以称为菜。共105种，分为5类：荤辛、柔滑、蓏菜、水菜和芝栭。

具体药物篇（第29~33卷）："果部"。细致介绍了果类药物的内容。李时珍曰："木实曰果，草实曰蓏。熟则可食，干则可脯。丰俭可以济时，疾苦可以备药。辅助粒食，以养民生。"李时珍把树上结的实称为果，草本植物结的实叫蓏。果实成熟了就可以生吃，也可以干制成果脯，患有疾病可以将其当作药物。它辅助谷物主食，滋养民生。共127种，分为6类：五果、山果、夷果、味、蔬和水果。

具体药物篇（第34~37卷）："木部"。细致介绍了木类药物的内容。李时珍把木称为植物，是五行（金、木、水、火、土）之一。共180种，分为6类：香木、乔木、灌木、寓木、苞木及杂木。

具体药物篇（第38卷）："服器"。细致介绍了服帛、器物类药物的内容。李时珍曰："敝帷敝盖，圣人不遗；木屑竹头，贤者注意，无弃物也。中流之壶拯溺，雪窖之毡救危，无微贱也。"李时珍认为用过的幔帐和被子，圣人都舍不得扔掉。在雪地的冰窖，一床毡毯就能救人于危急。在湍急的河流中，一只葫芦也能拯救溺水之人。衣服布帛，各种器物，虽然看似细碎琐屑，但是在紧急情况下可以派上用场，也能显示奇特的效果。服器类药物又分为服帛类和器物类两类，其中服帛类25种，器物类54种。在现代人看来，这些东西不能为药，事实上现代中医已经没人去使用这些药物。但它们是李时珍编写《本草纲目》时取材"不厌详悉"的一个方面。

具体药物篇（第39~42卷）："虫部"。细致介绍了虫类药物的内容。李时珍曰："虫乃生物之微者，其类甚繁。"李时珍认为虫是生物中最小的动物，种类繁多。共106种，分为3类：卵生、化生以及湿生。《本草纲目》中的虫部多属于低等虫类，主要指节肢动物门的昆虫，也包括少量两栖动物、环节动物和线形动物。

具体药物篇（第43~44卷）："鳞部"。细致介绍了鳞类药物的内容。李时珍把鳞虫分为水、陆二类。水生指鱼类，陆生指龙、蛇。类别不同，但二者均有鳞甲。他认为龙、蛇都是有灵性的动物。

具体药物篇（第45~46卷）："介部"。介部是《本草纲目》新分出来的独立的部类，把唐宋时期本草书籍虫鱼部中的介虫单独划分为介部，共 46 种，分为龟鳖和蚌蛤两类。李时珍细致介绍了介类药物的内容，认为介虫可分 360 种，龟因为是最有灵性的介虫而排首位。

具体药物篇（第 47~49 卷）："禽部"。细致介绍了禽类药物的内容。禽是指两只脚并且有羽毛的动物。李时珍的禽部导论写得十分精彩：首先，明确定义"二足而羽曰禽"；其次，说明了禽鸟羽毛随季节而换、颜色随地区而变是为了保护自己；再次，观察不同环境的禽鸟各自的生活习性。

具体药物篇（第 50~51 卷）："兽部"。细致介绍了兽类药物的内容。兽是指四只脚、身上有毛的各种动物的总称，属于地产，共 86 种。人工豢养的为畜类，共 28 种。鼠类有 12 种。兽类 38 种。寓类、怪类有 8 种，主要指猿猴等灵长类动物。

具体药物篇（第 52 卷）："人部"。细致介绍了人身上可用作药物的内容。例如乱发、爪甲、人骨等，还包括人体的正常分泌物和排泄物，如乳汁、人精、人汗等。为尊重历史，李时珍悉数收载，简略介绍并加上自己的按语，纠正谬误。其中秋石就是指从人尿中提取出来的甾类激素，西方学者李约瑟认为这是医药化学史上的重大发现。人部是《本草纲目》16 部中的最后一部，这与动物分类学序列最后是人完全一致。

对具体药物的介绍和说明包括 8 个方面：释名、集解、修治、气味、主治、发明、正误及附方。释名：罗列出典籍中药物的异名，并说明各名称的由来。集解：汇集诸家对该药产地、形态、栽培和采集的说明。修治：介绍该药物的炮制和保存方法。气味：介绍该药物的药性。主治：列举该药物能够治疗的主要病症。发明：阐明药理或记录用药体会。正误：纠正过去本草典籍中的错误。附方：介绍该药物相关的各种验方及其主治。

　　《本草纲目》采用图文并茂的方式诠释博大的药物内容。在编纂《本草纲目》时，李时珍确立了"不厌其详"的指导思想。在这种思想指导下，他广采博录古今各种药物，全书总药数达到1892种，字数达到宋代著名医药学家唐慎微《证类本草》（60万字）的3倍。就其内容的丰富性来看，《本草纲目》达到本草学史上的最高峰，是中国古代药物学之集大成者；就其表现形式来看，图文并茂的形式显得生动、直观、形象，别具一格，读来使人如临其景。

　　《本草纲目》的编纂体例独具特色。它采用了全新的"纲举目张"的体例，确定了3个层次的纲目体系，以大纲带小纲，以小纲带细目，把药物分为16部、60类、1892种三个层次。首先他采用以部为纲，以类为目的分类法对药物进行分类。改变原有的上、中、下三品分类法，采取了"析族区类，振纲分目"的科学分类法，把药物分矿物药、植物药、动物药，分列在16部，每部之下再分类。对于植物药，根据植物的性能、形态及其生长的环境，区分为草部、谷部、菜部、果部、木部共5部。草部又分为山草、芳草、隰草、毒草、水草、蔓草、石草等小类。对于动物药，则按低级向高级进化的顺序分为虫部、鳞部、介部、禽部、兽部、人部共6部。这种分类法含有生物进化的思想，受到英国生物学家、进化论的奠基者达尔文的高度重视。其次，他以基原为纲、附品为目对药物进行定种。也就是说，李时珍把药物的基原作为纲，同一基原的不同部位属于目，这样就大大缩减了药物的数目。再次，以标名为纲、列事为目，振纲分目。就是根据上面两个层次的分类方法，按照次序对各个单位药物进行叙述。总体上，《本草纲目》全书的编纂体例可用下图表示：

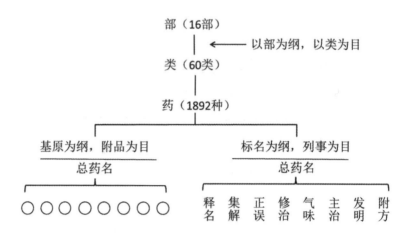

　　《本草纲目》在出版印刷方面颇具特色。采用线装，开本为27.6厘米×17.4厘米，每页包含12行，每行24个字，反映出16世纪末中国出版物的特色。《本草纲目》是中国应用雕版印刷术印刷古典文献的杰出代表。印刷所用纸张是中国造纸术的重要体现，线式装订法体现了中国古代书籍装订的基本特色。书中插图精美、形象、生动，体现出中国古代版画艺术的杰出成就。

三、非凡的学术价值和意义

　　《本草纲目》上承16世纪之前的本草学成果，下启16世纪末及之后的医药学乃至博物学先河，对中国乃至世界都产生了深远的影响，具有非凡的学术价值和意义。

　　《本草纲目》以非常独特的方式对过去几千年的药物学知识及用药经验进行了总结。《本草纲目》是一本药书，李时珍考辨药物的方法总的来说就是实际考察和文献考据两种。李时珍通过对前人的药物记载进行分析比较，结合实际调查体验来解决疑难问题。为了以方证药，展示药物实际运用方法，精选简便效验方 1 万多个。他不仅记录了 16 世纪以前东亚地区的药物学成果以及用药经验，还有意地保存了一些医学、药物学重要史料。《本草纲目》引用了前人的医学著作近 300 种，引用了中国古代经史著作 400 多部。例如，在序例篇中收录和保存了中国金代著名医学家张元素所撰写的《脏腑标本寒热虚实用药式》。在这篇书稿中，张元素在撷取前贤诸家之长的基础上，结合自己数十年的临床经验，把药物的使用与人体脏腑标本寒热虚实的变化紧密地联系在一起，使脏腑的"辩证论治"形成了一个完整的体系。脏腑辩证已成当今临床诸种辩证之基础，《脏腑标本寒热虚实用药式》则是目前为止有关中药药理理论研究的重要文献。

《本草纲目》首创科学的药物分类法。李时珍在宋代《证类本草》"部、类、种"分类的基础上，进一步发展对药品的品目分类，即在每一味药物的下面，再分列说明事项。在这些说明事项里，李时珍既收录和保存了已有的重要的药物学文献的有关叙述，又增加了许多新的内容。李时珍既在继承中创新，又在创新中不忘纠正或者补充过去学者对药物认识的错误或不足，有史以来第一次准确地提高了药物的分类标准。从这个角度上看，《本草纲目》是迄今为止不可替代的一部药物学巨著，书中所采用的药物二级分类法比瑞典生物学家卡尔·林奈的生物分类学还要早 200 年。

《本草纲目》浓缩了 16 世纪以前东亚地区的自然科学成就。除了药学，它还涉及医学、植物学、动物学、矿物学、地质学、物理学、天文学、化学、冶金学、物候学以及气象学等诸多领域的知识。在撰写《本草纲目》的过程中，李时珍始终坚持实地调查、亲力亲为和实证检验的原则，从而为现代自然科学的发展提供了可靠的实证性资料，保证了药物学研究的科学性。英国生物学家达尔文曾经称赞李时珍的《本草纲目》为"中国古代的百科全书"。可以说，《本草纲目》在当时已经成为中国古代本草著作的巅峰之作，是一部划时代的医药典籍，被誉为"东方药物巨典"。李时珍能在16世纪即从实证的角度探讨人和自然的奥秘，令世界为之惊叹，对中外药学的研究和发展至今仍具有重要的借鉴作用。

《本草纲目》为世界各国人民的生命健康做出了重要贡献。首先，《本草纲目》东传日本、朝鲜等国。公元1606年，《本草纲目》传到日本，对日本的药物学发展产生了巨大的影响。日本科技史专家矢岛祐利称之"支配了我国（日本）江户时代的本草、博物学界，其影响更远及至19世纪末叶"。自18世纪20年代初，《本草纲目》已经成为朝鲜医药工作者的重要参考工具书。19世纪，朝鲜学者徐有渠大量引用《本草纲目》的有关资料，编撰了反映自然经济和博物学的巨著《林园经济十六志》。其次，《本草纲目》西渐欧美。大约在17世纪40年代，波兰探险家、传教士卜弥格（Michael Boym，1612—1659）来华，节选《本草纲目》部分植物翻译成拉丁文，带回欧洲。此后，《本草纲目》被翻译成法、德、英、俄等20多种语言文字传播至世界各地。英国著名的科技史专家李约瑟在其《中国科学技术史》第一卷中，对李时珍及其《本草纲目》作出了极高的评价："毫无疑问，明代最伟大的科学成就，是李时珍那部在本草书中登峰造极的著作《本草纲目》。李时珍作为科学家，达到了同伽利略、维萨里的科学活动隔绝的任何人所能达到的最高水平。"此外，《本草纲目》还被大英图书馆、剑桥大学图书馆、牛津大学图书馆、法国国家图书馆、德国国家图书馆、美国国会图书馆、韩国中央图书馆等众多国外图书馆收藏。

　　《本草纲目》至今仍被中外医学、药学工作者在科研以及临床领域广泛使用，具有很高的学术价值和临床价值。

四、独具魅力的文学感染力

　　中国的中医古典文献大多文词艰涩难懂，令非专业杏林人士如读天书，不得其意。而李时珍的《本草纲目》则另辟蹊径，既融药学、医学、经学、史学、哲学、民俗学于一身，又穿插了典籍、典故、诗歌、故事、传说以及奇闻轶事，其行文体裁以及叙事风格处处散发出文学的独特魅力。比如，他对草部药物 "三七" 的描述有 500 余字，比较接近白话文中的散文体，把冰冷刻板的草药叙述得活灵活现，读起来妙趣横生，充满文学意境。

　　　三七。【释名】山漆（《纲目》）、金不换。（时珍曰：彼人言其叶左三右四，故名三七，盖恐不然。或云本名山漆，谓其能合金疮，如漆粘物也，此说近之。金不换，贵重之称也。）【集解】（时珍曰：生广西南丹诸州番峒深山中，采根暴干，黄黑色。团结者，状略似白及；长者如老干地黄，有节。味微甘而苦，颇似人参之味。或云：试法，以末掺猪血中，血化为水者乃真。近传一种草，春生苗，夏高三四尺。叶似菊艾而劲厚，有歧尖。茎有赤棱。夏秋开黄花，蕊如金丝，盘纽可爱，而气不香，花干则吐絮如苦荬絮。根叶味甘，治金疮折伤出血，及上下血病甚效。云是三七，而根大如牛蒡根，与南中来者不类，恐是刘寄奴之属，甚易繁衍。）根，〔气味〕甘、微苦，温，无毒。〔主治〕止血散血定痛。金刃箭伤、跌扑杖疮血出不止者，嚼烂涂，或为末掺之，其血即止。亦主吐血衄血，下血血痢，崩中经水不止，产后恶血不下，血运血痛，赤目痈肿，虎咬蛇伤诸病。〔发明〕（时珍曰：此药近时始出，南人军中用为金疮要药，云有奇功。又云：凡杖扑伤损，淤血淋漓者，随即嚼烂，罨之即止，青肿者即消散。若受杖时，先服一二钱，则血不冲心，杖后尤宜服之，产后服亦良。大抵此药气温，味甘微苦，乃阳明、厥阴血分之药，故能治一切血病，与骐驎竭、紫矿相同。）

上述文字通俗易懂，比喻形象，行文流畅，读来有情有趣，令人很容易领悟到药物的功能主治以及药性药效。

李时珍在介绍鲈鱼的集解中描述了鲈鱼的形状和美味，并采用了宋代诗人杨万里（字诚斋）的诗句作注释。

时珍曰：鲈出吴中，淞江尤盛，四五月方出。长仅数寸，状微似鳜而色白，有黑点，巨口细鳞，有四鳃。杨诚斋诗颇尽其状，云：鲈出鲈乡芦叶前，垂虹亭下不论钱。买来玉尺如何短，铸出银梭直是圆。白质黑章三四点，细鳞巨口一双鲜。春风已有真风味，想得秋风更迥然。南郡记云：吴人献淞江鲈鲙于隋炀帝。帝曰：金齑玉鲙，东南佳味也。

这种以诗释药的方法令人耳目一新，加深了人们对药物形态的认识。

李时珍在"木部"的导论中使用了四言韵语，简洁明了，韵味十足，读来朗朗上口。李时珍写道："木乃植物，五行之一。性有土宜，山谷原隰。肇由气化，爰受形质。乔条苞灌，根叶华实。

坚脆美恶，各具太极。"

《本草纲目》中这些明快的散文、风趣的故事、优美的诗歌、押韵的语言，无不显示出李时珍丰厚的文学素养以及超然的艺术禀赋。研读本书，读者在汲取中医药知识的同时，也从中得到了文学艺术的滋养，陶冶了性情。

五、保管保护义不容辞

据国家古籍保护中心介绍，目前存世的金陵版《本草纲目》是诸版《本草纲目》的祖本，海内外共存 8 部，国内只存 3 部，分别藏于中国中医科学院、上海图书馆和河南洛阳白河书斋晁氏藏书博物馆，国外的则分别藏于美国、德国和日本。金陵版《本草纲目》之后的古代版本可分为江西版、钱衡版和张绍棠版 3 个版本系统。

申报世界记忆名录的《本草纲目》原始版本（1593 年版）被指定为中国中医科学院图书馆古籍保护对象。根据相关的法律法规和管理规则，《本草纲目》处于中国中医科学院图书馆的监管之下。从保护的硬件条件来看，原始版本被保存在有恒温、恒湿空调装置的古籍善本书库内。书库设置了政府指定的防火安全设备，有应对出现危险情况的紧急措施。从专业人员的配备来看，馆内有训练有素的工作人员和严格的书库管理制度，能够保证原始版本的安全与完整。此原始版本原由上海名医丁济民先生所藏，后于 20 世纪 60 年代被中国中医科学院图书馆购进收藏，此后一直被安全保管在中国中医科学院图书馆。

目前，该原始版本总体保存状况良好，但由于年代久远，纸质已经发生变化，略有损毁，亟待进一步加强保护。为此，《本草纲目》的原始版本限制阅览，除非有特殊目的和请求，否则不对公众开放，但读者能够得到其复制的材料。2013年中国民间发现的明万历二十一年金陵胡承龙刻明重修本《本草纲目》，收藏于河南洛阳白河书斋晁氏藏书博物馆。该馆该书内容完整，但书品残破，阅读十分困难。不过其书名页尚存，相对于目前国内其他金陵版《本草纲目》的书名页缺失，河南洛阳白河书斋晁氏藏书博物馆所藏《本草纲目》可判断出明确的印制时间，十分珍贵。对此，国家图书馆十分重视，组织10位古籍修复专家，使用明代和清早期旧纸，采用金镶玉的修复方法，经过4年努力，完成修复。对于私家古籍收藏的保护，从国家层面来看采取的是一视同仁的保护政策，其目的是鼓励民间人士共同参与中华民族古籍的保护与抢救。

六、开发利用，造福全人类

李时珍的家乡湖北省黄冈市蕲春县蕲州镇，建有李时珍纪念馆。它占地100亩，由李时珍纪念馆、李时珍墓地、李时珍医史文献馆和药物园4部分组成。李时珍纪念馆内设李时珍纪念展览和博大精深中医药学两大基本陈列，拥有藏品10000余件（种），是中国唯一集李时珍文物、文献资料征集、收藏、研究为一体的专业博物馆，同时也是展示中国本草药标本和弘扬中华医药文化的重要场所。自1982年对外开放以来，它累计接待中外宾客千万余人次，为弘扬李时珍精神和民族优秀传统的医药文化发挥了极其重要的作用，在国内外产生了深远的影响。1987年7月，邓小平亲笔为李时珍纪念馆、药物馆题写馆名。1995年3月，李时珍纪念馆被湖北省人民政府确定为湖北省爱国主义教育基地，

1996 年 10 月被国家教育委员会、民政部、文化部、国家文物局、共青团中央、解放军总政治部等六部委联合确定为全国中小学爱国主义教育基地，1997 年 6 月被中共中央宣传部确定为全国爱国主义教育示范基地，2001 年被湖北省科学技术协会确定为湖北省青少年科普教育基地，2006 年 12 月被国家中医药管理局确定为第一批全国中医药文化宣传教育基地，2009 年 5 月被国家文物局评定为国家三级博物馆，2016 年被国家旅游局评定为 AAA 级旅游景区。

《本草纲目》自刊印以来已翻印过 100 余种，李时珍纪念馆存有 10 余种。比如，清朝乾隆四十九年冬刻书业堂版《本草纲目》，日本昭和四年（1929）东京春阳堂刊行的日文版《头注国译本草纲目》。《头注国译本草纲目》后又出增订版，名《新注校订国译本草纲目》，是目前国外仅有的《本草纲目》全译本。在申报世界记忆工程的过程中，蕲春县人民政府、李时珍纪念馆还积极协助国家有关部门做好申遗工作及相关宣传推广活动，先后举办了"《本草纲目》《黄帝内经》申报《世界记忆名录》特展"以及"中华珍贵医药典籍展览"，有力地宣传了中国古典医学文献的重要价值。2017 年 9 月，蕲春县被国家旅游局、国家中医药管理局批准为首批国家中医药健康旅游示范区。

《本草纲目》的研究者，除了医学史、医药学，其他学科领域也不乏其人。研究成果以关于药物研究的文章为最多，对于临床各科用药的探讨也呈不断上升趋势。随着人们对生活质量的追求和重视，国内高等院校以及科研院所的众多专家学者积极将《本草纲目》中的内容应用于养生和美容，如余剑萍梳理了《本草纲目》中有关美容的药物，陈永灿对《本草纲目》中的益智药物进行了整理分析，吴夏秋和周俭则从食疗养生保健的角度对《本草纲目》

中的药物进行了分析和研究，朱红云则从肿瘤病治疗借鉴的角度对《本草纲目》进行了研究。这些研究成果有力地推动了当今中医药事业的发展。学者们还从不同角度开展研究，探讨其科学价值及传统文化价值，内容涉及植物学、矿物学、动物学、训诂学、文学、民俗学等，全方位地展现《本草纲目》对整个中医药学、自然科学以及传统文化的贡献。

为推动中华文化走出去，增强国家软实力，自2005年起，国家重大出版工程"大中华文库"（汉英对照）系列丛书开始选译中医药典籍，《本草纲目》被选入其中，并于2012年问世。此举是国家层面政策指导下推动中华中医药走出去的重要举措。2011年，卫生部和国家中医药管理局印发了《中医药对外交流与合作中长期规划纲要（2011—2020）》，进一步明确了中医药对外交流和合作的目标和任务，旨在进一步推动中医药理论和实践在世界范围内的丰富和发展，促进国际社会对中医药理论及其对人类健康所发挥的医疗保健作用的认同。

2016年12月25日，全国人大通过《中华人民共和国中医药法》。其中第六章"中医药传承与文化传播"中第四十三条规定："国家建立中医药传统知识保护数据库、保护名录和保护制度。"从法律层面确定了保护中医药传统知识的紧迫性和重要性。同时，第七章"保障措施"第四十七条规定："县级以上人民政府应当为中医药事业发展提供政策支持和条件保障，将中医药事业发展经费纳入本级财政预算。"由此观之，《本草纲目》的开发和利用已经走上了政府主导的法治化的轨道。可以预见，不远的将来，伴随着"一带一路"倡议的实施，中医药作为一项重要内容，将在全球范围内发挥其积极影响，国内外研究《本草纲目》不断涌现的成果必将造福世界人民。

参考文献

1.李时珍：《本草纲目》（校点本），人民卫生出版社 1982
年版。

2.江苏新医学院编：《中药大辞典》，上海人民出版社 1977
年版。

3.冉雪峰:《冉雪峰本草讲义》,中国中医药出版社 2016 年版。

4.牟重临：《中华传统本草今述》，海天出版社 2013 年版。

5.郑金生、张志斌:《本草纲目导读》,科学出版社 2016 年版。

6.韩进林：《〈本草纲目〉的艺术美》，《黄冈职业技术学
院学报》2018 年第 4 期。

7.王忠、王成尧:《中国内地的世界记忆遗产开发利用研究》,
《山西档案》2018 年第 1 期。

8.李洪涛:《〈本草纲目〉以及世界记忆申报材料相关资料》,
中国中医科学院，2019 年。

中国西藏元代官方档案

Official Records of Tibet from the Yuan Dynasty China

王明智

元朝是我国历史上第一个由少数民族——蒙古族建立起来的全国性大一统的封建王朝。1206 年，成吉思汗建立蒙古汗国后，立即走上对内吞并、对外扩张的道路，占西夏，吞金国，灭南宋，统一中国各地；三次西征，南及印度、伊朗，兵锋延伸到俄罗斯和欧洲腹心，远至叙利亚、埃及、伊拉克等地，被人称为“世界征服者”。

在这一历史洪流中，一向偏安一隅的西藏也未能幸免，整个藏族地区被卷入统一大潮，蒙藏民族关系正是在这种历史背景下开始的。元朝皇帝扶植西藏的萨迦派宗教首领统治西藏的十三万户，不仅结束了西藏长期的分裂割据历史，使西藏正式成为中国的一个行政区域，而且开创了以宗教首领为统治阶级代表的政教合一的独

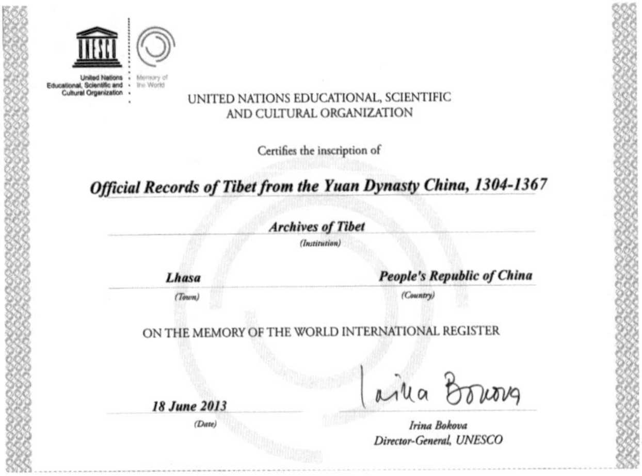
United Nations Educational, Scientific and Cultural Organization
Memory of the World

UNITED NATIONS EDUCATIONAL, SCIENTIFIC AND CULTURAL ORGANIZATION

Certifies the inscription of

Official Records of Tibet from the Yuan Dynasty China, 1304-1367

Archives of Tibet
(Institution)

Lhasa *(Town)*　　***People's Republic of China*** *(Country)*

ON THE MEMORY OF THE WORLD INTERNATIONAL REGISTER

18 June 2013 *(Date)*

Irina Bokova
Director-General, UNESCO

图 1　联合国教科文组织颁发中国西藏元代官方档案入选《世界记忆名录》证书　西藏自治区档案馆提供

特统治模式，为后来西藏地区的政教合一统治方式的创立提供了理论与实践基础。在"代管"模式下，元朝中央政府与西藏宗教首领间的文书交流频繁，由此产生了西藏元代官方档案。

一、割据分裂、政教特殊的西藏地区

在蒙古铁骑以横扫千军的威力征服亚洲诸地的历史进程中，唯有西藏是通过和平商谈归附的。究其原因，这与西藏地方特殊的政治背景和宗教文化不无关系。

公元7世纪中期，松赞干布建立了吐蕃王朝，包括今西藏、青海的大部，四川雅安地区西部至甘孜、阿坝地区和甘肃西南部在内。松赞干布当政时期，佛教从祖国内地和尼泊尔传入西藏。在统治阶级竭力扶植下，经过漫长岁月，佛教同西藏原始宗教苯教在长期斗争中逐渐互相渗透、融合，形成和发展为具有西藏特点的藏传佛教及其所属各个教派。吐蕃王朝到了赞普朗达玛时期，内部的夺权斗争愈发白热化，长期的军事扩张导致国力衰弱，加之自然灾害频发，佛教与苯教互相争斗……在各种社会矛盾交织的背景下，朗达玛试图以禁佛来缓解，并采取了极端的灭佛手段，这反倒招致其遇刺身亡。此后，吐蕃王室为争夺王位内讧加剧，引发了平民大起义，盛极一时的吐蕃王朝最终土崩瓦解。

吐蕃王朝崩溃后，西藏地区进入了长达400多年的分裂割据时期。其间西藏地区虽然在政治上是互不统属的分散状态，在意识形态方面却渐趋统一。公元9世纪末，西藏开始从奴隶社会向封建社会逐渐过渡。社会转型期，新的社会制度并未使广大民众的生活水平得到改善，当现实温饱生活难以维系时，人们转而寻求精神上的慰藉，于是融合了苯教及民间文化，具有西藏本土特色的藏传佛教再度兴起，成为这一时期维系和安抚西藏人民的精神支柱，藏传佛教各教派高僧则成为西藏民众的精神领袖，藏族民众对藏传佛教就有了更多的拥戴。从此，藏传佛教承载了民众的期许和愿景，开始在维系西藏地方社会稳定中发挥出举足轻重的作用。

公元 13 世纪中叶，西藏的封建农奴制已全面确立。各地农奴主为了给自己的封建统治披上宗教的合理外衣，纷纷与寺院集团的佛教势力合二为一，出现了服务于不同割据势力的不同教派，如宁玛派、噶举派、希解派、觉宇派、噶当派等。教派势力与世俗势力相联手，并逐渐演化成一种独特的"政教合一"的社会制度。

二、初创、发展到五祖扬名的萨迦派

萨迦派创立于公元 11 世纪，正值西藏社会由奴隶制向封建制过渡的时期，创始人是旧贵族昆氏家族。昆氏家族历代信仰旧派密教，后来随着西藏社会的发展，旧派密教越来越与西藏社会不相适用，昆·贡却杰波遵兄长之命，到芒喀地方受卓弥大译师的密法点拨，从而获得新译密续的教授与证悟，确立了自己的地位。

"萨迦"一词是藏语的音译，其本意为"灰白土"。1073 年，贡却杰波在建造寺院时，看到奔波日南侧的土地呈灰白色，展现出吉祥之相，就在此地建立了萨迦寺，创立了萨迦派。萨迦寺用象征文殊菩萨的红色、象征观音菩萨的白色和象征金刚手菩萨的蓝色来涂抹寺墙，因其色彩斑斓，故萨迦派又俗称"花教"。

萨迦寺建成后，贡却杰波亲任寺主，传授教法。《汉藏史集》载：上师贡却杰波在他四十岁之时（公元 1073 年），为具吉祥萨迦寺奠基，并在夏尔拉章所在的地方修建了一座拉章，并修建了围墙。上师贡却杰波执掌法座三十年，广做利益佛法之事业。尔后，萨迦派一直以昆氏家族为中心，采取家族亲传的方式，不断发展壮大。贡却杰波之后，其子贡嘎宁波承袭父业，师从著名法师学习显密教法，并创立萨迦派的一系列教法教义，因其精通大小五明，被尊为萨迦第一祖。其后萨迦第二祖索南孜摩和第三祖札巴坚赞先后出任住持，广招弟子，著书立说，不断扩大萨迦派在宗教界的影响。第四祖萨班·贡噶坚赞，自幼随父学习各种显教和密教经典，还向其他法师学习因明等学问，凭借渊博学识获称"萨迦班智达"而扬名西藏。他所著的《萨迦格言》在西藏文学史上享有极高声誉，为西藏文学增添了光辉的一页，深受藏族人民的喜爱。

在历任祖师的不懈经营下，萨迦派在宗教、政治、经济等方面都培育起强大的势力，这也为萨迦派和元朝建立联系创造了条件——萨迦派进展到萨班时，已经成为西藏地区政教合一的关键割据势力，其实力不容小觑。加之"萨迦派向来是血缘传承，宗教和经济权力始终高度集中于一族。这种世代相传的延续性为蒙古汗国统治者提供了可行的施政手段，邀请萨班就极有利于确保西藏长期臣服于蒙古汗国"①。

三、西藏武力难征服，凉州会谈促归顺

公元 13 世纪初，蒙古帝国风头正劲。1227 年，成吉思汗逝世后，三子窝阔台继位。上位后的窝阔台采取了连宋灭金的策略，1234 年一举灭金后，旋即将进攻矛头对准了南宋。1235 年，窝

---

① 王启龙：《八思巴评传》，民族出版社 1998 年版，第 53 页。

阔台在首都哈拉和林召开"忽里勒台"大会，决议发动"长子西征"，并亲率三路大军南伐宋朝。其中，西路军由阔端王统率进攻陇、蜀，河西地区划为阔端王的辖区。

蒙古在对南宋的征服中，采取迂回包围的战略战术。为保障蒙古与南宋在争夺四川战争中侧翼的安全，当时领有西夏属地的窝阔台皇子阔端，决定对西部辽阔的西藏地区采取军事行动，试图将其纳入蒙古汗国统辖范围。1239 年，阔端派大将多达那波带领一支蒙古劲旅进攻西藏，蒙军长驱直入，很快从青海攻到藏北，烧了热振寺和杰拉康寺。但这种所向披靡的状况也只是暂时的，蒙古大军挺进藏北后再也没有继续前进。蒙古军队逐渐深入西藏后，由于气候高寒、地广人稀、地势复杂，其行军、补给和作战，都面临诸多困难。大军在拉萨一带驻留了两年，未再与当地发生武装冲突。其间，多达那波与西藏僧俗上层频繁接触，了解西藏地区的宗教政治情况。1241 年，蒙古军队撤出西藏，长期驻屯在甘青一带。

在详细了解了西藏的政治、宗教、经济状况后，多达那波意识到西藏僧俗势力割据，各教派势力又各自为政、互不统属，并无统一政权，没有一个可供攻击的中心目标，因此很难单靠武力进行控制。即便实现了对西藏的武力征服，如何确立长期有效的统治仍是难题。多达那波从西藏回来之后便向阔端作了《请示迎准为宜的详禀》，建议阔端联合并任用代表西藏封建主势力和宗教势力的首领来协助蒙古和平统治西藏。他在报告中说："此边徼藏地，蒇林最多者，唯噶当派；通达情理者，唯达隆巴；威望最高者，唯止贡京俄；明晓佛理者，唯萨迦班智达。当迎致何人，请传王令。"

阔端接到报告后，思量再三，采纳了多达那波的建议，准备在西藏寻找一位藏传佛教人物，以表率雪域、领袖群雄、授权管理，力图以和平方式和政治手段实现蒙古对西藏的统治。他最终选择了萨迦派作为合作对象，且于1244年致信萨迦派首领萨班·贡噶坚赞，邀请他速来凉州会晤商谈。

在给萨班的《召请信》中，阔端写道："朕为报答父母及天地之恩，需要一位能指示道路取舍之喇嘛，在选择之时选中汝萨班，故望汝不辞道路艰难前来。若是汝以年迈（而推辞），那么，往昔佛陀为众生而舍身无数，此又如何？汝是否欲与汝所通晓之教法之誓言相违？吾今已将各地大权在握，如果吾指挥大军（前来），伤害众生，汝岂不惧乎？故今汝体念佛教和众生，尽快前来！吾将令汝管领西方众僧。赏赐之物有：白银五大升，镶缀有六千二百粒珍珠之珍珠袈裟，硫磺色锦缎长坎肩，靴子，整幅花绸二匹，整幅彩缎二匹，五色锦缎二十匹等。"[1]从信中可见，阔端软硬兼施，既以佛教之仁慈动其情，以武力之威慑扰其宁，又以封位奖赏为诱饵，敦促萨班以其地位和声望，去说服西藏各教派降服归依蒙古。

为避免战火，保护民众，并为传播藏传佛教，更为萨迦派的长久发展，1244年，年过花甲的萨班毅然带着两个侄子——10岁的八思巴和6岁的恰那多吉，踏上漫长旅途。历经跋涉，一行人于1246年8月抵达凉州，并在次年初，与阔端举行了具有划时代历史意义的凉州会谈。

阔端和萨班协商了西藏归顺蒙古的具体条件，在达成协议后，由萨班向全体藏民发出了归降书《具吉祥萨迦班智达致乌斯藏纳

---

① 中国藏学研究中心等编：《元以来西藏地方与中央政府关系档案史料汇编》第 1 册，中国藏学出版社 1994 年版，第 4 页。

里速各地善知识大德及诸施主书》（也译作《萨迦班智达致蕃人书》），晓谕西藏僧俗各界归顺蒙古。萨班在信中叙述了他到达凉州之后所受到的优待，赞扬阔端对佛教的虔诚敬重——"此菩萨汗王敬奉佛教……对我之关怀更胜于他人"。陈述当今天下大势，并声明蒙古已经授予萨迦派代理其管理西藏的权力，"凡以谄、诳、诡谲三种办法对待蒙古者，最终必遭毁灭"，"与蒙古交兵者，欲想以其地险、人勇、兵众、甲坚和娴熟箭法等而能获胜，终遭覆亡"，奉劝西藏各个领主权衡利害，"若能唯命是听，则汝等地方及各地之部众原有之官员俱可委任官职……汝等可派遣

图2　《也孙铁木儿皇帝颁给扎西丹寺索南坚赞和斡色尔坚赞为首僧众谕旨》（1）　西藏自治区档案馆提供

图3　《也孙铁木儿皇帝颁给扎西丹寺索南坚赞和斡色尔坚赞为首僧众谕旨》（2）　西藏自治区档案馆提供

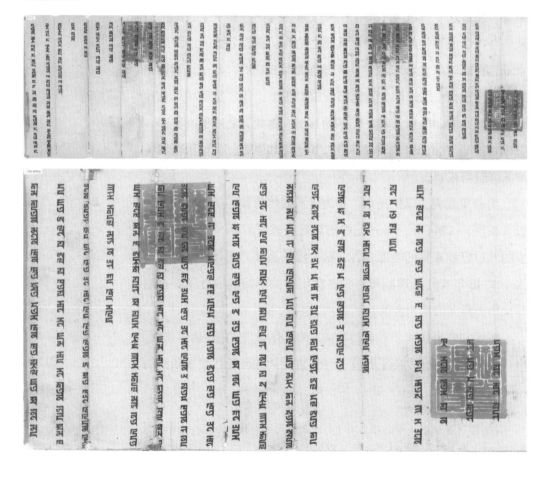

干练使者前来，将该处官员姓名、百姓数目、贡品数量缮写三份，一份送来我处，一份存放萨迦，一份由各自长官收执。另需绘制一幅标明某处已归降及某处未归降之地图，若不区分清楚，恐已降者受未降者之牵累，遭到毁灭"。① 发出"奉行蒙古法度，则必有好处"的号召，呼吁藏地各教派和平接受蒙古人的管辖。萨班的这封信在西藏僧俗首领中得到了积极回应，"当时，西藏各个地方的僧俗势力，都一致接受了这些条件"②。据《萨迦世系史》记载，"卫、藏之僧人、弟子和施主等众生阅读了此信件后，无不欢欣鼓舞"。

阔端和萨班的凉州会谈是一个重大历史事件，它奠定了西藏地区直辖于中央的基础。西藏归降后，按照传统做法，蒙古统治者立即进行户口和人口清查，掌握这一地区的人户清册，确定了贡赋形式和具体数量，并委派官员去征收，这些都明确标志着西藏正式划归蒙古汗国的领土。它开创了蒙藏关系的新纪元，也开创了蒙藏文化交流的先河。

由此看来，蒙古之所以选择以和平方式招抚西藏宗教上层，让其主动归顺，而放弃诉诸武力讨伐的简单手段，是有其多方考量的。

首先，阔端所辖区域不仅是蒙古西路军的必经之地，也是军事后防重要阵地。按当时的行政区划，阔端领地在吐蕃东北部，而吐蕃的东面已被蒙古大军占领，吐蕃的正北和西北广大地区也早在成吉思汗灭西夏时被蒙古军占领，等到阔端南进时，吐蕃已处于蒙古军包围中，面临或战或降的选择。加之，吐蕃王朝瓦解后，西藏

---

① 中国藏学研究中心等编：《元以来西藏地方与中央政府关系档案史料汇编》第 1 册，中国藏学出版社 1994 年版，第 5～6 页。

② 王森：《西藏佛教发展史略》，中国藏学出版社 2010 年版，第 209 页。

就长期处于四分五裂之中，没有统一的政权能够领导和动员大家对蒙军入侵进行有力抵抗。而且蒙古大军所向披靡，声名在外，藏地军民早已被他们的军威所震慑，失去抗敌的勇气和信心。就蒙古军方面而言，地处雪域高原的西藏，环境恶劣，交通不便，给军事征服设置了极大障碍，大规模孤军深入恐将遭遇不测、得不偿失，且西藏地域广阔，非简单以武力就能征服和进行有效统治的。

其次，西藏当时的政治经济状况是政治分裂、教派林立。以一个区域为中心的庄园式经济实体都支持着各自的教派，教派便成为封建农奴主们维护自身利益的工具，政治和宗教结合，使得当地割据局面更加复杂。各大割据势力争夺霸主的斗争从未停歇，各教派势均力敌，没有谁能有足够的力量实现统一。于是，借助外力打压对手并支持自己成为西藏更大范围内的统治者，成为各教派不约而同的选择。各大势力集团纷纷向蒙古统治者表示归顺，以寻求其支持和庇护，如止贡巴归顺了忽必烈王子，帕木竹巴、雅桑巴归顺了旭烈兀王子，达陇巴归顺了阿里不哥王子，等等，各王子则给各教派赏赐了庄园属民。[①] 西藏宗教势力与蒙古军事力量接触、寻求外援的先例，也为阔端政治解决西藏问题奠定了现实基础。所以，阔端凭借蒙古军威和强大势力，扶植一个有实力的教派代为统领全藏，政治解决西藏归顺问题是可能且可行的。

最后，藏区在元朝战略地位至关重要，以西藏为中心的整个藏族地区大部分位于青藏高原及其周围，青藏高原地处亚欧大陆的中心，与中亚、西亚、南亚相连，是元朝西部的重要屏障。西

---

① 东嘎·洛桑赤列著，郭冠忠、王玉平译：《论西藏政教合一制度》，西藏人民出版社 2008 年版，第 50 页。

藏地势高，控制着进出四方的各个关卡，向东可进出蜀汉、关中两大平原，向西可贯通中亚直至欧洲，向南可连接尼泊尔、印度及整个南亚，向北可控制整个丝绸之路，周围高山林立，易守难攻。"当蒙古汗国成功地完成了对中亚、小亚细亚、新疆以及西夏等辽阔地域的征服之后，这条线路实际上已成为蒙古维系其西征后所建辽阔帝国的命脉线，保证这一线路的畅通乃成为蒙古的当务之急。"① 于是，维护藏区的稳定对元朝的统治意义重大，关系国家的繁荣和发展。

阔端与萨班的接触为蒙藏关系建立了良好开端，阔端对藏区的招抚政策，为蒙藏之间的政治与宗教关系定下了基调，此后蒙古汗王与元朝对西藏的治理都是在此基础上进行的。尤其是忽必烈倚重八思巴，扶植萨迦派作为元朝中央在西藏的代理从而加强对西藏的控制，就是沿袭阔端政策的最好例证。

四、文化包容宗教纷呈，蒙王终选藏传佛教

蒙古崛起于朔漠，兴盛于草原，扬名于四海，经过几十年的对内统一战争和对外扩张侵略，最终建立起疆域辽阔的统一的多民族国家政权。在此过程中，蒙古族接触到诸多宗教和外族文化，开明领袖成吉思汗对此持开放态度，"教诸色人户各依本俗"。对被征服民族的文化和宗教采取兼容并蓄的方针，并不强迫被征服民族改宗，而是容许佛教、道教、伊斯兰教、基督教等共存，并从中吸收有用的元素。成吉思汗还命其后裔"切勿偏重何种宗教，应对各教之人待遇平等"。"各宗派之教师、教士、贫民、

① 彭建英：《元朝治藏方略》，《西北史地》1999 年第 4 期。

医师以及其他学者，悉皆豁免赋役"①。不仅允许宗教信仰自由，还加以保护，这种政策无疑对后来藏族僧人传法布教起到了促进作用。

在这个疆域空前广袤的帝国境内，来自五湖四海、文化背景各异的民族群处于同一政治统治下，多族群交流与融合的广度和深度都远超先前，元代文化遂呈现为兼容并存、各放异彩的多元化现象。"由于蒙古地区的地理形势是一个文化走廊地带，蒙古的宗教虔诚受到了各种外来影响的牵连，其中吸收了许多外来内容。"②可以说这一时期蒙古人的思想、信念处于一种活跃、多变的不定性状态之中，正如蒙古族学者札奇斯钦先生所言："从一个古朴简单的游牧社会，一跃而成世界之主的蒙古人，面对许多不同的文化、新奇的生活，都不能不有所爱慕和采纳，对于外来的宗教，当然也是如此。同时也因所接触的外族文化愈多、愈复杂，其原始简单的宗教，愈不会像一个有哲理和隆重法仪的宗教，更能吸引或满足这些世界征服者们的精神上的需求。这也是使蒙古人有的信奉基督教、佛教或回教的一个理由。"③

"蒙古对于自己已经征服的或准备去征服的地区，采用笼络当地的宗教领袖来帮助自己统治当地人民的政策，是自从成吉思汗以来一贯采用的政策。"④到成吉思汗孙辈承其霸业的时候，

---

① （瑞典）多桑著，冯承钧译：《多桑蒙古史》（上），商务印书馆2017年版，第184页。

② （意）图齐、（西德）海西希著，耿昇译：《西藏和蒙古的宗教》，天津古籍出版社1989年版，第357页。

③ 札奇斯钦：《蒙古与西藏历史关系之研究》，正中书局1978年版，第2~3页。

④ 王森：《西藏佛教发展史略》，中国藏学出版社2010年版，第208页。

出于自身发展的需要，他们开始按各自的喜好来选择能为自己服务的宗教。加之各教派为巩固和扩大自己的利益，分别派出使者与蒙古诸王联系，这也使得蒙古王室开始接触到了藏传佛教各派。札奇斯钦先生认为："蒙、藏两民族之间文化的融合，虽远不及蒙古与畏兀儿等突厥系诸民族，和满洲等东胡系的民族为亲密；但是蒙古与土番（吐蕃）究竟还是属于游牧民族同一类型的范畴。所以在文化距离上，彼此还是比农业民族容易接近。"[①]蒙古与西藏在文化上存在共性，两者原先的宗教信仰也基本相同，吐蕃土著苯教其实就是萨满教的一个类型，于是蒙古汗王最后选择了藏传佛教。

其实，直至藏传佛教萨迦派高僧萨班同蒙古宗王阔端进行了历史性会晤，才真正揭开藏传佛教向蒙古传播的序幕。随着凉州会谈后西藏对蒙古的归降，西藏各僧俗地方势力之间的权力平衡已经被打破，萨迦派成为蒙古管理西藏的主理人，一夜之间从割据一方的地方教派势力擢升到西藏统领者的地位。这就为后来元朝中央政府独尊藏传佛教，蒙古民族逐渐改信藏传佛教开了先河。

忽必烈掌权后，不仅在宗教上极大地提高了萨迦派的地位，而且在政治上加以大力扶持，继续选择以萨迦派首领为其代理人管理西藏，从而在西藏境内建立起政教合一的萨迦地方政权。在元朝统治的近一百年里，元中央对西藏地区的管理，多是依靠帝师去完成的，而帝师之职也一直由萨迦派高僧担任。从八思巴受封帝师直至元末，受封帝师者共14人。帝师在元朝倍受尊崇，且"帝

---

① 札奇斯钦：《蒙古与西藏历史关系之研究》，正中书局1978年版，第8页。

师之命，与诏敕并行于西土"（宋濂《元史·释老列传》）。

作为元代社会整体结构中不可或缺的组成部分，宗教在相当广泛的领域对元朝的治理产生了深刻影响。这种影响不仅体现在地区性政教合一与西藏归属等层面，更体现在以宗教社会功能实现社会制度整合、多层面的社会控制和稳定社会秩序，最终达到稳固政治统治的核心需求。

五、八思巴得王赏识，萨迦派地位独尊

1251 年，萨班在凉州圆寂，此前他将自己的法螺和钵盂传给了八思巴，八思巴成为萨迦派新领袖。作为萨迦第五祖，八思巴使得藏传佛教在元朝廷获得特殊地位，并得以顺利发展。《萨迦世系史》中称他是一位在国家统一的事业中做出过重大贡献的人物，随着他和蒙古上层联系的加深，萨迦派的地位日渐提高、不断稳固，最终萨迦派完全地参与到了元朝的统一建设中来。

1252 年，忽必烈奉蒙哥之命，绕道藏族地区，对南宋军队采取迂回包抄战术。这一战略需要穿过数千里人烟稀少的藏族游牧地区，缺乏充足可靠的后勤保障是困难的，这就需要藏族首领的支持和帮助。于是，忽必烈派人去请八思巴和噶玛拔希到六盘山与他会见。此次召见，忽必烈主要是想利用藏传佛教首领的影响力，让沿途的藏族部落向蒙军提供方便，以保障蒙军安全过藏。

年仅 19 岁的八思巴应召拜见忽必烈，其后他就一直追随忽必烈左右，"他以渊博的佛学知识、谦虚诚朴的品德、随机教化的灵活，赢得了忽必烈为首的元朝皇室的信赖和崇敬，成功地使

蒙古皇室接受了藏传佛教"①。八思巴以自己的真才实学赢得了忽必烈的赏识，就连王妃察比对他也是欣赏有加，力主忽必烈留用八思巴。1258 年，忽必烈奉蒙哥之命在开平府主持释道两教辩论《老子化胡经》的真伪，八思巴也以佛教重要代表的身份参加。大会上，八思巴大展其辩才和佛学知识，最后以八思巴为代表的佛教一方辩胜，迫使 17 名道士出家为僧、改奉佛教。这次胜利使忽必烈大为高兴，八思巴也因此更加受到重视。

八思巴除了以渊博的佛学知识深得忽必烈器重，他还巧妙地将忽必烈与佛教联系在一起，为其帝国的兴盛勾勒出神学依据，同时提出在大一统形势下加强民族之间团结的需要，提出了蒙古族、藏族、门巴族和汉族等是一家的"民族大一统"理论。② 八思巴的这些思想理论使得忽必烈对他刮目相看，很快奉他为精神上的导师。福赫伯也认为："在宗教方面，八思巴的影响主要体现在两项成就上。他向蒙古帝王们提出了一种伪历史理论，把他们纳入了佛教天国中释迦牟尼的后继者行列之中。他还为忽必烈及其继承者发展了神权统治理论。"③

图 4 《妥欢贴睦尔皇帝就任命云丹坚赞为察翁格奔不地方招讨司招讨使事所颁谕旨》 西藏自治区档案馆提供

---

① 陈庆英：《元朝帝师八思巴》，中国藏学出版社 1992 年版，第 194~195 页。

② 张云：《元朝中央政府治藏制度研究》，黑龙江教育出版社 2013 年版，第 90 页。

③ （西德）福赫伯著，黎平译：《元朝统治下的西藏人》，《国外藏学研究译文集》第 2 辑，西藏人民出版社 1987 年版。

　　除了为八思巴的思想才情所倾倒，忽必烈选择萨迦派作为代理人还另有原因。从小受祖父成吉思汗影响的忽必烈从不把宗教、政治视为毫不相干、彼此孤立的东西，他崇奉藏传佛教也是为了在政治上更有效地统治西藏地区。因为西藏地方民众笃信宗教，元朝中央要想实现对西藏最直接有效的控制，也需要一个听命于自己的教派来统领其他教派。"历史的前车之鉴告诉统治阶级，若不施以政治控制，强大的宗教力量就会被其他团体所利用，比如某个游方的和尚或道士，更甚者如叛军，有可能建立起与政权相抗衡的权力中心。"①《元史·释老列传》载："元起朔方，固已崇尚释教。及得西域，世祖以其地广而险远，民犷而好斗，思有以因其俗而柔其人，乃郡县土番之地，设官分职，而领之于帝师。"这段文献记载清楚表明了忽必烈重用八思巴的目的，主要是为了"因其俗而柔其人"，顺利有效地统治西藏。而萨迦派在藏族地区声望较高，从其创立开始便一直控制在原吐蕃王朝的权臣昆氏家族手中，且只在家族内部世袭传位，这种规定更保证了其统治权力的稳定性。

　　1260 年忽必烈即汗位建立元朝后，即封一直追随他的八思巴为国师，后又擢升其为帝师，并颁布《珍珠诏书》，命其管领所有僧众，谕示"僧众们不可违了上师的法旨"。《汉藏史籍》记载说："八思巴到了大都宫殿，为薛禅皇帝及其皇后、皇子传授了三续大灌顶，受封为帝师。薛禅皇帝向他奉献了乌斯藏十三万户及难以计数的为接受灌顶而奉献的供养。蒙古和萨迦派结为施主与福田的关系，吐蕃地方纳入了忽必烈皇帝的统治

---

　　① 杨庆堃著，范丽珠译：《中国社会中的宗教》，四川人民出版社2016 年版，第 142 页。

之下。"①忽必烈接受灌顶、皈依佛法，表明蒙古统治者正式信奉了藏传佛教，这对以后元朝治藏政策特别是宗教政策的形成有重大的影响。1264 年，忽必烈设置总制院（1288 年改为宣政院），作为管理全国佛教事务和吐蕃地区行政事务的中央机构，并命令帝师八思巴领总制院事，由此奠定了西藏政教合一体制的框架，建立起由蒙古皇帝与萨迦派共同凌驾于西藏诸派之上的新的统治体制。

忽必烈对藏传佛教的推崇，不仅实现了释教一统，"一方面，在西藏地方通过萨迦派把林立的藏传佛教各教派统一起来，另一方面，以藏传佛教为核心把全国的佛教统一起来"②，而且，通过宗教信仰的统一，促成了区域统一，在加强西藏地区与其他地区，以及藏族和蒙古族、汉族等各民族间的联系方面也起到了积极的作用，保证了边疆的稳定和元朝政权的巩固。③

六、确立政教合一制，开启西藏"代管"模式

西藏的政教合一制度肇始于后弘期，随着吐蕃王朝统一政权的崩溃，各世俗割据政权及各佛教教派在发展壮大过程中彼此吸收消融，形成了一个个政教合一制的政权，典型的有萨迦政教合一制政权、帕竹政教合一制政权、止贡政教合一制政权、雅隆王朝政教合一制政权等。直到公元 13 世纪，蒙古势力建立起包括

---

① 中国藏学研究中心等编：《元以来西藏地方与中央政府关系档案史料汇编》第 1 册，中国藏学出版社 1994 年版，第 9～10 页。

② 张云：《元朝中央政府治藏制度研究》，黑龙江教育出版社 2013 年版，第 304 页。

③ 李文萍、张付新：《元朝统治者信奉藏传佛教倚重萨迦派的原因探析》，《西藏大学学报》（社会科学版）2015 年第 1 期。

西藏在内的全国统一政权，并设置总制院（后改为宣政院）作为管理全国佛教事务和西藏地区行政事务的中央机构，确定由八思巴领总制院事，以"掌天下释教僧徒及吐蕃之境而治之"，统辖藏区民政和军政，由此结束了后弘期西藏政权林立的割据局面，建立起统一全藏的政教合一制政权。

作为管理西藏地方的最高行政机关，宣政院职能的行使是与元朝的另一个重要制度——帝师制度紧密相联的。帝师由元朝皇帝任命，是中央政府的一个特殊官吏。帝师履行宗教义务，管辖全国佛教事务，是佛教界的最高领袖。据史料归纳，帝师的权力可以总结为4个主要方面：一是依据元朝皇帝授权颁布法旨，对各教派行使管理权，负责率领僧众为皇室祈福；二是掌管西藏行政机构的划分，奖赏有功者，惩罚反抗者；三是举荐和委任西藏各级官员，本钦和各万户长由帝师举荐，皇帝任命，千户以下则由帝师任命；四是通过萨迦本钦来处理西藏的行政、户籍统计、赋税、诉讼等事务。

1265年，八思巴奉旨返回萨迦，筹建西藏地方政权。他设置了宣慰司，划分十三万户，创建"本钦"（藏语音译，意为大官）制，建立起一套完整的组织系统：帝师—总制院—宣慰司—万户府—千户所。此即以八思巴为首的历任帝师和历任萨迦法王组成的宗教权力机构，和以本钦、朗钦为主组成的行政权力机构。帝师为首的萨迦政权，以及十三万户、拉章侍从机构、本钦和宣慰司等官府设置，都是政教合一体制的组成部分。

萨迦本钦这一官职，是由萨迦教主近侍发展而来的。作为教派的高僧大德，萨迦教主会因佛法修行和教派传承耗费大量精力，无暇处理其他杂务琐事，因此宗教杂务和世俗事务通常授权给得意弟子或亲信侍从来负责掌管。"本钦"就是对帝师或住持的近侍的尊称。《汉藏史集》也记载，"本钦"
一词，是吐蕃人对上师（指帝师）的近侍所
起的专门名称。然而，直到元朝中央政府授
封八思巴为帝师，使其成为西藏领主，负责
管理西藏，萨迦本钦才从教主助理的身份发
展为元朝政府的一个地方官职，被赋予"依
照上师的法旨和皇帝的圣旨，从政教两方面
护持，使得国土安宁，教法兴隆"的职责。

　　同时，八思巴还设置了一个管理宗教事
务的机构——拉章，具体负责各项帝师职权，
此举后为各大佛寺所效法。拉章由十三种侍
从官组成，分别是：苏本（管饮食的官员）、
森本（管理卧室和被褥服装的官员）、却本（管
理供佛祭神等宗教仪式的官员）、皆本（管

理接见招待的官员）、译本（管理文书档案等事务的官员）、佐
本（管理财务的官员）、塔本（管理厨房事务的官员）、甄本（负
责引见的官员）、丹本（负责安排座次的官员）、迦本（管理驮
畜、搬迁的官员）、达本（管理乘骑的官员）、作本（管理犏牛、
奶牛的官员）、奇本（管狗的官员）。①十三种侍从官，从表面
来看是管理帝师私人生活的人员，实际上他们是帝师的近侍官，
并协助帝师管理宗教事务。

图5　《仁钦坚赞帝师为不得侵扰昆顿师长和仁钦贝桑布师长所属埃巴寺庄园等所有权办法的法旨》　西藏自治区档案馆提供

　　在元朝中央统辖下，以八思巴为首的本钦具体负责的西藏政
教合一地方政权的建立，结束了吐蕃地区宁玛派、噶举派、萨迦派、
噶当派等诸派林立、各自为大的局面，代之以元王朝及其全力推

____

① 王森：《西藏佛教发展史略》，中国藏学出版社2010年版，第230页。

举和支持的凌驾于各教派之上萨迦派的代理人统治。

七、为顺言达事，奉旨创制文字

福柯曾有言："话语即权力。"而这种权力历来为统治阶级所拥有和利用。作为横跨东西、威震中外的蒙古帝国，缺乏统一的文字确实带来了很多不便和流弊，因此蒙古统治者迫切地要求创造一种新文字，以便通过这种文字工具更直接、有效地掌握政权、巩固地位，以统治蒙、汉等各族人民。

从成吉思汗到蒙哥可汗，蒙古在与中亚交往时，多使用"回回字"，与金、宋交往时则使用汉字。"思大有为"的忽必烈深知创制独特的蒙古新字的重要性，故把这项艰巨的任务托付给了八思巴。他把创制蒙古新字作为对树立和维系元朝国威有重要作用的大事来看待，希望"新字不仅可以成为新政权的'国字'，而且能用来拼写疆域辽阔的帝国境内各个民族的语言"[①]。

1269年，八思巴奉召返回大都，奏上他奉旨制成的蒙古新字，元世祖下诏颁行天下。诏书曰："朕惟字以书言，言以纪事，此古今之通制。我国家肇基朔方，俗尚简古，未遑制作，凡施用文字，因用汉楷及畏吾字，以达本朝之言。考诸辽、金以及遐方诸国，例各有字，今文治浸兴，而字书有阙，于一代制度，实为未备。故特命国师八思巴创为蒙古新字，译写一切文字，期于顺言达事而已。自今以往，凡有玺书颁降者，并用蒙古新字，仍各以其国字副之。"八思巴奉献蒙古新字后，忽必烈赐封他为帝师，号"大宝法王"。《续藏史鉴》说："字成上之，帝大悦，遂始赐僧人

---

① 任宜敏：《萨迦派在元代的特殊地位》，《浙江学刊》2005年第2期。

统国之权。"元朝翰林王磐《拔思发行状》中也有叙："诏制大元国字，师独运摹画，作成称旨，即颁行朝省郡县遵用，迄为一代典章，升号帝师、大宝法王，更赐玉印，统领诸国释教。"

1271年，忽必烈又颁诏书规定，将八思巴创制的"蒙古新字"，改为"大元国字"，并多次诏令大力推广应用，在中央设立"蒙古国字学"，在地方设"蒙古字学"。因此，从至元年间开始，元朝的诏旨、公文、印章、牌符乃至所铸钱币，都广泛使用八思巴文，各级官吏也都必须学习和掌握八思巴文。为推广新字，元朝政府花了不少人力财力物力指导人们如何掌握使用，并出版用八思巴字对译汉语或其他语言的书籍，如《蒙古字韵》《八思巴字百家姓》等。

八思巴文字即蒙古新字，实际上是仿照藏文30个字母创制的一套方形竖写拼音字母，共41个，并参照梵文、藏文的语法规则，对用其拼写蒙古语做了若干语法上的规定。《元史》记载："其字仅千余，其母凡四十有一。其相关纽而成字者，则有韵关之法；其以二合三合四合而成字者，则有语韵之法；而大要则以谐声为宗也。"八思巴文的创制成功，是首次统一各民族文字字型的尝试，也是首次用标音符号来书写汉字的尝试，是古代文字学的一大发明创造。它反映了八思巴高深的语言学造诣，对后世汉语注音字母的创制，具有重要的启发意义。

图6 《也孙铁木儿皇帝颁给朵甘思类乌齐寺僧众谕旨》 西藏自治区档案馆提供

八思巴字自至元六年元世祖忽必烈颁布诏书正式启用到元朝

灭亡，通行于元代近百年，为后世留下了不少八思巴字古籍文献，成为中华民族宝贵的文化遗产。文字是历史文化的载体，八思巴字的创制与推广，不仅在一定程度上推进了元代社会的文明进程，而且为西藏元代官方档案的形成提供了可能。

八、元代珍档铭刻历史记忆，须科学保护利用

2002 年，首批中国档案文献遗产名录产生，时称《元代档案中有关西藏归属问题的档案》中《中国西藏元代官方档案》入选；2012 年，泰国曼谷，在联合国教科文组织世界记忆亚太地区委员会第 5 次全体大会上，《中国西藏元代官方档案》以高票成功入选《世界记忆亚太地区名录》，这也是西藏首个世界记忆亚太地区名录项目；2013 年，《中国西藏元代官方档案》正式入选《世界记忆名录》。至此，经过 11 年历程，《中国西藏元代官方档案》终于完成了入选世界记忆工程的工作。[1]

世界记忆工程是联合国教科文组织发起的项目，旨在保存和传播世界上有价值的档案和图书馆馆藏。《世界记忆名录》、《世界记忆亚太地区名录》和《中国档案文献遗产名录》分别属于世界记忆工程的世界级、地区级和国家级名录。世界记忆工程关注的是文献遗产，具体为手稿、图书馆和档案馆保存的任何介质的珍贵文件，以及口述历史的记录等。截至 2013 年，我国共有 9 份文献遗产入选，而当时全世界也仅有 299 份具有世界意义的文献和文献集入选，这彰显出入选《世界记忆名录》

---

[1]　扎西：《唤醒七百年的档案记忆——〈中国元代西藏官方档案〉成功入选〈世界记忆名录〉》，《中国档案》2013 年第 8 期。

文献的珍贵性。

中国西藏元代官方档案形成于公元 1304 年至 1367 年间，为西藏地方政权萨迦和帕竹时期。此次入选《世界记忆名录》的《中国西藏元代官方档案》共 22 件，其中，有 4 份用八思巴文书写的元代皇帝给西藏地方寺院、官员等的圣旨，是元代中央政府与西藏地方政府之间来往的重要文书档案之一。另外 18 份为当时地方政权所有者为其管辖的官员、寺庙下发的文书，如妥欢贴睦尔皇帝颁给云丹坚赞的圣旨、也孙铁木儿皇帝颁给类乌齐寺僧众的圣旨、贡嘎坚赞贝桑布帝师颁给益西贡嘎的法旨、萨迦法王颁发的法旨、丁沙鲁宣慰司官员文告等。

《中国西藏元代官方档案》主要有三个方面的内容：第一，14 世纪初、中期，元代皇帝保护西藏寺院所有产权，任命地方官员，向寺院供奉祈愿基金，优待高僧大德，确认土地所有权等。第二，14 世纪初、中期，元代帝师保护西藏寺院高僧拥有的土地所有权，拨发粮食供养高僧，任命地方官员等。第三，14 世纪至 15 世纪初期，西藏地方萨迦寺住持、蔡巴万户长贡噶多吉、乃东王、大司徒绛曲坚赞等为重申地方豪族所享有的特权，裁决家族之间因土地买卖所产生的差役更替问题，封赐土地，解决家庭纠纷，明确草场分属，免除相关差役，等等。[①] 这批档案内容极为丰富，既有对西藏地区历史文化、宗教信仰、社会变迁、行政管理的记述，也有对青藏高原的民风民俗、文化信仰、生活习惯的侧面凸显，为研究西藏和藏传佛教的历史与现状提供了佐证，是研究西藏历史不可多得的档案文献资料。

---

① 道帷·才让加：《元代西藏官方档案的初步释读与研究》，《"发展中的世界记忆"国际学术研讨会论文集》，2019 年，第 108 页。

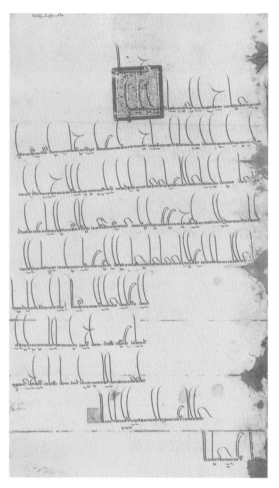

图7 《贡嘎坚赞贝桑布帝师就任命益西贡嘎为地方执法官所颁法旨》 西藏自治区档案馆提供

中国西藏元代官方档案不仅有圣旨、法旨，还有铁券文书，它们因产地和级别不同而形制各异。圣旨皆为内地产手工纸，而法旨和铁券文书则全为西藏产狼毒草藏纸。档案的文种独特，书写形式各有章法，皇帝圣旨皆用八思巴文从左至右写就，而法旨和铁券文书则用藏文从上往下书写。档案背面均用绸缎布类粘连保护，以延长档案的寿命。

最为宝贵的文书档案是4份仅存于世的元朝皇帝八思巴文官方档案原件。八思巴文被元朝廷定为统一的国书，是帝师八思巴为多语言写作发明的一组音标，能用于翻译和书写多种语言，便于元朝帝国内部的沟通、融合和政策执行。尽管在1368年元朝灭亡之后，八思巴文便不再使用，但很多专家学者都认为这种文字十分重要，为中国、韩国和中亚语言的变迁与发展提供了有用的语言线索。这些年发现了一些八思巴文字，但大多是纪念性碑文的复制件。所以，这4份文献尤其肩负着传承八思巴文自身所凝结的语言文字创制规法的使命，一旦消失或损坏，将造成人类文化史的一个缺口。①

---

① 扎西：《唤醒七百年的档案记忆——〈中国元代西藏官方档案〉成功入选〈世界记忆名录〉》，《中国档案》2013年第8期。

西藏民主改革前，历史档案散存于地方政府部门、寺院及少数贵族府邸之中，由于当时尚无一个统一的档案管理标准和要求，所以档案保存的形式各不相同，所使用的档案装具也是五花八门。西藏得天独厚的气候条件、特殊的纸张材料以及当时统治阶级对凭证的重视，是这些历史档案得以保存至今的客观条件和主观原因。20 世纪 50 年代西藏民主改革后，西藏档案人借鉴现行档案工作经验，把有关历史档案从原有的装具中取出，折叠好，用绳子扎紧后装入五节铁皮柜中。西藏自治区档案馆新馆库建成后，历史档案被迁入新库，西藏自治区政府又投入大量资金，购置了许多相应配套设备，极大改善了档案保管环境，从根本上解决了档案因受潮、浸水、鼠咬、虫蛀、积尘等原因造成损坏的问题。①

2006 年开始，西藏档案部门以确保档案安全为原则，决定采用平放、卷放、折叠等多种存放方式，选用专门为西藏历史档案设计制作的底图柜装具来保存档案。与此同时，档案整理也告别了手工编目整理的阶段，为充分利用历史档案、发挥档案存史资政作用，西藏档案部门制定了《西藏历史档案整理方案》，开发"西藏历史档案管理系统"软件，充分利用信息技术，为档案数字化整理提供强有力的服务平台，极大地加快了历史档案整理的进度。此次入选世界记忆工程的《中国西藏元代官方档案》也因此得到了有效的整理与保护。

《中国西藏元代官方档案》是元朝皇廷和西藏统治阶级所发布的文书原件，为此类档案中仅存于世的代表性文献，也是

---

① 扎西：《唤醒七百年的档案记忆——〈中国元代西藏官方档案〉成功入选〈世界记忆名录〉》，《中国档案》2013 年第 8 期。

中国存世的最古老的官方档案之一，其罕见性、独特性与珍贵性突出，堪称 14 世纪人类档案文化的标志。这部分档案文献具体再现了有关时期藏区各方面尤其是政治和宗教方面的情况，为研究元朝中央政府对藏政策、藏传佛教的发展脉络提供了有力实证。

参考文献

1. 中国藏学研究中心等编：《元以来西藏地方与中央政府关系档案史料汇编》第 1 册，中国藏学出版社 1994 年版。

2. 王森：《西藏佛教发展史略》，中国藏学出版社 2010 年版。

3. 王启龙：《八思巴评传》，民族出版社 1998 年版。

4. 杨庆堃著，范丽珠译：《中国社会中的宗教》，四川人民出版社 2016 年版。

5. 陈庆英：《元朝帝师八思巴》，中国藏学出版社 1992 年版。

6. 东嘎·洛桑赤列著，郭冠忠、王玉平译：《论西藏政教合一制度》，西藏人民出版社 2008 年版。

7.（瑞典）多桑著，冯承钧译：《多桑蒙古史》（上），商务印书馆 2017 年版。

8.（意）图齐、（西德）海西希著，耿昇译：《西藏和蒙古的宗教》，天津古籍出版社 1989 年版。

9. 札奇斯钦：《蒙古与西藏历史关系之研究》，正中书局1978 年版。

10. 张云：《元朝中央政府治藏制度研究》，黑龙江教育出版社 2013 年版。

11. 道帷·才让加：《元代西藏官方档案的初步释读与研究》，《"发展中的世界记忆"国际学术研讨会论文集》，2019 年。

侨批档案——海外华侨银信

Qiaopi and Yinxin: Correspondence and Remittance Documents from Overseas Chinese

赵云澜

侨批是海外华侨寄给国内侨眷的书信与汇款的合称，其发源于民间，流转于民间，是特定历史阶段所产生的"草根"型文献，具有很高的真实性和可信度。侨批档案是研究经济社会史、金融史、中国对外贸易史、海外交通史、中外关系史、海外移民史、邮政史、宗教史等的珍贵世界文化遗产。2010 年 3 月侨批档案成功入选第三批《中国档案文献遗产名录》；2012 年被列入联合国教科文组织《世界记忆亚太地区名录》；2013 年 6 月 19 日，侨批档案成功入选《世界记忆名录》。

一、侨批是什么

对初次接触这一名词的人来说，"侨"好理解，应指华侨、侨胞，而"批"则是广东潮汕、梅州地区和福建沿海对书信的俗称，带有浓重的地域色彩。

侨批又称"银信"，特指海外华侨通过海内外民间机构汇寄至国内的汇款暨家书,是一种信、汇合一的特殊邮传载体,广泛分布在福建、广东潮汕地区及海南等地。

一封完整的侨批包括批封和批笺。批封的正面一般会写明收批人的地址、收批人姓名、寄批人姓名、汇款的款额或者所寄物品的名称和数量,批封的背面盖有水客或批局的印戳、帮号、宣传广告和"花码字"的图案。水客是往来于国内外专门为华侨递送侨批和物件的小商贩;批局则是专为华人移民递送汇款和信件,兼有金融与邮政双重功能的经济组织。批笺则是侨批的书信主体内容部分。

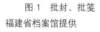

图 1　批封、批笺
福建省档案馆提供

图 2　来批、回批
福建省档案馆提供

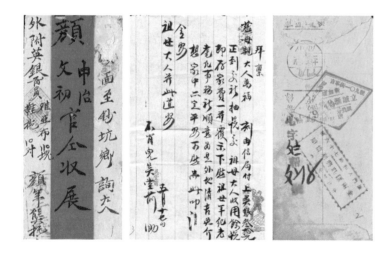

侨批有来批、回批之分。来批是海外华侨寄给国内眷属的批信,一般称作侨批的是来批。回批则是侨眷收到来批后寄出的回信,因其附属侨批而产生并且体积较小,所以俗称"批仔"。回批由于是寄往国外的回信,很少被侨胞带回国内,多留在侨居地家中,因此回批在国内的存世量比较少。

侨批还有"明批""暗批"之分。所谓"明批"也就是正常的侨批,汇款的款额或者所寄物品的名称和数量明确写在侨批的

图3　电汇单　福建
省档案馆提供

图4　批局、银行汇
票　福建省档案馆提供

批封上，而"暗批"是特殊时期的不得已做法。"二战"时期，东南亚各国与国内的侨批往来被割断，华侨不仅无法向家乡寄送钱财，甚至连信件都无法正常寄送，一些侨批局实行暗中操作，转"明批"为"暗批"，通过秘密线路递送侨批。新中国成立后，东南亚某些国家配合西方仇华势力对新中国进行政治与经济的双重封锁，禁止或限制当地华侨汇款回国，并颁布相关法令，对触犯者的惩罚极其严苛。

在此特殊环境下，各国华侨被迫采用隐秘的形式继续寄钱回家赡养亲人，所汇钱款或物品都以暗语书写，以避免当局的检查。

侨批除了最初传统的书信形式，随着银行业、邮政业介入侨批业务，还出现了电汇单、汇票等形式。

二、侨批的历史

中国自古就有百姓移居海外的历史，但自明朝开始到清朝的一段时期内，由于实行严厉的海禁政策，平民被禁止私自出海。1840 年鸦片战争爆发后，清朝政府被迫与西方列强签订了一系列的不平等条约，海禁政策被打破，不仅开放了广州、厦门、福州、宁波、上海等城市为通商口岸，还容许外国商人招聘汉人出洋工作，充当廉价劳工。此时的中国，国内战火不断，硝烟弥漫，社会动荡不安，百姓普遍生活困苦，加上西方列强也在为了殖民地的发展大量寻求廉价的劳动力，这促使广东、福建等地沿海城市的大量居民开始远渡重洋到海外谋生。早期海外打拼的华侨，主要集中在东南亚，他们多是一个家庭中的顶梁柱、主要劳动力，家中留下的父母妻儿多依赖于他们挣钱养家才能生活。因而这些在异国他乡辛勤劳动的华侨，会想方设法将赚取的银钱寄回故乡，用来赡养留在家里的亲眷；同时家里的亲人们也殷切盼望着他们的来信，希望了解他们的情况，并指望他们的汇款来解决生计。

　　清朝末期，我国金融邮政机构极不完善，海外侨胞最初主要通过民间渠道才能将银信带回家乡，随着需求量的增大，渐渐产生了专门的"水客"来进行递送，后又形成了更为完善的侨批经营机构——批局。根据现有的史料记载，侨批繁荣于 19 世纪中叶，一直到 1979 年，侨批信局划归中国银行，侨批的汇款功能由中国银行接替，而书信的功能则由日渐发达的通讯手段所替代，至此侨批完成了它的历史使命。

三、侨批的特点及重要性

　　"银信合一"是侨批最主要的特征，

图 5　清光绪十一年（1885）菲律宾马尼拉华侨寄回石狮的侨批，为目前发现最早的福建侨批　福建省档案馆提供

一封封侨批不仅是"抵万金"的家书，同时也是真实汇款的凭证和依据。而侨批档案的重要价值，一方面在于它的原生态、草根性，另一方面在于其内容的真实性和可靠性。此外，侨批的重要性还体现在内容的多样解读上，可以从多方面多角度对一份侨批所包含的内容进行研究。

（一）侨批档案的原生态特点——"草根"文献

　　侨批是一种民间原生态的档案，是一种特定历史阶段的"草根"文献。侨批作为海外侨胞向故乡留守亲眷寄送书信和汇送银钱的载体，寄送和收阅者大部分其实都是中国传统社会的普通民众，书信内容主要是询问家庭成员的情况、对子女的谆谆教诲、对侨居地现实情况的记载等零碎琐事，还有向往祖国的拳拳之心。一封侨批就是一个普通老百姓自己的故事。在从事侨批收藏近 20 年的侨批文物馆顾问张美生的侨批藏品中，有一封 1946 年高德能从香港写给澄海"上外都横陇乡"妻子的侨批，信笺长达一米，密密麻麻一千多字中记述了子女教育、人情世故等内容。这个写批人在信中写道："儿子与女儿不论将来做何职业，须欲知书识字，方可希望出人头天……暹罗猪官、狗官亦多命其子女入学校读中国书，本身亦有请中国人到其家中教中国字……"可见他深感知识的重要性，叮嘱子女要学好知识，也反映出侨胞对祖国复兴的期盼，对外国人读中国书感到的兴奋与自豪。①

　　侨批早期的流转，也是通过民间渠道完成的。侨批的递送需跨海跨洋长途运输，因当时地方邮政和金融机构尚未建立或系统不完善，难以满足方便快捷地送信汇款的需求，渐渐催生了专门

---

① 　陈史：《19 万封侨批申报世界记忆遗产》，《潮商》2013 年第 2 期。

进行侨批传递的水客。水客是侨批业的开创者，原先大多是从事水上小型贩运生意的小商贩，随着侨批递送需求的大幅增长，渐渐演变成往来国内外专门为华侨递送侨批和物件的职业。即使后期出现了垄断性的侨批局，但根据其产生途径来看，大多数也是由水客投资或客栈、商号等经济组织兼营或专业形成的。从这里可以看出，侨批的流转也带着很浓的民间性。

（二）侨批档案内容的真实可信

侨批作为家庭内部的书信往来及汇款，内容具体翔实，鲜有美化修饰，是对当时情况的真实记载，并且具有很强的连续性、完整性。比如福建泉州许书琏家族由菲律宾寄往泉州的 80 封来批和泉州寄往菲律宾的 310 封回批，曾云螺家族的 81 封侨批，皆是如此。这两个家族的侨批数量多，时间跨度从 1912 年到 1940 年，连续、系统、翔实地记录了侨胞的迁徙、在侨居地的打拼发展、侨眷的生活状况等。[①] 这些连续性的详细记载，也从侧

图 6　厦门同安籍林老全家族侨批，时间跨度从 1912 年至 1940 年　福建省档案馆提供

[①]　福建省档案局《福建侨批与申遗》课题组：《福建〈侨批档案〉的申遗之路》，《中国档案》2013 年第 8 期。

图7　由菲律宾寄往晋江的侨批，批封背面盖有"请购救国公债"印戳　福建省档案馆提供

面反映出侨居地和侨乡的现实情况、时代的特征和社会的变化。侨批因此具有完整连续、可信度高的特点。

（三）侨批档案具有多方面的研究价值

侨批档案内容丰富，涉及面非常广泛。从信件来看，书信内容不仅涉及侨胞与侨眷的家庭情况与私人事务，有的内容还反映了清代和民国时期民不聊生、灾害频发的历史，有的记述了辛亥革命时期海外华人捐款、捐物支持革命的爱国义举，还有的展示了抗日战争时期海外华人抗日救国、浴血抗战、毁家纾难的悲壮事迹。所以侨批档案可以说是真实的历史记载并带有深刻的时代烙印，是研究近代华侨史、家族史、社会史、文化史的珍贵材料，并作为抗日战争重要的档案文献受到越来越多的关注。现有侨批中遗存大量印有抗日戳印的侨批封，体现出华侨同胞们同仇敌忾的爱国热忱。有的侨批封上印有抗日歌的戳印："奉劝诸君要记得，东洋货色习不得。如果买了东洋货，便是洋奴卖国贼。"有的批笺上还直接印有"勿忘国耻"的笺头。侨批在抗战时期的作用，已毋庸置疑。

侨批流转不易，从寄出到最终收到，不仅在陆地辗转，还要跨洋过海。侨批运输过程中交通方式的多样化及随着科技的进步而产生的交通方式的演变，使得侨批成为研究地区交通、国际交通的历史素材。

广东省梅州市侨批档案馆馆长魏金华是中国侨批收藏界翘楚。魏金华的收藏品中有一张抗日战争时期从印度经中国昆明寄往梅州的侨批，成为抗战时期著名的"驼峰航线"的实物证据。信件贴有战时检查封条，封条上加盖有当时典型的带皇冠图案的英联邦八角形通过放行戳和检查戳，同时加盖有3个少见的印度检查火漆封印。

　　"驼峰航线"是抗战进入相持阶段，在日军侵占并封锁中国沿海及中南半岛的中国对外联系通道后，为保持外援能够进入中国，在美军帮助下打通的一条"生命线"。这条经印度的萨地江、汀江再到中国的昆明、宜宾、重庆等地的航线，被飞行员称为"死亡航线"，是世界战争空运史上条件最艰苦、付出代价最大的一条航线。侨批经过"死亡航线"的洗礼，能完整地保存下来，实属不易，作为那段艰苦岁月的直接史料证据，对研究抗日战争时期的中国邮政有较大帮助。

　　侨批是研究地方金融、国际贸易的绝佳材料。海外侨胞分布甚广，侨居地寄出的侨批所附汇款款项一般均为当地货币。早先，递送侨批的水客会在侨居地用侨批所附汇款购入货物，在侨眷所在地卖出后，将汇款款项金额折算为国内现有通行货币，兑付给收批人，并赚取货物的差价作为递送侨批的手续费。随着侨批的盛行、递送需求的大幅增长及侨批产业利润的刺激，催生了垄断性的侨批局，并引发了国际大银行、华资银行的介入，架起了一条由中国通往东南亚、连接欧美的国际金融网络体系，又称"海上金融之路"。

　　侨批档案除了有丰富翔实的具体内容可供学者多方面进行研究，其本身也是值得收藏的艺术品。批封上的精美图案、水客的印信、批局的各式印戳、私人所用的珍异图章、异国他乡的精美邮票，都在小小的一封侨批中有机地融合在了一起。有的侨批内容文字优美，书法令人赏心悦目，这都是历史和文化的痕迹，值得珍藏品味。这也是侨批所独有的文化属性和特质。

图 8 采用"红条封"的侨批封，印制有陶怡松兰、富贵寿考、白头永昌等不同题材图案的山水画，蕴含着丰富的中国传统文化　福建省档案馆提供

四、侨批档案的申遗之路

2013 年 6 月 19 日，在韩国光州召开的联合国教科文组织世界记忆国际咨询委员会第 11 次评审会议上，由广东、福建两省联袂申报的侨批档案成功入选《世界记忆名录》。此次入选《世界记忆名录》的侨批档案主要由广东潮汕、江门五邑、梅州及福建漳泉和福州等地的约 16 万份侨批构成，其中来自广东三大侨乡的有 15 万余件，包括潮汕侨批 10 万余件、五邑侨批 4 万余件、梅州侨批 1 万多件，福建侨批有 1 万余件。[1] 侨批档案的申遗过程漫长，此次申遗成功，不仅是对侨批档案价值的肯定，也是对为之付出心血的广大档案人最好的回报。

---

[1]　胡可征：《从"海邦剩馥"到"世界记忆"——中国侨批档案申遗工作纪实》，《广东档案》2013 年第 5 期。

（一）侨批早期价值认定及收集整理工作

人们对于侨批档案价值的认识其实有一个较长的过程。侨批是海外华侨寄给国内侨眷的书信与汇款，是属于私人的物品，大多保存在个人手中。最初学者关注和研究的是侨批在华侨汇款等金融方面的内容，20 世纪 50 年代，侨批的邮品价值被广泛关注，侨批收藏家开始大批量收购侨批。但这两拨对侨批收藏研究的热潮，只看到了侨批一部分的研究价值，并且由于其局限性，导致侨批的批封与批笺被人为分离，对侨批的完整性保存造成了不良影响。

早期侨批研究著作并不多，比较重要的有两部，一部是我国著名社会学家陈达先生著，商务印书馆于 1938 年出版的《南洋华侨与闽粤社会》，书中仅在第二编中单列"批款"一节以做研究，其中有段文字记述："自星（新）加坡至汕头，有时候并无现款汇归，因总馆与分馆，即经营银钱业或进出口货业，彼此可以划账。或有时候由星（新）加坡批馆利用收入的批款买成南洋商品（例如米）运到汕头售卖以资获利。汕头分馆虽未接南洋总馆的现款，但亦按照'批信'中所述的数目，由'派批'分送各汇款的家庭。"另一部是 1943 年由商务印书馆出版的姚曾荫所著《广东省的华侨汇款》，对批局等汇款机构有一些简短说明："（批局）营业或为专业或由一般商号兼营，其营业范围类多带有地方性。潮州帮、梅属帮、琼州帮以及福建帮为其大帮别。各大帮之中，又可按其所属县份划分为若干小帮。各帮批局的业务皆以其本县本乡者为主。在南洋如此，在国内亦然。"早期研究著作中对侨批的记述仅寥寥数语，可见侨批档案的价值并未真正被人所发现和重视。

1949 年，饶宗颐先生担任总纂的《潮州志》出版，书中翔实记载了侨批业的基本运作模式以及与侨批相关的金融、邮电等行业，同时探讨了潮汕地区侨批业长盛不衰的原因，这些都成了深入研究侨批的基础性资料。《潮州志》给予了侨批相当重要的位置，不仅在书中首创开辟了"侨批业"条目，并在《实业志》中将"侨批业"列为潮州四大商业之首，给予其高度的重视和肯定。[①]

饶宗颐先生以其敏锐的学术眼光，意识到侨批在潮汕侨乡经济社会生活中的重要性，强调侨批记载了潮汕历史的一部分，认为从侨批可以看出那个时候潮人在哪些国家及其活动，还可以从潮人活动看那个国家的经济和政治，对侨批的重要性予以肯定。可以说，《潮州志》是继《南洋华侨与闽粤社会》《广东省的华侨汇款》两书之后对侨批进行深度探讨的著作，是侨批研究的开拓性著作之一。饶宗颐先生的侨批研究为今天进一步挖掘侨批价值奠定了基础，《潮州志》也一直被视为侨批历史研究的最早最系统的参考资料，是进行侨批研究立论的根据。[②] 在之后侨批的收集、研究和展示宣传上，饶宗颐先生都起了很大的推动作用，被誉为侨批收集、研究和展示宣传的举旗人。

1991 年，潮汕历史文化研究中心成立并开始侨批的收集整理工作，潮汕侨批全方位的收集与研究工作也随之开展起来，通过向侨户征集、收藏家捐赠、向私人购买、在侨批收藏者处复制侨批光盘等形式，潮汕历史文化研究中心收集到大量侨批原件和批袋、市篮、批盒、批局信笺等侨批文物。

---

① 郑松辉：《饶宗颐侨批学术思想及其学术价值研究》，《汕头大学学报》（人文社会科学版）2017 年第 6 期。

② 郑松辉：《饶宗颐侨批学术思想及其学术价值研究》，《汕头大学学报》（人文社会科学版）2017 年第 6 期。

　　进入 21 世纪后，世界记忆工程项目在中国的开展成为侨批档案文献列入中国当代档案重要保护内容的一个契机。为了加强对重点档案的抢救工作，配合世界记忆工程项目在中国的开展，为中国档案文献申报《世界记忆名录》做好前期准备工作，2000年国家档案局正式启动了中国档案文献遗产工程，制订了《中国档案文献遗产工程总计划》，用以指导我国档案文献遗产工程的实践。

　　2000 年 11 月，在潮汕历史文化研究中心举行的"潮学讲座"上，饶宗颐教授对侨批有一段精彩的论述："徽州特殊的是契据、契约等经济文件，而且保存很多。""潮州可以和它媲美的是侨批，侨批等于徽州的契约，价值相等，价值不是用钱来衡量的，而是从经济史来看的。"① 在这里，饶先生论述的是"潮学"能否成立的问题。他借用"徽州文书"对"徽州学"的支撑作用，提出了侨批可与徽州文书"媲美"的重要观点，提醒"潮学"研究者关注侨批、研究侨批。饶宗颐教授对侨批档案价值的肯定，引起各级政府和社会各界的高度关注及海内外的强烈反响。

　　2004 年 4 月，汕头市建成国内首家以侨批为主题的文物馆——侨批文物馆。饶宗颐教授写下了"海邦剩馥，媲美徽学"的题词。从 2005 年开始，潮汕历史文化研究中心开始将收集到的 12 万多封潮汕侨批按县别、乡镇、家庭（族）分类，并以时间为序进行整理。此外，汕头大学图书馆还藏有侨批及有关资料达 3 万封（件），汕头市档案馆馆藏侨批相关档案 1.8 万多件，本地收藏家邹金盛、蔡少明、麦保尔、张美生、陈郴、陈坚成

---

　　① 陈汉初、张泽伟：《从尺素雅牍到世界遗产的华丽转身》（二），《中国档案报》2014 年 6 月 4 月。

等也收藏一定数量的侨批。另外还有大量侨批散落于民间，从数量上来看，潮汕地区公私藏侨批及相关资料已多达20余万封（件）。①

（二）侨批申遗三步走

2006年，潮汕历史文化研究中心提出侨批申遗。2007年1月，省人大代表、汕头市社科联主席陈汉初向广东省十届人大五次会议提出关于"潮汕侨批申报世界记忆遗产"的议案，引起广东省有关部门的重视，潮汕侨批申遗工作由此开始提上日程。2007年7月，广东省档案局有关领导带领江门市档案局、文化局及五邑大学有关负责人前来汕头市潮汕历史文化研究中心，商议侨批如何向国家档案局申遗问题。经过讨论商议，广东省档案局提出，汕头、江门、梅州三市联合以"广东侨批"（包括潮汕侨批、五邑银信、客家侨批）的名义，由广东省档案局申报为中国档案文献遗产，申报成功后再向联合国申报为世界记忆遗产。

2007年底，时任福建省政协委员的林少川受邀参观汕头市潮汕历史文化研究中心的侨批文化馆，深受触动，有感于闽南地区的侨批无论从历史地位还是从史料实物等方面都可与潮汕地区媲美，遂萌生闽南侨批申遗的念头。2008年1月18日，在省政协十届一次会议上，林少川联合陈小钢、陈庆元等5名泉州籍政协委员提交了《关于"闽南侨批"申报"世界记忆遗产"的建议》。提案建议由省政府出面，牵头组织将闽南侨批文化的抢救研究纳入建设文化大省的文化工程，拨付专项资金加以扶持；组织专家

---

① 陈汉初、张泽伟：《从尺素雅牍到世界遗产的华丽转身》（三），《中国档案报》2014年6月6日。

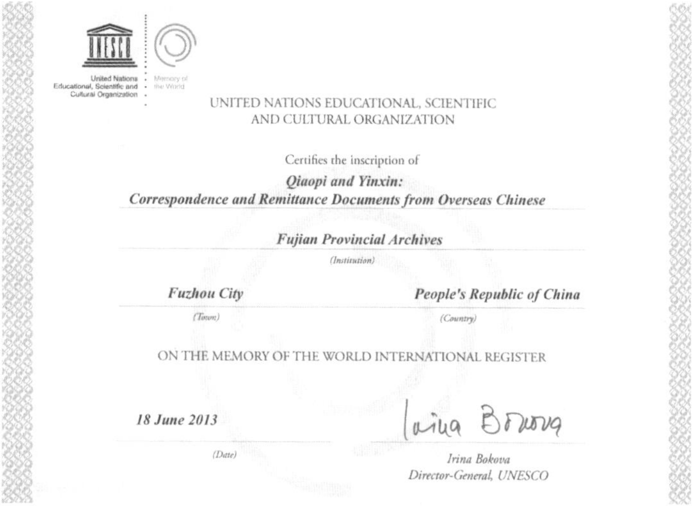
United Nations Educational, Scientific and Cultural Organization · Memory of the World

UNITED NATIONS EDUCATIONAL, SCIENTIFIC
AND CULTURAL ORGANIZATION

Certifies the inscription of
Qiaopi and Yinxin:
Correspondence and Remittance Documents from Overseas Chinese

Fujian Provincial Archives
(Institution)

Fuzhou City (Town) *People's Republic of China* (Country)

ON THE MEMORY OF THE WORLD INTERNATIONAL REGISTER

18 June 2013 (Date)

Irina Bokova
Director-General, UNESCO

图 9 联合国教科文组织颁发侨批档案入选《世界记忆名录》证书 福建省档案馆提供

学者、相关部门深入发掘、抢救、整理、研究闽南侨批文化，并申报世界记忆遗产。

2010 年 2 月 22 日，“中国档案文献遗产工程”国家咨询委员会召开会议，按照中国档案文献遗产入选标准进行认真审定，侨批档案入选《中国档案文献遗产名录》。

2012 年 5 月，侨批档案入选《世界记忆亚太地区名录》。

2013 年 6 月 19 日，由广东、福建两省联袂申报的“侨批档案——海外华侨银信”，在韩国光州召开的联合国教科文组织世界记忆工程国际咨询委员会第 11 次评审会议上，经专家投票推荐，成功入选《世界记忆名录》。

五、侨批档案的保护

早期，侨批作为私人的信件，主要留存在个人的手上，保存完好与否完全取决于个人或家庭对侨批的重视程度。随着时间的推移，有的侨批被作为家族的“传家宝”完整地保存下来，有的则因为各种原因被销毁或被当成废旧品贱卖。20 世纪 50 年代，民间收藏家开始注意到侨批的邮品收藏价值，但局限于批封的收藏，大量批笺被丢弃，对侨批真正意义上的保护还无从说起。此后对侨批的收集和整理更多的是民间收藏家的自发行为。2000 年 11 月，饶宗颐先生对侨批的价值做了重要论述，称侨批价值可媲美徽州契约文书。这一论断不仅拉开系统研究侨批文化的序幕，也大大推动了侨批的收集与整理工作。

（一）广东省对侨批档案的保护

2007 年，随着"潮汕侨批申报世界记忆遗产建议案"的提出，广东正式开展侨批档案申遗工作，使得侨批档案的保护、抢救工作开始由民间层面正式上升到政府工作行为。广东省档案局将侨批申遗列为重点工作，坚持以申遗带动保护、开发的创新目标，组织实地调研，了解侨批的存世状况、历史作用和遗产价值，制订广东侨批（含潮汕侨批、五邑银信、梅州侨批）申遗工作方案及保护、抢救计划，部署并指导侨批档案较为集中的汕头、江门、梅州市开展普查、征集、整理、修复、数字化等工作。

2009 年 2 月，中国首家侨批档案馆在汕头成立，并在 2010 年 12 月 23 日正式举行挂牌仪式；随后江门、梅州也成立侨批馆，对侨批的收集、保护、宣传都起到了非常重要的作用。广东省档案局主动联合地方文博机构，集中力量，对相关辖区内散存于民间的侨批档案进行全面的普查、征集和整理，要求民间组织收藏的侨批由相关市档案馆提供专门库房进行保管，并纳入档案部门的业务指导范围。

据 2012 年"侨批档案——海外华侨银信"申报《世界记忆名录》文本统计，广东省内的侨批档案主要保存在档案馆、博物馆和文物局等部门，总数约 15 万件。其中，广东省档案馆收藏了部分侨批实物和全省 15 万件侨批的电子文档，潮汕历史文化研究中心收藏侨批 10 万件和相关档案 3000 件，汕头市档案馆收藏侨批和相关档案 1819 件，江门五邑华侨华人博物馆收藏五邑银信 38000 件、相关档案 2000 件，梅州市档案馆收藏侨批 12886 件、相关档案 6766 件，开平市文物局收藏侨批 1216 件、相关档案 800 件。根据现有的档案遗存，侨批最早产生于 18 世纪 80 年代（清朝乾隆后期），直到 1979 年侨批业务归口中国银行管理，历时近 200 年，其中以清末、民国至中华人民共和国时期的侨批居多，完整而系统。①

根据联合国教科文组织制定的《世界记忆：保护文献遗产总方针》的有关条款，文献遗产在申报时必须提供关于是否已经建立了适当的保管和保护机制的管理计划，并规定如果某文献遗产已遭毁坏，或其完整性已经遭到损害，该文献将从名录中被除名。因此，在侨批档案列入《世界记忆名录》后，广东省将工作重点转移到以开展立法加强对侨批档案的保护管理为主，扎实开展侨批档案的保护管理工作，遵守对国际社会的庄严承诺。2017 年 12 月 8 日，《广东省侨批档案保护管理办法》经广东省人民政府常务会议审议，省长马兴瑞签发，以广东省人民政府令正式颁布，并于 2018 年 3 月 1 日起正式施行。《广东省侨批档案保护管理办法》是国内首个颁布的对列入《世界记忆名录》的档案遗产进行保护管理的政府规章。该规章共 18 条，主要内容包括明确侨批档案的定义和保护管理的基本原则，明确政府及其部门的职责分工，规定公立文化机构、个人的保管责任和义务，设定形式多样的鼓励支持措施等。

---

① 许晓云：《创新开展保护与开发助推侨批档案成功申遗》，中国档案学会编《档案事业改革与创新：2013 年全国青年档案工作者研讨会论文集》，中国文史出版社 2013 年版，第 272～279 页。

（二）福建省对侨批档案的保护

2009 年，随着福建侨批档案申遗工作的正式启动，福建省档案局成立侨批档案申报工作领导小组，负责侨批档案申遗的组织协调工作。福建省档案局加大对侨批档案集中地档案馆侨批档案征集与保护经费的投入，开展全省侨批档案资源普查工作，并支持档案馆向民间开展侨批档案征集。福建省各市县开展侨批局遗址、史迹的踏勘拍摄工作，建立口述侨批历史影像和录音档案。各级档案馆对侨批档案进行规范化管理，确保馆藏侨批档案的安全，并不断推进侨批档案整理与数字化工作，积极促进侨批档案利用社会化。福建现存的侨批档案时限主要集中在清末和民国时期。

到 2013 年为止，福建省调查到的可提供目录的侨批档案有 4 万余件。其中，福建省档案馆收藏侨批及相关档案文献共有 10000 余件，泉州市档案馆收藏侨批实物 3125 件、复制扫描件 30991 件，晋江市档案馆收藏侨批实物 3342 件，晋江市博物馆收藏侨批实物 147 件，漳州市档案馆收藏侨批实物 14 件，厦门市档案馆收藏侨批及相关档案文件 1585 件，福清市档案馆收藏侨批实物 24 件，古田县档案馆收藏侨批实物 18 件，南靖县档案馆收藏侨批实物 67 件，泉州市华侨历史博物馆收藏侨批实物 28 件。档案内容涉及几十年持续往来的家族侨批、侨批局形成的原始文件、海内外侨批同业公会形成的原始文件、政府侨批管理政策以及官方金融机构形成的侨批（侨汇）业务汇总文件等。[①]

---

① 福建省档案局《福建侨批与申遗》课题组：《福建〈侨批档案〉的申遗之路》，《中国档案》2013 年第 8 期。

六、侨批档案的研究与利用

为推动侨批档案申报《世界记忆名录》工作，广东、福建两省都积极加强侨批档案的研究与开发利用工作。

广东省档案馆特编辑出版了《海邦剩馥——广东侨批档案》，该书分为"特定的背景""特别的运作""特殊的纽带""特色的遗产"四大章，全面介绍了广东侨批产生的背景、运行模式、历史作用等情况。福建省档案局组建侨批研究课题组，编印了《福建侨批档案目录》，出版了《百年跨国两地书——福建侨批档案图志》。

2012年12月，福建省社科联2012年年会分论坛"中国侨批·世界记忆"国际学术研讨会在福建省档案馆召开。此次研讨会突破了以往侨批研讨会学术力量薄弱的困境，会聚了来自日本、新加坡、泰国等地和国内的多位侨批研究专家，涌现出一批最新的学术研究成果，同期举办的"百年跨国两地书——福建侨批档案展"同样引起了与会专家的关注和社会的积极反响。

2013年4月19日，由国家档案局、广东省人民政府、福建省人民政府联合主办的"中国侨批·世界记忆工程"国际研讨会在北京召开，主题是关于中国侨批档案的世界价值、意义及影响。同时，"海邦剩馥——中国侨批档案展"也在人民大会堂举办。国家档案局局长杨冬权、广东省副省长许瑞生、福建省副省长李红出席此次国际研讨会开幕式并致辞。联合国教科文组织驻华代表处信息与传播官员安卓，世界记忆工程国际咨询委员会委员、世界记忆工程亚太地区委员会主席瑞·埃德蒙森，世界记忆工程国际咨询委员会委员露西安娜·杜兰蒂、茹加亚·阿布哈孔、徐敬浩，世界记忆工程国际咨询委员会特别顾问朱福强等应邀出席研讨会。此外，还有来自美国、加拿大、英国、日本、新加坡、马来西亚、泰国等国家，以及国内档案系统，部分高校、科研机构、侨批收藏界的专家学者，主办方、承办方等相关部门的同志，中央和粤闽两省新闻传媒的记者，共 120 多人参加研讨会。此次研讨会的成功举办为中国侨批档案最终入选《世界记忆名录》打下了坚实的基础。①

除此之外，2013 年初，福建省档案局（馆）和泉州市档案局（馆）分别在泰国曼谷、新加坡举办了"百年跨国两地书——侨批档案展"和"家书抵万金——新加坡侨批文化展"。

申遗期间的这些展览和专著都将侨批档案更进一步展现在社会大众面前，让更多的社会人士认识和了解侨批档案的重要性及特殊价值，这对推动侨批档案申遗发挥了重要的作用。

申遗成功后，了解侨批、研究侨批的热潮持续高涨。广东省档案局（馆）面向全社会发起了"侨批故事"征文活动，并从中选择优秀征文，汇编出版了《侨批故事》一书。全书包括"侨批往事"和"侨批杂谈"两部分，展现了一个半世纪广东海外华侨移民的奋斗历史，真实记录了近代侨居国（地）和广东侨乡社会的历史变迁，有力见证了近代中西文化的交流与融合。2019 年 6 月 6 日，由福建省档案馆编、国家图书馆出版社出版的《福建侨批档案文献汇编》举行首发仪式。全书共 25 册，精选侨批档案文献进行系统全面整理，在国内侨批研究领域尚属首例，是福建省侨批档案系统整理开发的阶段性成果。这些档案文献绝大部分为首次公开面世，为系统认识清末以来国内外

---

① 许晓云：《创新开展保护与开发助推侨批档案成功申遗》，中国档案学会编《档案事业改革与创新：2013 年全国青年档案工作者研讨会论文集》，中国文史出版社 2013 年版，第 272～279 页。

侨批业的发展脉络、批局运营发展历程、政府对侨批国内外业务运营的监督管理提供了原始档案凭证，具有较高的学术研究价值和史料价值，有助于进一步深入挖掘和阐释侨批档案的历史价值和世界意义。

七、结语

侨批档案入选《世界记忆名录》的意义十分重大。作为承载着海外华侨华人思乡念家之情的家书，浸润着努力打拼汗水的汇款，侨批记载了海外华人的奋斗历史与思乡情结、家庭情感，也饱含着异国的情调。侨批是一个涉及成千上万人的感情纽带，承载了太多人的记忆，这份文献遗产是独一无二的、珍贵不可复制的。侨批档案的申遗成功，不仅是对侨批档案历史价值的肯定，而且促进了对侨批档案的重视、保护与利用。关于侨批档案的保护与利用，不仅需要政府的重视和持续性的投入与支持，更需要全社会的重视。

参考文献

1. 张国雄：《广东侨批的遗产价值》，《广东档案》2012 年第 1 期。

2. 孔令源：《侨批申遗，唤醒"世界记忆"》，《广东档案》2012 年第 2 期。

3. 罗堃：《"侨批档案"申遗成功》，《潮商》2013 年第 3 期。

4. 胡可征：《从"海邦剩馥"到"世界记忆"——中国侨批档案申遗工作纪实》，《广东档案》2013 年第 5 期。

5. 王炜中：《为"中国侨批""申遗"尽心尽力的潮汕历史文化研究中心》，《广东档案》2013 年第 6 期。

6. 福建省档案局《福建侨批与申遗》课题组：《福建〈侨批档案〉的申遗之路》，《中国档案》2013 年第 8 期。

7. 许晓云：《创新开展保护与开发助推侨批档案成功申遗》，中国档案学会编《档案事业改革与创新：2013 年全国青年档案工作者研讨会论文集》，中国文史出版社 2013 年版。

8. 陈汉初、张泽伟：《从尺素雅牍到世界遗产的华丽转身》（二），《中国档案报》2014 年 6 月 4 日。

9. 陈汉初、张泽伟：《从尺素雅牍到世界遗产的华丽转身》（三），《中国档案报》2014 年 6 月 6 日。

10. 郑松辉：《饶宗颐侨批学术思想及其学术价值研究》，《汕头大学学报》（人文社会科学版）2017 年第 6 期。

11. 陈史：《19 万封侨批申报世界记忆遗产》，《潮商》2013 年第 2 期。

南京大屠杀档案

Documents of Nanjing Massacre

许 茵

2015 年 10 月 10 日，联合国教科文组织官方网站上公布了 2014—2015 年度新入选《世界记忆名录》的项目名单。在总共 47 个入选项目中，中国申报的《南京大屠杀档案》榜上有名，申遗成功。这一年，恰逢世界反法西斯战争和中国抗日战争胜利 70 周年；这一年，距离 1937 年 12 月 13 日南京大屠杀惨案发生已 78 年之久。时间虽逝，记忆难忘。作为"二战"史上"三大惨案"之一的南京大屠杀因其档案申遗成功，在世界人类历史的车轮上烙下了永远无法抹去的血色印记。

图 1 联合国教科文组织颁发《南京大屠杀档案》入选《世界记忆名录》证书 中国第二历史档案馆提供

一、历时 8 年的漫漫申遗路

（一）成功入选《世界记忆名录》

1937 年 12 月 13 日，

侵华日军攻占南京，在此后的一个多月里，对手无寸铁的平民和放下武器的士兵实施了血腥的屠杀，制造了惨绝人寰的南京大屠杀。南京大屠杀与波兰奥斯维辛集中营、日本广岛长崎核爆一起被国际史学界称为"二战"史上的"三大惨案"。

《南京大屠杀档案》申报世界记忆遗产项目，自2008年8月起至2015年10月，历时8年，可谓漫漫申遗路，历经艰难曲折。

《南京大屠杀档案》申报世界记忆遗产的想法最初源于联合国教科文组织文化委员会主席卡门·帕拉迪女士。2008年8月的一天，卡门·帕拉迪女士来到南京，参观了位于南京江东门的侵华日军南京大屠杀遇难同胞纪念馆。当看到记录南京大屠杀惨状的"马吉影像"，包括约翰·马吉（John Magee）的16毫米的胶片母片、胶片盒、摄影机以及美国《生活》杂志当时刊登的约翰·马吉拍摄的10张照片时，她被影像中呈现出的被烧焦的尸体、被奸淫的妇女和儿童等惨不忍睹的场景所震惊。卡门·帕拉迪女士觉得这些档案太有价值和警示意义，提出《南京大屠杀档案》应该申报世界记忆遗产并加以保护的建议。

2009年1月，值南京市召开第十四届人大二次会议之际，时任侵华日军南京大屠杀遇难同胞纪念馆馆长朱成山与9名南京市人大代表联名起草了关于《南京大屠杀档案》申报世界记忆遗产的提案（第0255号提案）。该提案被列入当年南京市十大重要提案之一。由此，《南京大屠杀档案》在申遗的道路上迈出了第一步。

按照《世界记忆名录》的申报程序和规定，项目申报须以国家的名义进行。也就是说，只有列入《中国档案文献遗产名录》的档案文献，方可申报《世界记忆名录》。2009年4月，侵华日军南京大屠杀遇难同胞纪念馆与中国第二历史档案馆、南京市档案馆经协商决定携手合作。2010年2月22日，中国第二历史档案馆、侵华日军南京大屠杀遇难同胞纪念馆、南京市档案馆启动了"捆绑申遗"项目，将各自保存的《南京大屠杀档案》以联合申报的方式申报中国档案文献遗产。经"中国档案文献遗产工程"国家咨询委员会专家的审定和评选，形成于1937年至1948年的5组《南京大屠杀档案》，于2010年2月成功入选第3批《中国档案文献遗产名录》。《南京大屠杀档案》申遗首战告捷，取得了可喜的成绩。

2012年7月23日，南京市人民政府下发宁政发（2012）210号文，成立以南京市委常委、副市长郑泽光为组长的"南京大屠杀档案申报世界记忆遗产工作领导小组"，拨出专项申遗经费，正式启动了申报《世界记忆名录》工作。

为确保《南京大屠杀档案》申遗能获得成功，中国第二历史档案馆、侵华日军南京大屠杀遇难同胞纪念馆以及南京市档案馆领导多次赴京，向国家档案局中央档案馆、外交部领导汇报申遗工作进展情况，得到了国家档案局中央档案馆等有关部门的大力支持和重视。与此同时，三馆还派人专程奔赴北京中国第一历史档案馆、云南丽江市东巴文化研究院等申遗成功的单位，向他们学习档案申遗成功的经验。

取经归来，专家们意识到申遗工作的基础和关键在于档案的选择。在国家档案局领导的具体指导下，负责申遗的专家们经过认真商讨和研究，了解到世界记忆工程项目关注的是所申报项目的真实性、世界性、独一无二性以及不可替代性。考虑到所申报项目不仅要经得起世界级专家的审视，而且尤其是要经得起日本右翼势力的挑剔，专家们最终决定提交申遗的每一件档案样本都必须选择档案原件，坚持用真实的记载来呈现历史的真相。

2014年联合国教科文组织再次启动了两年一度的世界记忆遗

产工程的申报工作。同年 3 月，国家档案局决定将《南京大屠杀档案》和《慰安妇——日军性奴隶档案》列为此次中国申报世界记忆遗产的两大项目。此次，国家档案局提出增加中央档案馆、辽宁省档案馆、吉林省档案馆、上海市档案馆 4 家档案馆所藏南京大屠杀档案资料，连同之前申报的 2 家档案馆和 1 家纪念馆，申报单位扩大到 7 家，申报的档案文件样本也在之前的 5 组基础上有了大幅的增加。专家们会聚在中国第二历史档案馆和侵华日军南京大屠杀遇难同胞纪念馆，多次召开《南京大屠杀档案》申报世界记忆遗产论证会，研究商讨如何撰写、翻译《世界记忆遗产名录提名表》的文本内容及如何选择并提交相应的具有代表性的图片等事宜。国家档案局中央档案馆领导先后多次陪同联合国教科文组织世界记忆工程国际咨询委员会有关专家到中国第二历史档案馆等单位参观，实地阅看南京大屠杀档案原件，听取有关情况的介绍。为确保申遗文稿翻译的质量，国家档案局还聘请国家外文局和外交部的有关专家，对《世界记忆遗产名录提名表》的文本和图片说明的英文翻译稿进行反复修改和核校。2014 年 3 月 30 日，国家档案局中央档案馆以世界记忆工程中国国家委员会名义，向联合国教科文组织世界记忆工程秘书处正式递交了《南京大屠杀档案》和《慰安妇——日军性奴隶档案》的《世界记忆遗产名录提名表》。

2015 年 10 月 4—6 日，世界记忆工程国际咨询委员会第 12 次会议在阿联酋阿布扎比举行，与会人员在 3 天内完成包括中国申报的《南京大屠杀档案》在内的全球约 90 项关于世界记忆遗产的提名。中国组成了以中央档案馆馆长、国家档案局局长李明华为团长的中国档案代表团，侵华日军南京大屠杀遇难同胞纪念馆馆长朱成山、上海师范大学苏智良教授以随团专家和观察员身份参加了会议。会议期间，14 位国际咨询委员会委员对候选《世界记忆名录》项目进行了讨论，后将建议入选的名单提交联合国教科文组织作最终审议。2015 年 10 月 10 日（法国当地时间 10 月 9 日晚），联合国教科文组织发布了令人振奋的官方消息，《南京大屠杀档案》正式入选《世界记忆名录》，尘埃终于落定。

（二）申遗路上遭到阻挠

回首申遗之路，《南京大屠杀档案》申报《世界记忆名录》一事，一路走来颇为曲折。刚开始申报时，国家档案局就意识到申遗工作不会那么简单顺利。果不其然，2014 年 6 月 10 日，当中国外交部宣布中国申遗有关消息后，日本政府即通过驻华大使馆交涉，要求中国撤回申报，并不断向联合国教科文组织以及评审咨询委员会委员递交书面报告，完全不顾"二战"后远东国际军事法庭、南京国际军事法庭有关南京大屠杀的历史判决，根本否定南京大屠杀的事实存在。日本内阁官房长官菅义伟指责中国的申报是"基于政治目的"，称"这是在一味强调中日过去某段时期内的负面遗产"。[①]菅义伟还拿遇难人数说事，说具体遇难人数尚存各种疑问，政府难以作出判断。2015 年 10 月 10 日，日本外务省发布"新闻官谈话"，质疑中方申报材料的完整性和真实性，指责联合国相关机构缺乏公平性，还指出申报资料存在所谓学术疑点。日本媒体也纷纷发布了相关新闻，《每日新闻》称，《南京大屠杀档案》成功入选《世界记忆名录》，将进一步扩大中日两国间在历史问题认识上的鸿沟。

---

① 《日本百般阻挠南京大屠杀申遗 声称影响中日关系》，"新华网"，2015 年 10 月 4 日。

对此，中国外交部发言人华春莹就中国为《南京大屠杀档案》和《慰安妇——日军性奴隶档案》申报世界记忆遗产一事郑重表态：中国将有关南京大屠杀和日军强征慰安妇的一些珍贵历史档案进行申报，目的是牢记历史，珍惜和平，捍卫人类尊严，以防止此类违人道、侵人权、反人类的行为在今后重演。她还表态说：南京大屠杀是第二次世界大战期间日本军国主义犯下的严重罪行，是国际社会公认的历史事实。中方申报材料完全符合《世界记忆名录》的评审标准，特别是真实性和完整性的标准，申报程序符合联合国教科文组织有关规定，应成为全人类的共同记忆。中国常驻联合国教科文组织代表张秀琴表示：这项申遗是对中国保存的南京大屠杀档案给予的肯定，是对该档案真实性和唯一性的认可，也是对文献遗产保存完整性的最高赞誉，具有世界意义。

事实上，针对日方的歪曲与指责，中方也针锋相对，特别是选送的有关样本档案完全可将日方的反对置于不利与无效之境地，使《南京大屠杀档案》的历史价值和世界意义凸显。

与此同时，在日本国内，一些有良知的人士对于日本右翼势力肆意篡改历史的行径感到无法容忍。20 世纪 80 年代，以本多胜一和笠原十九司为代表的日本学者就成立了南京事件调查研究会，对日本右翼势力否定南京大屠杀的观点进行驳斥。松冈环等日本民间友好人士 30 多年来一直往返中国和日本之间，多次来到中国第二历史档案馆等国内档案馆查阅档案，并走访了 300 多名南京大屠杀幸存者及 250 余名日本士兵。近年来，村山富市、海部俊树、鸠山由纪夫等日本前政要陆续造访南京，向南京大屠杀遇难者们致以歉意。

中国申报的《南京大屠杀档案》最终成功入选《世界记忆名录》，再次表明铁证不容篡改，历史不容抹杀，史实不容歪曲。

二、典藏在档案馆和纪念馆的申遗档案

（一）申遗档案的典藏分布

成功申遗的《南京大屠杀档案》共计 183 卷，1 万多页。主要源自中央档案馆、中国第二历史档案馆、辽宁省档案馆、吉林省档案馆、上海市档案馆、南京市档案馆、侵华日军南京大屠杀遇难同胞纪念馆 7 家机构。

中央档案馆收藏了中华人民共和国司法机构侦查、起诉、审判日本战犯的档案。1950 年 7 月 20 日，苏联将其 1945 年 8 月出兵东北时捕获的日本战犯 969 名移交中国，这些战犯后来被关押在辽宁抚顺战犯管理所。中方捕获的日本战犯 130 余名被关押在山西太原战犯管理所。这些日本战犯经过侦讯和教育改造，于 1956 年 6 月接受中华人民共和国最高人民法院特别军事法庭审判。中央档案馆收藏的档案中就包括中野忠之寿、太田寿男、东口义一、永富博之等日本战犯供述自己参与及了解南京大屠杀暴行形成的口供和笔供档案。如参加南京大屠杀的日军第 6 师团步兵 23 联队 4 中队 1 小队 3 分队长中野忠之寿供称："我在中队长尾形的指挥下，率领部下 10 名与中队主力 100 名一同从破坏口侵入城内，持枪侵犯中国和平人民的住家 240 户，逮捕中国妇女 2 名及抗日军少尉军官刘某，并将中国和平人民男女老少 2400 名驱至东北方下关，在下关及杨（扬）子江上的舟筏里，以重轻机及步枪，对他们做了大屠杀。"① 又如日本战犯永富博之，作为东京国士馆学生代表于 1938 年 1 月被派往上海、南京等地参观。

----

① 李明华主编：《世界记忆名录——南京大屠杀档案》第 1 辑第 1 册，南京出版社 2017 年版，第 3 页。

在南京下关，日军用汽车从金陵大学运来诱捕的 15 名中国俘虏，在日军指挥官的劝说下，永富博之借用日军步枪将一名跳到江中的俘虏打死。他在供词中称，在来下关途中及下关一带，看到"四周有着好几万连数都数不清的尸体，到处都是，遂使大家目瞪口呆……"①

中国第二历史档案馆收藏的南京大屠杀期间日军暴行档案主要有：《程瑞芳日记》；中国红十字总会档案，包括中国红十字会南京分会开展施粥、施诊、掩埋遇难同胞遗体工作报告；世界红卍字会中华总会档案，包括世界红卍字会东南主会报告南京难民区救济情形及办理南京兵灾赈济收支报告；南京国际救济委员会（前身是南京安全区国际委员会）档案，内容主要是南京国际救济委员会秘书史迈士（Lewis S. C. Smythe）关于南京国际救济委员会工作情况致上海红十字会负责人贝克（J. E. Baker）函，函中提及有关南京大屠杀期间造成的悲惨境况；私立金陵大学档案，内容包含私立金陵大学校产损失及修复估价统计；汪伪政府赈务委员会档案，主要是关于汪伪政府赈务委员会接收南京市民陈述南京大屠杀时期受害请求救济的呈文；国民政府战争罪犯处理委员会档案，包括该委员会提出战犯名单、颁布逮捕战犯命令、审核审判执法情况、引渡战犯及审核战犯名单等内容。当时南京审判战犯军事法庭负责对南京大屠杀案进行调查、起诉、审理和判决，其间形成了一批南京大屠杀档案。其中包括日军为炫耀战争淫威自行拍摄的暴行照片、慈善团体掩埋遇难同胞尸体统计表、南京大屠杀案敌人罪行调查表、谷寿夫案法庭庭审证人证词、

---

① 李明华主编：《世界记忆名录——南京大屠杀档案》第 1 辑第 1 册，南京出版社 2017 年版，第 391 页。

留宁外籍人士证词、谷寿夫案起诉书和判决书、英国《曼彻斯特卫报》派驻中国记者田伯烈（H. J. Timperley）所著 *What War Means: The Japanese Terror in China*（《外人目睹中之日军暴行》）、燕京大学教授及中日问题研究专家徐淑希编辑的 *Documents of the Nanking Safety Zone*（《南京安全区档案》）、南京保卫战中国守军营长郭岐著《陷都血泪录》、蒋公穀著《陷京三月记》、日军罪行调查；还有联合国及国民政府新闻资料，包括联合国战争罪行委员会远东及太平洋地区分会、远东国际军事法庭在调查取证与庭审阶段形成的战犯名单、起诉书和检方控据等文件。

辽宁省档案馆收藏了日本满铁南京特务班标为"极密"的报告书，主要包括日本满铁《南京特务机关 1937 年 12 月至 1938 年 3 月工作报告》，内容涉及南京市战前人口统计及大屠杀期间慈善团体掩埋遇难者尸体的情况。

吉林省档案馆日本关东军宪兵队司令部全宗档案中收藏有日军自身形成的反映南京大屠杀惨案后南京及周边地区治安情况的报告、日军随军记者的新闻报道、日军进行邮政检查时摘录的反映日军在南京大屠杀暴行的信件等 6 份日文档案，其中包括 3 份报告、2 份《邮政检阅周报》和 1 份《大阪每日新闻》。如日军华中派遣宪兵队《关于南京宪兵队辖区治安恢复状况调查报告（通牒）》（1938 年 2 月）；1937 年 12 月 23 日的《大阪每日新闻（奈良版）》刊登了《南京总攻击观战记》，记述的是日军在 3 日内打死 8.5 万人，尸体绵延二三里远的报道。

上海市档案馆收藏有南京大屠杀期间留守南京鼓楼医院行政主管麦卡伦（James H. McCallum）的英文日记。麦卡伦在 1937 年 12 月至 1938 年 1 月 13 日的日记中较为详细地记录了他耳闻目睹日军烧杀抢掠奸的残暴罪行。该日记曾被远东国际军事法庭认定为日军南京大屠杀罪证。

南京市档案馆收藏有南京大屠杀案南京市民呈文、南京市临时参议会南京大屠杀案敌人罪行调查委员会调查表、首都警察厅各区警察局呈报的日军罪行调查及南京慈善团体埋尸记录、南京市各区向市政府呈送的日军暴行材料及财产损失报告单等一批档案。

侵华日军南京大屠杀遇难同胞纪念馆收藏有南京大屠杀期间留宁外籍人士、美国牧师约翰·马吉当时拍摄的 16 毫米日军暴行电影胶片母片、胶片盒及所用摄像机；南京审判战犯军事法庭庭长兼审判长石美瑜所存谷寿夫、向井敏明、野田岩等罪犯死刑判决书底稿。

（二）申遗典型档案概述

南京大屠杀申遗档案内容由三部分组成：第一部分是关于 1937 年至 1938 年，日本侵略军占领南京期间大肆杀戮中国军民的档案；第二部分是关于 1945 年至 1947 年，南京审判战犯军事法庭战后调查和审判日本战犯的档案；第三部分是关于 1952 年至 1956 年，中华人民共和国司法机构所存的相关文件。

上述档案馆和纪念馆典藏的申遗档案中，有部分档案具有典型价值，其中包括：《程瑞芳日记》；约翰·马吉拍摄的南京大屠杀实景 16 毫米电影胶片母片、胶片盒、摄影机及相关影像；吴旋向南京市临时参议会呈送南京市民罗瑾当年加印保存下来的 16 张侵华日军自己拍摄的日军暴行照片及呈文；贝德士（Miner Searle Bates）在南京审判战犯军事法庭上的证词；南京审判战犯军事法庭审判日本战犯谷寿夫判决书的正本；南京大屠杀幸存者陆李秀英证词；南京市临时参议会南京大屠杀案敌人罪行调查委员会调查表；南京大屠杀案市民呈文；鼓楼医院行政主管麦卡伦日记《占领南京——目击人记述》。兹撷取样本档案概述如下。

1.《程瑞芳日记》

《程瑞芳日记》位列《南京大屠杀档案》申报《世界记忆名录》的首位。该日记现珍藏于中国第二历史档案馆档案特藏库。

《程瑞芳日记》是迄今为止发现的第一部，也是唯一一部由中国人以亲历、亲见、亲闻的形式记叙侵华日军在南京安全区内外犯下烧杀淫掠罪行的目击者日记。程瑞芳女士因此成为目前已知第一个用日记记录南京大屠杀真相的中国人。《程瑞芳日记》与著名的《安妮日记》[①]一样，都出自女性之笔，都是在法西斯的铁骑下艰辛完成的。日记的字里行间充满了对战争的痛恨，对暴行的遣责，对和平的渴望，对正义的追求，对良知的唤醒，被誉为"中国的《安妮日记》"。

程瑞芳（1875—1969），湖北武昌人，原名乐瑞芳，随夫姓改姓程。1894 年毕业于武昌一所教会护士学校。毕业后在当地的美以美会妇科医院从事看护工作，1922 年任圣希里达子弟小学校长。1924 年 2 月，应吴贻芳校长邀请担任金陵文理学院（金陵女大）舍监，负责管理学生宿舍和食堂。1937 年 12 月，南京沦陷前夕，受金陵文理学院校长吴贻芳重托，留守南京，担任南京国际安全区

图 2　《程瑞芳日记》封面　中国第二历史档案馆提供

---

①　《安妮日记》是犹太少女内莉斯·玛丽·安妮·弗兰克（Liese Marie Anne Frank）对"二战"期间欧洲大陆上发生的一场惨绝人寰的种族屠杀的真实记录，是对德国法西斯暴行的血泪控诉。该日记于 2009 年 7 月 30 日被联合国教科文组织列入《世界记忆名录》。

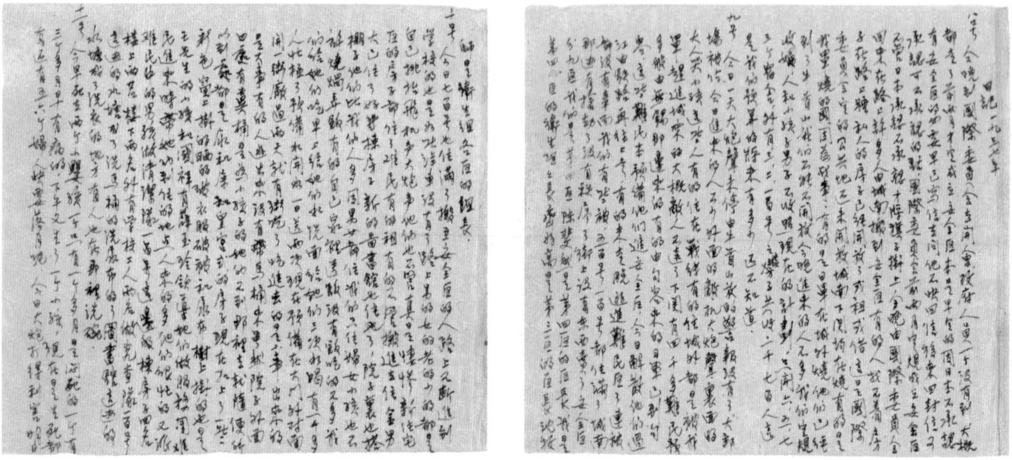

图3 《程瑞芳日记》
中国第二历史档案馆
提供

第4区难民所（金陵女大难民收容所）卫生组组长，负责该校难民所卫生救护及物品发放等工作。其时，与魏特琳、陈斐然组成了金陵女子文理学院非常委员会，作为三成员之一的程瑞芳主要是协助魏特琳处理南京校区留守等事务。其间，她耳闻目睹了日军在安全区内外种种暴行，并据此写下了《一九三七年 首都沦陷 留守金校的同人一段日记》。在1937年12月8日至1938年3月1日的84个日夜里，程瑞芳以南京大屠杀见证者的身份，从女性的视角，用3万多字逐日记录下了日军在南京所犯的烧、杀、奸、掠暴行，记录下了她亲眼所见的南京城那段凄风苦雨的岁月，记录了她与美国人魏特琳、中国人陈斐然在金陵文理学院难民收容所的艰辛工作，记录了她自己内心痛苦、备受煎熬的感受。白天的程瑞芳，面对日军强行闯入校园肆意抢劫，她和同伴们千辛万苦为无家可归的难民们撑起保护伞；夜晚的程瑞芳，常常拖着疲惫的身躯，噙着泪水，用蘸水钢笔写下一篇篇日记。

程瑞芳在1937年12月14日的日记中这样记载："今日来的人更多，都是安全区内逃来的，因日兵白日跑到他们家里抄钱、强奸。街上刺死的人不少，安全区内都是如此，外边更不少，没有人敢去，刺死的多半（为）青年男子。"①揭露了日军杀戮俘虏和壮丁的暴行。在1937年12月17日的日记中，她这样记录："现有十二点钟，坐此写日记不能睡，因今晚尝过亡国奴的味道……"日记的最后这样落笔："不写了，想起中国人民不能（不）心酸，死后真苦。"②这篇日记反映了作为中国人成为亡国奴的悲哀心理。

程瑞芳在日记中记录的日军抢劫、强奸的事实令人触目惊心。如1937年12月18日的日记所记："……这些（日本兵）猖狂极了，无所不为，要杀人就杀人，要奸就奸，不管老少。有一家母女二人，母亲有六十多岁，一连三个兵用过，女儿四十多岁，两个兵用过，都是寡居，简直没有人道。……日兵什么都要，外面抢得一塌糊涂，有的好东西搬起来不知搬到何处去。"③1937年12月19日，她记道："昨晚有宪兵在前面睡，晚上还是有（日）兵进来，到五百号客厅许多人之中强奸。今日白天有两（日）兵到五百号，房门口站一（日）兵，里面一（日）兵叫别人出去，留下一年轻女子强奸。……外面的房子不是空就是烧，日兵烧房当玩意，他们也怕冷，先拿里面家具烧起来烤火，要走就走，火若燃上房子就烧了，有时放些死人在内再烧房子。"④这篇日记记录的是她对日军丧心病狂奸淫妇女的愤怒控诉。

程瑞芳的日记还真实记录了日军血腥屠杀的骇人场景。如1938年1月3日，她记录道："……有的军人和百姓，他们用绳

---

①　李明华主编：《世界记忆名录——南京大屠杀档案》第2辑第2册，南京出版社2017年版，第9页。

②　李明华主编：《世界记忆名录——南京大屠杀档案》第2辑第2册，南京出版社2017年版，第12、16页。

③　李明华主编：《世界记忆名录——南京大屠杀档案》第2辑第2册，南京出版社2017年版，第17页。

④　李明华主编：《世界记忆名录——南京大屠杀档案》第2辑第2册，南京出版社2017年版，第18~20页。

子捆牵到沟边，枪（毙）一个倒在沟里一个，一排一排的死，真可怜。那些死在燕子矶的尸首还在那里，有的地方死尸被狗拖，想起来不能不伤心，死得真苦，妇女做寡妇也不少。魏司夫（师傅）回来说，他拖去的那一天，下关那一带路上走，没有路，走在死人身上，他所看见的事都是惊人，所以他骇死了。"①血腥的场景触目惊心！

《程瑞芳日记》除重点记录日军的累累暴行外，还记录了难民心中的"观音菩萨"魏特琳，被难民称为"洋菩萨"的国际委员会主席拉贝，冲破日军阻扰飞回美国揭露南京大屠杀真相的费奇等外国人士，称这次得到这些人的帮助不少……

程瑞芳在日记中用到了南京方言和武汉方言，日记中还夹杂了一些英文。日记中的字迹有些潦草，有涂改、更正、漏字、错字和笔误痕迹，有些日记可以看出是分数次断断续续记完的。正如她在 1937 年 12 月 24 日的日记所载："我写的日记每次要收起来，因怕有日兵来抄，华（魏特琳）也是。"②由此可以看出当时的环境之恶劣，而程瑞芳是冒着生命危险在记录，日记展示了大屠杀期间中国人血与火的心路历程。

《程瑞芳日记》记录的是一场烙印在人类耻辱柱上的大屠杀中最为真实的场景，她的日记充满了民族的正气，充满了对日军暴行的憎恨和谴责，读来我们深切地感受到了她在日军屠刀面前表现出的临危不惧的大无畏精神。

《程瑞芳日记》一直静静地沉睡在中国第二历史档案馆馆藏

---

① 李明华主编：《世界记忆名录——南京大屠杀档案》第 2 辑第 2 册，南京出版社 2017 年版，第 33~34 页。

② 李明华主编：《世界记忆名录——南京大屠杀档案》第 2 辑第 2 册，南京出版社 2017 年版，第 25 页。

金陵女子大学零散档案大口袋里，尘封了半个世纪之久。中国第二历史档案馆保管着 200 余卷"私立金陵女子文理学院"档案及其若干零散档案。2001 年，在整理金陵女子大学零散档案时，工作人员将大口袋里的档案倒出，发现了一本黄色封面的手写日记，日记封面正中用钢笔字竖写着"一九三七年 首都沦陷 留守金校的同人一段日记 陈品芝"的字样。日记封面使用的是黄色石纹硬纸，内页用的是 20 世纪 30 年代上海信笺公司印制的元书纸信笺，内页尺寸为 21 厘米 ×24 厘米，连同封面共 57 页。经考证，陈品芝是当年金陵文理学院的生物学教授，沦陷期间已前往四川，显然不是日记的作者。通过笔迹对比分析，该日记的笔迹与金陵女子文理学院舍监程瑞芳 1948 年用英文填写的金陵女子大学履历表中的笔迹相符。经送交江苏省公安厅鉴定，这份日记笔迹出自程瑞芳之手，日记的真正主人终于揭开神秘面纱。当时这份日记经过伪装，由程瑞芳在长江江面军舰上的美国朋友带到上海，又经武汉辗转到西迁至四川的金陵文理学院，后由陈品芝对日记重新装订并做了封面。专家们称《程瑞芳日记》是有关侵华日军南京大屠杀史料的又一重大发现，是"一份不可多得的第一手原始档案资料"。

2015 年，南京出版社与中国第二历史档案馆合作，以原件影印形式，用中、日、英 3 种文字出版了《程瑞芳日记》，并附录学者专家的研究成果。《程瑞芳日记》与此前发现的外籍人士所记《东史郎日记》及《拉贝日记》《魏特琳日记》，各自从受害者、加害者和第三方的不同角度记录，相互印证，互相补充，构成了包含受害者、加害者和第三者的日记证言在内的完整的日记证据链，成为揭露侵华日军南京大屠杀罪行不容置疑的重要铁证。1946 年 4 月，程瑞芳以南京大屠杀见证者的身份出具证词，在日本东京远东军事法庭上控诉了侵华日军南京大屠杀的罪行。

2. 美国牧师约翰·马吉拍摄的南京大屠杀实景 16 毫米电影胶片母片、胶片盒、摄影机及相关影像

该影像是《南京大屠杀档案》申报《世界记忆名录》中唯一的一组视频史料，现珍藏于侵华日军南京大屠杀遇难同胞纪念馆。

约翰·马吉，美国传教士，1884 年 10 月出生于美国宾夕法尼亚州匹兹堡市的一个律师家庭。他的家族在当地政界和商界颇有影响力，今天的匹兹堡依然保留着以马吉命名的道路和图书馆。1906 年，约翰·马吉获得了美国耶鲁大学学士学位，随后获得了麻省剑桥圣公会神学院硕士学位。1912 年，28 岁的约翰·马吉被美国圣公会派往中国，在南京下关挹江门外的道胜堂教堂当传教士。1937 年，当战争的阴霾笼罩南京时，他毅然决定留下来和其他外国友人一起，在南京成立安全区国际委员会和国际红十字会南京分会，并分别担任委员和分会主席。其间，他参与救助了大批面临屠杀的中国人。当目睹日军暴行时，他感到一种"无法用语言描述的痛苦"。于是他决定用他手中那台 16 毫米的贝尔牌家用摄影机为这段历史留下记录。他冒着生命危险，秘密拍摄了 4 盘共计 105 分钟日军的残暴行为的画面，成为南京大屠杀期间唯一的动态影像记录。

约翰·马吉拍摄的影片中有日军的坦克和大炮疯狂炮击南京城的惨象，有日军用机关枪扫射放下武器的中国士兵和平民的场景，有惨遭日军摧残的百姓在南京鼓楼医院救治的画面，有中国妇女受日军奸淫的惨景，还有德国人京特和丹麦人辛德贝尔救援难民的情景。比如，1938 年 2 月

图 4　约翰·马吉拍摄南京大屠杀暴行所用的摄影机　中国第二历史档案馆提供

16 日，约翰·马吉驱车到江南水泥厂和栖霞寺，他用摄影机拍下了江南水泥厂难民营和病人排队等候救治的场景。在太平门至龙潭的公路沿线上，他看到 80% 的农民房屋被烧，逃到乡间的城市老年妇女被打死，中国士兵被日军反绑处决后扔进水塘，他将这些见闻——摄入镜头。他的动态画面里有南京市民陆李秀英因反抗日军强暴中刀在南京鼓楼医院救治的场景；有当时才 8 岁的夏淑琴被日军连刺数刀，全家 9口人有 7 人惨遭杀害，只剩她和妹妹侥幸

图 5　约翰·马吉拍摄的南京大屠杀影片胶带　中国第二历史档案馆提供

生还的惨状。当时日军严格控制外籍人士行动，绝对禁止他们摄影摄像。其中有一份长达 17 分钟的片子是分多次拍摄，很多镜头是在偷拍的状态下完成的，可见当时拍摄之艰难和危险。马吉在影片的引言中写道："必须小心谨慎地行动，摄影时千万不可让日本人看见。"1938 年初，费吴生（George A. Fitch）获准离开南京，他将胶片缝在驼毛大衣的夹层里，秘密带到上海。这份长度 400 英尺、共有 8 卷、放映时间长达 105 分钟的胶片，是由约翰·马吉拍摄，由费吴生和当时正在上海的英国《曼彻斯特卫报》记者田伯烈剪辑而成，并给各部分加了英文标题。之后胶片又被送到上海的柯达公司拷贝制作了 4 份，其中 1 份被送到英国，1 份被送到德国，另外 2 份被送到美国。与此同时，约翰·马吉还在 1937 年 12 月至 1938 年 2 月用信件记录了每日目睹的日军残暴罪行实况。1946 年，约翰·马吉在东京远东军事法庭指证了日军的残暴罪行，当年他所用的摄影机和电影胶片也成为重要铁证。1947 年初，南京军事法庭在审判谷寿夫等南京大屠杀战犯时，

当庭播放了约翰·马吉的纪录片。胶片中近百个画面已被翻拍成照片，其中有 10 幅照片刊登在 1938 年 5 月出版的美国《生活》杂志上。

1941 年日本和美国开战，约翰·马吉回到美国，继续担任牧师。1953 年，约翰·马吉在匹兹堡逝世。1991 年 8 月，约翰·马吉的儿子大卫·马吉在家中地下室存放的父亲遗物中，找到了父亲当年拍摄的胶片和拍摄使用的那台 16 毫米摄影机。2002 年 10 月 2 日，大卫·马吉将 16 毫米摄影机及真实记录南京大屠杀的 4 盘电影胶片母片和胶片盒全部捐赠给了侵华日军南京大屠杀遇难同胞纪念馆。在此之前，2000 年 8 月 2 日，南京市下关区政府将当年约翰·马吉传教的道胜堂（现为南京市第十二中学）图书馆命名为约翰·马吉图书馆。

图 6　吴旋向南京市临时参议会呈送南京市民罗瑾当年加印保存下来的 16 张侵华日军自己拍摄的日军暴行照片的呈文　中国第二历史档案馆提供

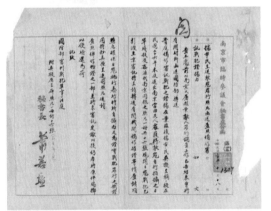

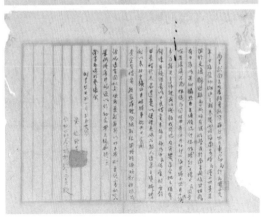

3. 吴旋向南京临时参议会呈送南京市民罗瑾保存的侵华日军自行拍摄的 16 张日军暴行照片及呈文

这份由罗瑾翻印保存的侵华日军自行拍摄的 16 张日军暴行照片及吴旋呈文，现珍藏于中国第二历史档案馆的档案特藏库。

1938 年 1 月，在沦陷后的南京城，一名日军少尉军官将 2 卷 120 "樱花" 胶卷，送至位于南京国府路（今长江路）估衣廊 10 号的华东照相馆冲洗。照相馆年仅 15 岁的学徒罗瑾在冲洗照片时发现其中有多张日军砍杀中国军民和奸侮中国妇女的照片，张张触目惊心。罗瑾内心激愤难平，于是他偷偷加印了一份，找来灰色软卡纸，裁成20多张5厘米×10厘米大小的长方形卡片装订成小册子，将选择的16张照片一一贴在上面。他在小册子封面的左边画了深红色的正在滴血的心脏；右下方画的是一把滴血的利刃，刀尖下是一摊鲜血；右上方写的是空心美

术体"耻"，字的下面是一个大大的问号。为了悼念死难的南京同胞，他又特地将刀、心、"耻"字都勾了黑边。相册的封面制作得形象而直观，寓意十分醒目。这份相册里有日军用军刀砍下跪在地上的中国青年头颅的照片，有日本士兵强奸中国妇女的照片，有日本军人砍杀中国俘虏的连续性照片，还有两名日本士兵杀人后手持屠刀的合影以及日军在江边屠杀后中国平民尸体遍地的照片。照片中国民众脸上的悲伤与惊恐和日军脸上露出的得意笑容，形成了巨大的反差和强烈的对比。

图7 南京市民罗瑾当年加印保存下来的侵华日军自己拍摄的日军暴行照片 中国第二历史档案馆提供

1940年5月，17岁的罗瑾考入位于南京汉府街4号毗卢寺的汪伪"交通电讯集训队"学习。1941年，集训队内部突然进行

的一次检查，迫使罗瑾不得不考虑如何安全可靠地保管这本相册。于是他将相册藏于毗卢寺后院厕所墙缝内，并用泥浆糊好。有一天，罗瑾意外发现相册不翼而飞，心里忐忑不安，为免遭杀身之灾，他连夜携家人逃离南京，随后隐居在福建。

　　吴旋，原名吴连凯，生前居住在南京四条巷。18 岁那年，为谋生参加了汪伪"交通电讯集训队"。1941 年的一个早晨，他如厕时无意间看到厕所墙壁的砖缝中藏有一本相册。当打开相册看到惨无人道的日军暴行照片时，他的内心积愤难当。他小心翼翼地将相册揣进怀里，趁着站夜岗的机会，悄悄将相册藏进寺内殿中佛像的底座里。集训队培训结束后，吴旋立即将它转移到家里，一直压藏在箱底。

　　为了保存屠城血证，吴旋提心吊胆地度过了 2000 多个日夜。抗战胜利后，南京市临时参议会于 1946 年发出布告，号召市民们站出来揭发日军谷寿夫部队的屠城罪行。已经改名吴旋的吴连凯将罗瑾加印的 16 张照片及他记述 16 张照片来龙去脉的呈文，于该年 10 月 18 日送交南京市临时参议会。

　　吴旋在呈文中写道："胜利以来，此十六张照片始得重睹天日，今闻贵会有搜集敌寇罪行、侦讯战犯用，特将该项材料检出，请代送有关机关，使残暴敌寇得以明正典刑。"[①] 呈文的末尾有吴旋按下的一大块血红的手印。南京市临时参议会认定这组照片确系日寇施暴时所自摄，足以作为战犯罪行之铁证，特提交南京审判战犯军事法庭。在对南京大屠杀主犯谷寿夫开庭公审时，拒不认罪的谷寿夫面对 16 张屠城血证，抖如筛糠，慌乱不堪，最

---

　　① 李明华主编：《世界记忆名录——南京大屠杀档案》第 2 辑第 3 册，南京出版社 2017 年版，第 213 页。

终束手伏诛。

　　50 多年后，罗瑾才得知这本相册不是被日本人拿走的，而是被他的同学吴旋取走一直收藏着。20 世纪 90 年代，罗瑾和吴旋两位老人在南京会面时，忆起了当年的情景，清晰地回忆起一个在 1 班、另一个在 7 班的往事。半个世纪没有见面的两位老人终于了解了 16 张日军暴行照片经历的种种波折。

4. 南京审判战犯军事法庭审判谷寿夫判决书正本

　　1947 年 3 月 10 日形成的南京审判战犯军事法庭审判南京大屠杀主要执行者、日军第 6 师团中将师团长谷寿夫判决书正本原件及附件（民国三十六年度审字第壹号），现珍藏于中国第二历

图 8　南京审判战犯军事法庭审判日本战犯谷寿夫判决书正本　中国第二历史档案馆提供

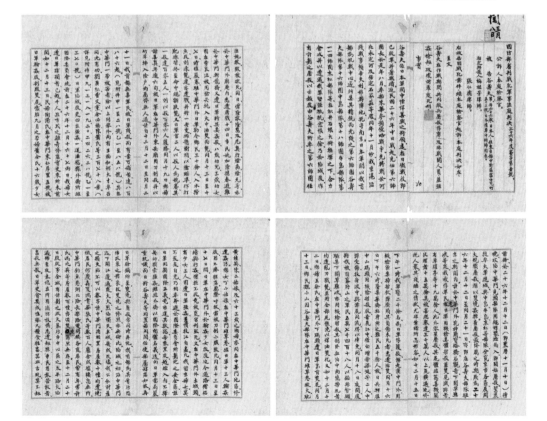

史档案馆战争罪犯处理委员会档案全宗。

世界反法西斯战争和中国抗日战争胜利后，世界各国人民强烈要求清算日本军国主义者的法西斯罪行。中国是日本发动侵略战争最大的受害国，国民政府根据 1945 年 7 月 26 日《中美英三国促令日本投降之波茨坦公告》指出的"吾人无意奴役日本民族或消灭其国家，但对于战罪人犯（包括虐待吾人俘虏者在内），将处以法律之裁判"①的精神，于 1946 年 2 月 15 日，在南京成立了审判战犯军事法庭，隶属中国陆军总司令部，全称为"中国陆军总司令部审判战犯军事法庭"。1946 年 6 月 1 日，国民政府国防部成立后，该法庭改隶国防部，更名为"国防部审判战犯军事法庭"，负责对南京大屠杀专案进行调查和审理。根据同盟国的商定，甲级战犯的审判由国际军事法庭负责，乙级和丙级战犯的审判由罪行发生所在国家军事法庭依据国际法和本国刑法相关规定审理。

1946 年 2 月 2 日，作为南京大屠杀乙级战犯的谷寿夫被东京盟军总部逮捕。同年 8 月 2 日，在中国国民政府的要求下，谷寿夫从日本巢鸭监狱被引渡到中国，关押在上海战犯监狱。为方便侦讯，同年 10 月 3 日又被押转至南京，关押在小营战犯拘留所，交由南京审判战犯军事法庭负责审判。

谷寿夫（1882—1947），1882 年 12 月出生于日本冈山县一个农民家庭，1903 年 11 月毕业于日本陆军士官学校第 15 期步兵科，1912 年 11 月毕业于日本陆军大学第 24 期。1937 年中日战争全面爆发后，任日本陆军第 6 师团中将师团长，奉命率部从日

---

① 张宪文主编，胡菊蓉编：《南京大屠杀史料集》第 24 册《南京审判》，江苏人民出版社、凤凰出版社 2006 年版，第 3 页。

本熊本出发，入侵中国华北。同年 11 月，转战上海，随后与第 16 师团、第 18 师团、第 114 师团等部合力会攻南京。12 月 12 日傍晚，谷寿夫率领的第 6 师团最先攻陷中华门。13 日攻入南京城后，谷寿夫纵兵残酷杀戮手无寸铁的市民和放下武器的中国军人，强奸妇女，焚烧房屋，掠夺财产，致使南京城内刀光火海，横尸遍野，古都南京陷入了前所未有的灾难之境。

从 1946 年 10 月 19 日起，南京审判战犯军事法庭检察官陈光虞开始对谷寿夫进行提讯。结合之前大量的调查和取证，同年 12 月 31 日，南京审判战犯军事法庭正式以破坏和平罪和违反人道罪对谷寿夫提出起诉。起诉书指出，谷寿夫率日军第 6 师团攻陷南京后，"为摧残我国抵抗精神与民族意识起见，与中岛今朝吾部，发动举世震骇、旷古惨劫之南京大屠杀，被害达数十万人之众"。在起诉书的附件中，列有谷寿夫部队下述罪行案例事实：枪杀案件 122 例，受害者 334 人；刺杀案件 14 例，受害者 195 人；集体杀害案件 15 例，受害者 95 人；其他各类杀害，包括屠杀、打死、烧死、勒死、抛水淹死、暗杀等案件 69 例，受害者 310 人；强奸案件 15 例，受害者 43 人；抢劫及肆意破坏财产案件 3 例，受害者 17 人。起诉书提出对其"应科处极刑，以维正义与和平"。[①]

1947 年 2 月 6 日下午，南京审判战犯军事法庭在南京中山东路励志社大礼堂内，开启了对谷寿夫连续 3 天的公审。公审当天，励志社大礼堂大厅上方悬挂着"公审南京大屠杀主犯谷寿夫"字样的横幅，大礼堂门头上方悬挂着"国防部审判战犯军事法庭"

---

① 李明华主编：《世界记忆名录——南京大屠杀档案》第 2 辑第 10 册，南京出版社 2017 年版，第 85、86 页。

字样的白帘，门前两侧各插一面旗帜，有宪警把守。台上坐着的是审判长、审判官，以及出庭作证的中外人士和辩护人；台下中外记者和旁听者有 2000 人左右。庭外装有扩音器，以便南京市民旁听之用。负责此次审判的法庭是受盟军总部远东军事法庭委托的江苏高等法院刑庭第一庭。主审谷寿夫的审判长是石美瑜，审判官有宋书同、李元庆、葛召棠和叶在增。为体现法律的公正性，军事法庭专门为谷寿夫指派了梅祖芳和张仁德两位辩护律师，并安排了日文和英文翻译。

当谷寿夫被 4 名法警押上法庭后，庭长石美瑜宣布开庭，检察官陈光虞宣读 4000 余字的起诉书，详诉了谷寿夫在南京大屠杀中犯下的滔天罪行。谷寿夫对此竭力狡辩，拒不认罪，还多次以书面形式递交申辩材料。先后 5 次公审，法庭传讯出庭作证的中外证人共计 80 余名。谷寿夫所部之罪行，除有亲历其境的殷有余、梁廷芳、白增荣、尼慧定等 1250 余名证人，以及当时主持掩埋尸体的许传音、周一渔等具结证明为据外，还有红卍字会南京分会和崇善堂等机构掩埋尸体统计表，以及伪南京市政公署督办高冠吾为丛葬于南京灵谷寺 3000 多无主孤魂所立碑文，中华门外挖掘的被害者尸骨鉴定书为凭，更有日军为炫耀武功而自行拍摄的 16 张屠杀照片及实地拍摄的屠城影片可资印证。外籍记者田伯烈所著《外人目睹中之日军暴行》，金陵大学美籍教授史迈士所作《南京战祸写真》，以及参加南京战役中国营长郭岐所著《陷都血泪录》可为证。金陵大学教授贝德士和史迈士均出庭宣誓及具结证明。

1947 年 3 月 10 日，南京审判战犯军事法庭对谷寿夫进行了宣判。判决书主文称："谷寿夫在作战期间，共同纵兵屠杀俘虏及非战斗人员，并强奸、抢劫、破坏财产，处死刑。"①

　　判决书中，确认谷寿夫犯有以下罪行：屠杀、强奸、焚烧、抢劫。关于谷寿夫及所部所犯屠杀罪行，判决书认定："查屠杀最惨厉之时期，厥为二十六年十二月十二日至同月二十一日，亦即在谷寿夫部队驻京之期间内。计于中华门外花神庙、宝塔桥、石观音、下关草鞋峡等处，我被俘军民被日军用机枪集体射杀并焚尸灭迹者，有单耀亭等十九万余人。此外零星屠杀，其尸体经慈善机关收埋者十五万余具。被害总数达三十万人以上。"关于谷寿夫及所部在南京城强奸妇女，判决书认定："日军陷城后，更四出强奸，一逞淫欲。据外侨所组国际委员会统计，在二十六年十二月十六、十七两日，我妇女遭日军蹂躏者，已越千人。且方式之离奇惨虐，实史乘所未前闻。如十二月十三日，民妇陶汤氏，在中华门东仁厚里五号，被日军轮奸后，剖腹焚尸。……同月十三日至十七日间，日军在中华门外，于强奸少女后，复迫令过路僧侣续与行奸，僧拒不从，竟被处宫刑致死。"谷寿夫所部在南京城所犯焚烧和抢劫罪行，判决书认定："陷城之初，沿中华门迄下关江边，遍处大火，烈焰烛天，半城几成灰烬。……至十二月二十日，复从事全城有计划之纵火暴行，市中心区之太平路火焰遍布，至夜未熄，且所有消防设备，悉遭劫掠，市民有敢营救者，尽杀无赦。日军更贪婪成性，举凡粮食、牲畜、器皿、古玩，莫不劫取。如在石坝街五十号，抢掠国医石筱轩名贵书籍四大箱，字画古玩二千余件，木器四百件，衣服三十

---

① 李明华主编：《世界记忆名录——南京大屠杀档案》第 2 辑第 10 册，南京出版社 2017 年版，第 198 页。

余箱……"①

南京审判战犯军事法庭对谷寿夫的审判前后历时 6 个多月，经过严密的调查研究，获取了大量的人证和物证，经法庭调查确认的证据达四五千件之多，根据《刑事诉讼法》《海牙陆战规例》《战争罪犯审判条例》《战时俘虏待遇公约》等法律条文，判处谷寿夫死刑。判决书判定谷寿夫"系违反《海牙陆战规例》及《战时俘虏待遇公约》各规定，应构成战争罪及违反人道罪。……按被告与各会攻将领，率部陷我首都后，共同纵兵肆虐，遭戮者达数十万众，更以剖腹、枭首、轮奸、活焚之残酷行为，加诸徒手民众与夫无辜妇孺，穷凶极恶，无与伦比，不仅为人类文明之重大污点，即揆其心术之险恶、手段之毒辣、贻害之惨烈，亦属无可矜全。应予科处极刑，以昭炯戒"②。

判决书附件列出了甲类屠杀事件 28 例，乙类零散屠杀事件 858 例，丙类奸淫案件 25 件，丁类抢劫案件 9 例，戊类房屋、财物被纵火焚烧案件 90 例。

1947 年 4 月 26 日上午 11 时，谷寿夫在南京雨花台被执行枪决。昔日不可一世的杀人魔王，得其应有的下场，正义的力量得到彰显。

5. 美国人贝德士在南京审判战犯军事法庭上的证词

南京国际安全区委员会委员、金陵大学历史系美籍教授贝德士（1897—1978）提供给南京审判战犯军事法庭的证词档案，现珍藏于中国第二历史档案馆。

1947 年 2 月 6 日贝德士为南京审判战犯军事法庭提供的关于

---

① 李明华主编：《世界记忆名录——南京大屠杀档案》第 2 辑第 10 册，南京出版社 2017 年版，第 198~199 页。

② 李明华主编：《世界记忆名录——南京大屠杀档案》第 2 辑第 10 册，南京出版社 2017 年版，第 201 页。

南京大屠杀的证词，有英文稿本 3 页和中译稿本 4 页各一件。英文稿本题名"STATEMENT OF M. S. BATES"，稿本末尾有贝德士英文亲笔签字；中译稿本题名《南京金陵大学历史学教授贝德士博士声明书》。在证词中，贝德士从亲历者的视角历数日军所犯各种屠杀、奸淫及抢劫暴行。

贝德士在证词中是这样陈述的："自一九三七年十二月十三日日兵进入南京城后，在广大范围内放火与抢劫，杀死、刺伤与强奸平民，并枪杀彼等所认为曾充中国军人之非武装人民，情势万分严重，达三星期至七星期之久。前三星期内，尤其前七天至十天内，对损害生命所犯之罪恶，无可指数。本人曾亲见日兵枪毙中国平民，满城各街尽是死尸，有着军衣者，有为平民者。余曾见被日兵杀伤之平民，余并曾亲眼看见日兵强奸多数妇女。余对日兵任意枪杀及损害平民一再抗议——包括强奸、刺死与枪毙。十二月十五日，日兵由司法院驱逐平民四百人前往斩杀，余曾交涉三小时之久，希望能救活此等无辜之性命，但终归无效。……检查安全区报告及红卍字会埋葬死尸之报告，男女、小孩死数甚不完全，且较实数为少。盖平民死伤决不止一万二千人，无武器之军人被杀者亦决不止三万五千人。以上所述为确知之情形，其不知者，定较此数为大。"他在证词中还强调，其与安全区国际委员会秘书史迈士同住，"因能得悉并可证实该会送交日本当局之报告及案件所述各种屠杀、奸淫及抢劫确为实情。……关于安全区报告内之各部凡提及本人或曾用本人之签字者，本人特别声明，本人确能证实。……关于日人危害安全区内难民三万人及毁坏金大产业之每日暴行，本人在田伯烈先生所著之书中曾有三篇文字记载。一九四六年七月廿九日本人在东京之东方（远东）国际法庭出庭作证之报告，

2.

The killing, wounding, and raping of civilians; the killing of unarmed men accused of having served in the Chinese army; the looting and burning on a vast scale, continued to be serious for three to seven weeks following the entry on December 13, 1937. The crimes against persons were most numerous in the first three weeks, and especially in the first seven to ten days. The following testimony concerns the first seven to ten days only. I saw Japanese soldiers shoot civilians. I saw many dead bodies on the streets, some in uniform and some in civilian clothing. I saw civilians wounded by Japanese soldiers. I saw women being raped by Japanese soldiers. I interfered scores of times to protect civilians from attacks by Japanese soldiers, including raping, shooting, and bayoneting. On December 15 I tried for three hours to prevent the Japanese from marching out 400 men from the Judicial Yuan for execution; but I failed.

We neither saw nor heard of, nor did Japanese officials allege, any resistance whatever within the city after the entry on December 13. This fact was only emphasized by the assertion that one Japanese sailor was wounded in Hsiakwan ten days later. There was no indication of real effort to control Japanese troops until the visit of General Amaya to Nanking on February 6, 1938. Moreover, officers took active parts in certain of the crimes. Japanese officials showed their own recognition of the evil situation by forwarding promptly to the Tokyo Foreign Office our daily reports and protests; by securing emergency gendarmes, whose conduct proved to be very bad, in order to supplement the seventeen whom they had here in the first few days; by posting on foreign properties gendarmerie orders that soldiers should keep out - which orders were regularly ignored and often torn down by soldiers; and also by promising repeatedly that order would soon be restored, including references to orders from Tokyo that strict discipline must be re-established.

STATEMENT OF M. S. BATES

I, Miner Searle Bates, was born at Newark, Ohio, U. S. A., on May 28, 1897. I am an American citizen, now residing at 21 Hankow Road, Nanking. Since 1920 I have been professor of history in the University of Nanking. From 1937 to 1941 I served as Chairman of the Emergency Committee of the University, responsible for its interests and properties in Nanking when that institution removed to West China.

I was a member of the International Safety Zone Committee (Nanking), and took an active part in its work during December, 1937, when the Japanese army entered Nanking, and thereafter. I lived with Professor Lewis S. C. Smythe, Secretary of the International Safety Zone Committee, and am familiar with and confirm its reports and lists of cases, as submitted to the Japanese authorities in Nanking during December, 1937 and thereafter, duplicates of which are in the files of the American Embassy, Nanking. These reports and lists of cases were published by Professor Hsü Shu-hsi under the title, DOCUMENTS OF THE NANKING SAFETY ZONE, printed by Kelly & Walsh in Hongkong, 1939. Large parts of the reports were also published in 1938 by Mr. H. J. Timperley in England and the United States, in his book called, WHAT WAR MEANS or THE JAPANESE TERROR IN CHINA. In particular, I confirm the references to me and the use of my signature as found in various portions of the Safety Zone reports, for example in Case No. 77. I also wrote three of the personal reports published in Mr. Timperley's book, and a series of letters to the Japanese authorities - of which copies are in the American Embassy files - reporting daily the crimes committed by Japanese soldiers on the properties of the University of Nanking or affecting the safety of more than 30,000 refugees then living in the University buildings. The facts in these reports and letters I presented in testimony before the International Military Tribunal for the East in Tokyo on July 29, 1946; they were not in any way questioned or challenged by the defence.

3.

Careful checking of the reports of members and staff of the International Safety Zone Committee and of the burial records of Red Swastika Society which the International Committee financed and inspected in its burial work, convinced me that a low and incomplete figure for civilian deaths -- men, women, and children - inflicted by the Japanese in the first few weeks of their occupation of Nanking, was 12,000; and for deaths of unarmed men in military clothing, 35,000. Of these murders, over 90 per cent occurred in the first ten days, most of all in the first three days. There certainly were more killings than these, but their circumstances lie outside of my knowledge, and therefore I do not estimate their number.

(Signed) *M. S. Bates*

Nanking,
February 6, 1947.

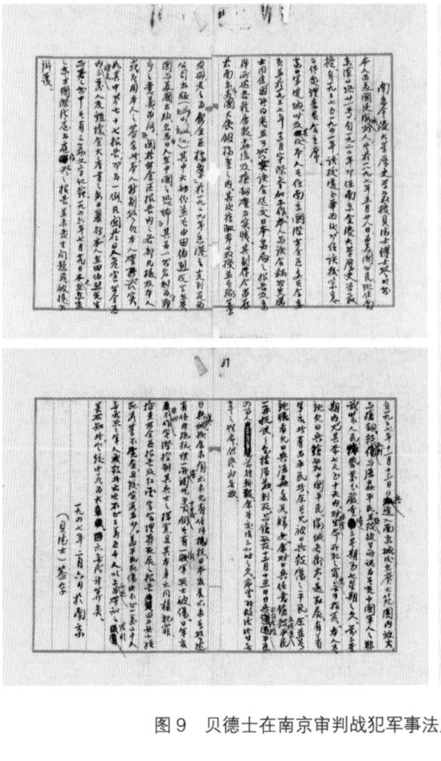

图 9　贝德士在南京审判战犯军事法庭上的证词　中国第二历史档案馆提供

并未发生问题或被提出辩护"。①

贝德士，1897年5月28日出生于美国俄亥俄州纽瓦克（Newark）一个新教家庭。1920年毕业于英国牛津大学，获史学硕士学位。毕业后不久，贝德士即被美国基督教教会派往中国，在南京金陵大学历史系担任教授，长达30年之久，直至1950年才回到美国。

抗战全面爆发后，金陵大学西迁成都华西坝。贝德士被金陵大学校长陈裕光委任为该校应变委员会主席，负责保护南京校产。在日军攻破南京防线前夕，金陵大学校董会董事长杭立武和约翰·拉贝、贝德士等留守南京的20余名外籍人士，出于人道主义，为保护无力西迁的平民免遭战火，为他们提供一个保护场所，决定仿照饶家驹神父在上海南市设立难民区的模式，在南京发起成立了南京安全区国际委员会。1937年11月底，南京安全区国际委员会正式成立（1938年2月18日改称南京国际救济委员会）。安全区位于南京城内的西北部，以美国驻华大使馆所在地和金陵大学、金陵女子文理学院、金陵神学院、鼓楼医院等教会机构为中心，东至中山路，北至山西路，南至汉中路，西至西康路，占地面积约3.86平方公里，区内共设有25个难民收容所，作为战时难民收容和救济之所。贝德士作为南京安全区国际委员会的总干事和世界红卍字会南京分会委员，从1937年冬到1941年间与其同事们，为保护中国难民，冒着生命危险，不辞劳苦地做了大量艰辛而繁琐的工作。但是，日军依然悍然闯入安全区内，抓捕、杀戮、抢劫、强奸等事件时有发生。贝德士除了记录亲眼所见的日军残暴罪行，还写信给妻子、友人、记者、教会和本国使馆，

---

① 李明华主编：《世界记忆名录——南京大屠杀档案》第2辑第3册，南京出版社2017年版，第249页。

甚至还匿名寄信给日本使馆，叙述当时几周内南京城陷入恐怖的状况。如 1938 年 2 月 1 日贝德士致妻子的信中写道："数千名妇女跪在我们面前，许多人发誓宁愿死在难民营，也不愿回家被日军强奸、杀死，因为这一周许多试图住在家中的妇女又被强奸（还有一些被杀害）。"①贝德士关于南京大屠杀的许多记述被收入《曼彻斯特卫报》驻华记者田伯烈所著《外人目睹中之日军暴行》，1938 年该书在美国和英国同时出版，同年在中国汉口出版了中文版本。

1950 年，贝德士离开中国返回美国，他带回了精心保存的关于南京安全区国际委员会和南京国际救济委员会的大量文献，并将它们存放在美国耶鲁大学神学院图书馆的特藏室。这些文献是侵华日军南京大屠杀的重要罪证之一，是世人研究南京大屠杀不可或缺的重要档案。

6. 南京大屠杀幸存者陆李秀英证词

南京大屠杀幸存者陆李秀英证词现珍藏于中国第二历史档案馆。此组档案包含了南京审判战犯军事法庭的传票、法庭讯问笔录、证人具结书及陆李秀英在鼓楼医院救治时的照片。

1946 年 10 月 19 日下午，南京审判战犯军事法庭为调查谷寿夫案，开庭对陆李秀英等 5 人进行了讯问。在中国第二历史档案馆馆藏战争罪犯处理委员会全宗档案里清晰地记载着：

讯问笔录：中华民国三十五年度侦字第××号谷寿夫战犯一案于三十五年十月十九日下午三时在本庭讯问，出席官佐如左：

---

① 张宪文主编，章开沅编译：《南京大屠杀史料集》第 4 册《美国传教士的日记与书信》，江苏人民出版社、凤凰出版社 2005 年版，第 29 页。

图 10　南京大屠杀幸存者陆李秀英证词　中国第二历史档案馆提供

检察官丁承纲、书记官丁象庵。

本日到场者为殷有余、陆李秀英、白增荣、梁廷芳、陈福宝。

…………

命引陆李秀英入庭。

问：姓名、年（龄）、籍（贯）？

答：陆李秀英，廿八岁，南京人，住利济巷松荫里十六号。

问：你做什么事？

答：没有做事。

问：日本人进南京城的时候，你知道么？

答：廿六年（1937）阳历十二月十二三日进城的。

问：当时是什么日本部队，你知道么？

答：听说是中岛部队。

问：你当时在什么地方？

答：在上海路美国小学校内避难。

问：你当时是被害的么？是什么时候？

答：我是被害的，是十二月十九日的早晨。

问：在什么地方？

答：就在学校内。

问：你怎样被害的呢？

答：在这个学校内避难的同时有六七个青年妇女，有四五个老头子。十九早晨有三个日本兵入学校内，对青年妇女拟行强奸，我就竭力挣扎，被这三个日本兵用刺刀将脸、腿、腹各部一共戳了三十三刀。我当时并怀孕六个月，血流满地，昏厥不省人事，日本人以为我死了，他们就走了。以后我父亲将我送到鼓楼医院，由魏尔逊医师医治，住院四十余日，并由美国教会牧师麦克基摄有活动照片，这个照片现在送到国际法庭去了。我到现在每逢下雨的天就周身痛苦，不能行动。

问：你当时怀孕的婴孩流产了没有？

答：在受伤的第三天就流产了。

问：其余的几个青年妇女也没有被奸污么？

答：我挣扎的时候其他的人都跑掉了，未被奸污。

问：谷寿夫这个人你知道么？

答：我当时不知道。

问：你知道其他的事么？

答：在我遇难前一二时，有一个五十多岁的老头子，为日本兵抢他的驴子，他不肯让拉走，被日本兵一枪打死了。

问：你其他还有什么话么？

答：我要求法庭代我们请恤金，并向日本要求损害赔偿。①

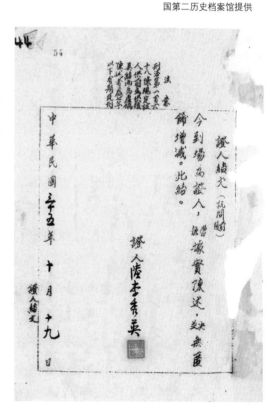

图 11　南京大屠杀幸存者陆李秀英结文　中国第二历史档案馆提供

档案里还有"证人结文（讯问前后）"，内有记载："今到场为证人，当系据实陈述，决并无匿饰增减。此结。证人陆李秀英。中华民国三十五年十月十九日。"陆李秀英名后还加盖了刻有"陆李秀英"

---

① 李明华主编：《世界记忆名录——南京大屠杀档案》第 2 辑第 9 册，南京出版社 2017 年版，第 87~88 页。

的红色方章。结文的眉首处有这样一段文字："注意：刑法第一百六十八条规定，证人供前或供后具结而为虚伪陈述者处七年以下有期徒刑。"[①]

1937 年 8 月 13 日，淞沪会战打响时，新婚几个月的南京民女陆李秀英告别丈夫陆浩然，随兄离开了他们居住的上海川沙县，回到南京。12 月 13 日，南京沦陷，陆李秀英的父亲将女儿安置在五台山小学的地下室。12 月 19 日，一车日兵来到五台山小学，冲进地下室就把妇女往外拖。已怀身孕的陆李秀英心想，与其被日军糟蹋，还不如撞墙死掉。撞昏后的她被重新安置在地下室。傍晚时分，又有 3 个日本兵闯进学校，欲图强奸妇女。陆李秀英竭力挣扎反抗，被凶残的日本兵用刺刀在脸、腿和腹各部连戳 33 刀，血流满地，倒在血泊中昏厥不省人事。日本兵以为她死了，便扬长而去。奄奄一息的陆李秀英被她父亲送进一家美国教会医院——南京鼓楼医院，美国医生罗伯特·威尔逊（即陆李秀英在证词中所提魏尔逊医师）全力抢救，为她缝合伤口 33 处，住院共计 40 余日。

美国牧师约翰·马吉在鼓楼医院拍摄的纪录片《南京暴行纪实》，片中有好几帧陆李秀英在鼓楼医院治疗时的动态画面，奇迹般地存活下来的陆李秀英因此成为那段悲痛历史的有力见证人。当年留在南京的西方人士威尔逊、拉贝等人的书信与日记中对陆李秀英都有记载。1937 年 12 月 21 日，罗伯特·威尔逊医生给妻子的信中写道："前天在小山坡上，一位已经怀孕六个半月的 19 岁姑娘，企图反抗两个日兵的强奸。她面部被砍

---

① 李明华主编：《世界记忆名录——南京大屠杀档案》第 2 辑第 9 册，南京出版社 2017 年版，第 92 页。

了 18 刀，腿上也有几处刀伤，腹部有很深的一个刀口……"①信中所提孕妇指的就是陆李秀英。1937 年 12 月 22 日，拉贝在日记中这样记载："12 月 19 日下午，一名日本士兵在美国学校（五台山）试图强奸一名怀有 6 个半月身孕的 19 岁的中国女子，当女子反抗时，日本士兵手执匕首或是刺刀向她袭击。该女子胸部和脸部有 19 处刀伤，腿上也有数处刀伤，下身有一个很深的刀伤，胎儿的心跳已经听不见。该女子目前被安置在大学医院。"②所述 19 岁的中国女子即指陆李秀英。

然而，日本右翼分子却恶意中伤李秀英（中华人民共和国成立后李秀英去掉了夫姓），说现在的李秀英不是当年的陆李秀英，攻击她的证词是伪造的，说她所言所行是受到侵华日军南京大屠杀遇难同胞纪念馆的幕后操纵。面对日本右翼分子的攻击和诽谤，1999 年 9 月 17 日，李秀英向日本东京地方法院提出诉讼，要求日方相关人员登报道歉并赔偿名誉损害费，并两次前往日本出庭，持续多年的状告日本右翼分子名誉侵权案最终以胜诉而告终。此案可证明南京大屠杀的历史真实性，同时也反映出日本企图否定南京大屠杀史实完全无效。状告的胜利再次向世界揭露了当年侵华日军的累累暴行。2004 年 12 月 4 日，李秀英因病在南京鼓楼医院逝世，终年 86 岁。

7. 南京市临时参议会南京大屠杀案敌人罪行调查委员会调查表

南京市临时参议会南京大屠杀案敌人罪行调查委员会调查表

---

① 张宪文主编，章开沅编译：《南京大屠杀史料集》第 4 册《美国传教士的日记与书信》，江苏人民出版社、凤凰出版社 2005 年版，第 340 页。
② 张宪文主编，（德）约翰·拉贝著，刘海宁等译：《南京大屠杀史料集》第 13 册《拉贝日记》，江苏人民出版社、凤凰出版社 2006 年版，第 208 页。

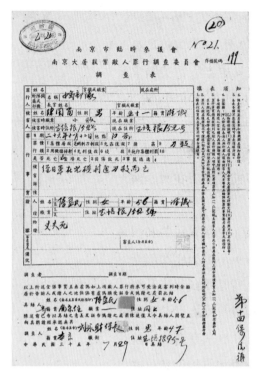

图12　南京市临时参议会南京大屠杀案敌人罪行调查委员会调查表　中国第二历史档案馆提供

在中国第二历史档案馆和南京市档案馆均有收藏。

南京大屠杀侵华日军罪行调查是第二次世界大战后国民政府最为关注的事。1945年11月，南京"首都地方法院检察处"首席检察官陈光虞组织召集南京市政府、首都警察厅、国民党南京市党部、世界红卍字会南京分会等14家机关团体有关代表召开会议，会议决定成立"南京敌人罪行调查委员会"，设在首都地方法院内，负责调查日军在南京的暴行，寻访相关证人，填写《敌人罪行调查表》及结文。该表设置包含罪行人信息、被害人信息、罪行事实、证据（人证、物证）、备考等五栏，以及调查者、调查时间等内容，并附有甲、乙两种结文，表后有填表须知，要求调查者和填表人须阅后填表。甲种结文由被害人本人或亲属具结，乙种结文由邻里或目击者具结。该表按罪行情节分别归编甲、乙、丙、丁、戊（字号）五类罪行证据，并按类依次编号。

抗战胜利后，为配合远东国际军事法庭和南京审判战犯军事法庭审判日本战犯需要，1946年6月23日，南京市临时参议会决议特别组建"南京大屠杀案敌人罪行调查委员会"，就日军在南京大屠杀所犯罪行展开专门调查。该委员会成立后，立即制订了《南京大屠杀案敌人罪行调查委员会组织简章》。根据章程，明确了由南京市临时参议会议长陈裕光担任主任委员，副议长陈耀东担任副主任委员，秘书长肖若虚担任总干事。委员会设委员62人，顾问18人，其下设有调查、审查和编纂3个组。为加强调查工作，南京大屠杀案敌人罪行调查委员会向南京市全体市民发布公告，并在包括汤山区在内的南京市 13 个区分区进行调查。各区均成立了区调查小组委员会，分别设在珠江路 263 号、洪武路仁育堂、贡院街四五之三号、钓鱼台 117 号、凌庄巷钱业公会、山西路、下关商埠街 50 号、浦口、燕子矶镇、孝陵卫镇、中华门外雨花路、上新河街和汤山镇，采取对南京沦陷时滞留南京的市民进行重点个案调查与在各区进行全面调查两种方式，双管齐下地展开调查。南京大屠杀案敌人罪行调查委员会根据《远东国际军事法庭调查罪证纲要》和《日本战犯罪证调查小组搜集战罪证据标准》，分加害人、罪行状况及被害人三方面开展调查，并依据伦敦"战罪调查委员会"印制的 33 种调查表，结合实际情况，设计印制了内容细致全面、格式严谨规范的各类调查统计表，如《南京市临时参议会南京大屠杀案敌人罪行调查委员会调查表》《南京大屠杀案男女死伤统计表》《南京大屠杀案敌人罪行种类统计表》《南京大屠杀案可提供作证被害人姓名住址表》等。

从 1946 年 6 月起至 10 月止，南京市临时参议会通过《南京大屠杀案男女死伤统计表》调查获得日军在南京所犯各类暴行案件 2784 件。《南京大屠杀案敌人罪行种类统计表》将日军罪行分为 14 类，分别有枪杀、用刺刀刺杀、集体屠杀、拉夫、烧杀、打死、先刑后杀、先奸后杀、炸死、强奸、实施集体刑罚、水淹、其他及无罪行。《南京大屠杀案可提供作证被害人姓名住址表》详列了侥幸存活、可出庭作证的南京大屠杀被害人马元良、东波和尚、郭夏氏、余必文、陆李秀英、刘少康等人的相关信息。《南京大屠杀惨案述要》择选柏鸿恩、陆李秀英、殷有余、王针元等被害人述其受害经过。这些材料成为南京审判战犯军事法庭和远东国际军事法庭审判南京大屠杀案的重要证据。

南京大屠杀案敌人罪行调查委员会所制《南京市临时参议会南京大屠杀案敌人罪行调查委员会调查表》，在形式上与 1945 年 11 月"首都地方法院检察处"成立的南京敌人罪行调查委员会所制《敌人罪行调查表》略有不同，将调查表与结文合二为一，增设了"审查意见"和"审查人（签名盖章）"内容栏，并于右上角增印了"存档号码"。填表须知和结文表述略有变化，显得更为简洁，但内容无异。

南京大屠杀案敌人罪行调查委员会对日军南京大屠杀罪行的所有调查材料均须经审查组审查，然后交送南京大屠杀案敌人罪行调查委员会审定，并提交首都地方法院首席检察官转送司法行政部处理。这些调查材料在南京审判战犯军事法庭对谷寿夫等大屠杀元凶提起公诉时被采用，现主要保存于中国第二历史档案馆战争罪犯处理委员会全宗。另有部分保存于南京市档案馆，计有 845 件。两馆所藏档案内容可互为补充。

南京大屠杀案敌人罪行调查委员会作为一个临时性的专门调查机构，虽然存时不长，但调查表所包含的侵华日军罪行调查表、被害人伤亡统计表、可出庭作证被害人姓名住址表及南京大屠杀案述要等，多角度地呈现了日军的暴行，是侵华日军在南京所犯罪行的真实记载，在战后调查日军侵华战争罪行及其在南京犯下的暴行过程中发挥了十分重要的作用，为审判日本战犯提供了极其重要的证据。

8. 南京大屠杀案市民呈文

南京大屠杀案市民呈文是《南京大屠杀档案》重要的组成部分。中国第二历史档案馆和南京市档案馆所藏日伪统治时期和抗战胜利初期的市民呈文，共计 1400 余件，形成时间为 1938 年 1 月至 1948 年 8 月。市民呈文主要保存在南京特别市政府秘书处和统计处、督办南京市政公署、南京特别市社会局和财政局、南京市临时参议会、汪伪政府赈务委员会、南京大屠杀案敌人罪行调查委员会、南京市抗战损失调查委员会、南京市赔偿调查委员会、南京审判战犯军事法庭、首都警察厅、首都地方法院等全宗档案中。

日伪统治时期的南京市民呈文是南京大屠杀案发生后期及南京沦陷后，南京市民因生活困难，生计难维，向当时的伪政权及各类组织机构递交请求救助抚恤的文书，约 600 余件。形成时间为 1938 年 1 月至 1944 年 3 月，如 1938 年 1 月 4 日《中国红十字会南京分会关于救济下关难民事致伪自治委员会函》、1938 年 1 月 13 日伪南京自治会负责人陶锡山的呈文，报告其间市民所遭受的人口伤亡、财产损失等，当时他们不敢直接向加害者及日本扶植的伪政权申诉并索赔，呈文多以申请救济活命或入救济院维持生存等为由，语言表述比较隐晦、隐忍。内容主要反映市民家人被杀、被奸、被抓失踪、房屋被烧、财产被掠等情形。在中国第二历史档案馆有一份形成于 1940 年 11 月 11 日市民刘松林的呈文可为例证。"具呈人：刘松林，年七十二岁，住大光路尚书里一百八十六号门牌。呈为恳求。窃因自事变，妻离子散，孤身苦不堪状，七旬无着，谋生无力之苦，饥饿难忍。近来交冬雨雪，闭门只得饿毙矣。勿恳求邵委员长救一生命，恩德施行。近有救济院老人补充免其冻馁之苦，请求派员调查恩准，是为公便。谨呈赈务委员会委员长邵。"[①] 这份呈文折射出南京市民在南京大屠杀期间所受侵害无法向加害方正当申诉的实际状况以及遭受深

---

① 张宪文主编，郭必强、夏蓓等编：《南京大屠杀史料集》第 66 册《日伪时期市民呈文》，江苏人民出版社 2010 年版，第 135 页。

重灾难后面临绝境的心理状态和心路历程。

　　抗战胜利时期的市民呈文是战后南京市政府为配合调查日军在南京大屠杀期间的暴行，号召受害南京市民控诉日军暴行，陈述八年之苦及要求赔偿的文书。形成时间为1945年9月至1948年8月。主要包括控诉日军暴行、人口伤亡要求索赔、查找失踪人员、陈述工商业损失、市民房产财物损失、宗教公益慈善团体财产损失等内容。抗战胜利之初的南京市民对南京大屠杀时期留下的创伤记忆更贴近当时的历史场景，也显得更具说服力。

　　在中国第二历史档案馆馆藏中，有一份形成于1946年1月26日，家住南京鼓楼二条巷47号的市民徐进致国民政府的呈文，内载："下江时天已大黑，江边已填满，只好伏在尸堆上，枪弹如雨点般落在无辜同胞的身上，射击究竟有多少时候已不知道。其时已骇晕了，惟心中尚明白身上未曾中弹，直至火笠帽（汽油烧在军人遗下的笠帽上）投到身上，才惊醒过来，赶快钻入尸堆中。此时全身皆浸蚀［湿］在水中，寒风吹来冷彻骨髓，突闻岸上枪声连发数响，系未死者上岸，被看守日寇打死……"[1] 这份呈文是南京市民对当年下关码头日军集体屠杀市民现场惨景的真实记载，可谓历历在目。

　　在南京市档案馆内，藏有一份形成于1945年9月27日，家住南京城北鸡鹅巷24号之2，时年55岁的莫夏氏致南京市政府的呈文（收文府总字第920号），内称"为长子莫春荣惨被日军戕杀，呈请汇报责令日方赔偿以恤孤苦事。窃氏青年丧夫，守节抚孤，满拟倚靠养老，以终天年，岂知事有出人意外者，言之痛

---

① 张宪文主编，张建宁等编：《南京大屠杀史料集》第23册《南京大屠杀案市民呈文》，江苏人民出版社、凤凰出版社2006年版，第102~103页。

心。维是日寇穷凶，于南京事变入城时，民国二十六年冬月十四日上午十时，氏长子莫春荣在难民区鼓楼四条巷口被日军拖去戕杀身死，时年二十七岁。缘其时年轻壮丁，被日人诬为中国兵而遇害者，人数甚多，不由分说，枉送性命，此等寇仇，今已被公理战胜强权，伏［俯］首贴［帖］耳投降签字，应有赔偿沦陷区人民生命及财产之责，不足以蔽其辜。兹奉我市长告民众书谕令，因日军暴行而被害者据情呈报，听候汇报中央，与日方清算赔偿。等因奉此，仰见爱民若子，天日重光，沦陷区人民倒悬立解。氏最近次子忽又病故，而春荣遗有寡妻江氏，现年三十二岁，女宝珠，现年九岁，一门老幼孤孀，生活上、精神上之苦况纸不胜书。为此具报氏子莫春荣被日军戕杀情形，仰祈市长鉴核，俯赐汇报，转令赔偿，以示恩恤戴德。上呈南京市政府市长马"①。此呈文表达了市民恳请政府抚恤救济的迫切愿望。

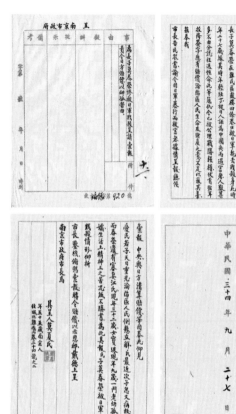

图 13　南京大屠杀案市民呈文　中国第二历史档案馆提供

南京市民由于受文化水平所限，所呈递呈文语言文字表述常有晦涩难懂、文理欠通，并掺杂方言等状况。但字字句句都是发自市民们内心深处的哭泣和呼喊，字里行间流露出对残暴日军刻

---

①　李明华主编：《世界记忆名录——南京大屠杀档案》第 6 辑第 12 册，南京出版社 2017 年版，第 70 页。

骨铭心的仇恨，对战前美好生活的回忆。表达了南京市民向日本政府及残暴日军讨还血债、索赔损失的决心以及对和平美好生活的憧憬，读来让人感到真切可信。

南京大屠杀市民呈文是受害方的泣血记录和无声控诉，没有第三方任何点滴的加工或修改，是最为直接反映日军暴行的第一手资料，可信度、真实性都较高。各类呈文真实地记述了侵华日军在南京所犯的反人类暴行，记述了南京大屠杀给南京市民造成的深重灾难。呈文是南京大屠杀期间南京市民生活的写照和市民生活史的立体资料，从呈递时间和内容等方面构筑了南京大屠杀日军暴行罪证完整系统的证据链。

9. 麦卡伦日记：《占领南京——目击人记述》

这件由鼓楼医院行政主管麦卡伦记述的日记现珍藏于上海市档案馆。原件为英文打字稿，英文题名为 *The Occupation of Nanking : A Second Account by An Eye Witness*（1937 年 12 月 19 日—1938 年 1 月 13 日），中文名为《占领南京——目击人记述》。

南京大屠杀期间，留守南京的外籍人士，无论在组织管理国际安全区方面，还是在救助难民和伤病人员方面，都扮演了积极而又十分重要的角色。他们借助日记和书信的方式将所见所闻所感所虑倾诉其间，传播外界。这从当年在鼓楼医院担任行政主管的美国牧师麦卡伦的日记，可窥见一斑。

麦卡伦（1893—1984），1893 年 11 月出生于美国华盛顿州的奥林匹亚。1918 年进入美国欧仁圣经学院求学，随后先后在印第安纳波利斯大学神学院和耶鲁大学神学院深造。1921 年取得耶鲁神学院学位后，携夫人远渡重洋来到中国，在南京南门基督教堂从事教会工作。1927 年，麦卡伦就学于美国芝加哥神学院并获硕士学位。1931 年秋天，麦卡伦一家再次来到南京，服务于南京

SC016

The Occupation of Nanking

A Second Account by An Eye Witness

Dec. 19, 1937

It has been just one week now since the collapse of the Chinese army in its Nanking defence. Japanese soldiers came marching down Chung Shan Road on Monday, and Japanese flags began to appear here and there. We all breathed a sigh of relief, thinking now order would be restored after the panic and stampede caused by the retreating Chinese army. Airplanes could fly over our heads without causing apprehension or tension. But a week has past and it has been a hell on earth.

I know not where to begin nor to end. Rape! Rape! Rape! - We estimate at least 1000 cases a night, and many by day. In case of resistance or anything that seems like disapproval there is a bayonet stab or a bullet. We could write up hundreds of cases a day. People are hysterical; they get down on their knees and "Kotow" anytime a foreigner appears. They beg for aid. Those who are suspected of being soldiers, as well as others, have been led outside the city and shot down by the hundreds. Pens, watches, and money; even the poor refugees in certain quarters have been robbed again and again until the last cent, almost the last garment and last piece of bedding only remains, and these may go ere long. Women are being carried off every morning, afternoon, and evening. The whole Japanese army seems to be free to go and come anywhere it pleases, and to do what it pleases. American flags have frequently been torn down from Ginling and the University and Hillcrest School. At the Seminary, B.T.T.S. University, Ginling, University Middle School, Sericulture Buildings, Library, and scores of other places, there are cases of rape, robbery, shooting, and bayonetting every night. Foreigners, when present, have been able in most cases to prevent this. But fifteen or twenty of them available cannot be in every building all the time.

Dec. 29, 1937

Have been so busy every day and five nights of the week that I've had no time to write. A foreigner must be on duty 24 hours at the "W" in order to deal with the Japanese visitors. It is snowing and bitterly cold. Our hearts ache for the thousands who have poor shelter and who are cooped up in such close quarters. Our hospital is full and the lighter cases fill the University Dormitory Building. Some we cannot dismiss for they have no place to go. Have had fifteen or twenty babies within the last week; six on Christmas Day. It is easy to find Miss "D", she is always in the nursery mothering the whole crowd of babies.

Every day or two I have gone out for an inspection of property. I have found visitors in our house every time I have gone there. Every foreign house is a sight to behold, untouched until the Japanese army arrived; nothing untouched since. Every lock has been broken, every trunk ransacked. Their search for money and valuables has led them to the flues and inside pianos.

Our phonograph records are all broken; the dishes are in a broken mass on the floor along with anything else that was discarded

PTO - 960-1

SC017

after each looting. The front of the piano was removed and all the hammers struck with something heavy. Two boys' school buildings were set fire to, one is a complete loss. Nanking presents a dismal appearance. At the time the Japanese Army entered the city little harm had been done to buildings. Since then the stores have been stripped of their wares and most of them burned. Taiping, Chung Hwa, and practically every other main business road in the city is a mass of ruins. In the South city much of the area back of the main street was also burned. We see new fires every day and wonder when such beastly destruction will cease.

But far worse is what has been happening to the people. They have been in terror, and no wonder. Many of them have nothing left now but a single garment around their shoulders. Helpless and unarmed, they have been at the mercy of the soldiers, who have been permitted to roam about at will wherever they pleased. There is no discipline whatever and many of them are drunk. By day they go into the buildings in the Safety Zone centers, looking for desirable women, then at night they return to get them. If they have been hidden away, the responsible men are bayonetted on the spot. Girls of eleven and twelve and women of fifty have not escaped. Resistance is fatal. The worst cases enter the hospital. A woman six months pregnant, who resisted, had 16 knife wounds in her face and body, one piercing the abdoman. She lost her baby, but her life will be spared. One man, of many who gave themselves up to the mercy of the Japanese when they were promised their lives would be spared - a very few of them returned - lived long enough to tell the fate of that group. He claims they threw gasoline over their heads and then set fire to them. This man bore no other wounds, but was burned so terribly around the neck and head that one could scarcely believe he was a human being. The same day another, whose body had been half burned over, came into the hospital. He had also been shot. It is altogether likely that the bunch of them had been machine-gunned, then their bodies piled together and burned. We could not get the details, but he evidently crawled out and managed to get to the hospital for help. Both of these died. And so I could relate such horrible stories that you'd have no appetite for days. It is absolutely unbelievable, but thousands have been butchered in cold blood - how many it is hard to guess, some believe it would approach the 10,000 mark.

We have had some very pleasant Japanese who have treated us with courtesy and respect. Others have been very fierce and threatened us, striking or slapping some. Mr. "-" has suffered most at their hands. Occasionally have I seen a Japanese helping some Chinese, or picking up a Chinese baby to play with it. More than one Japanese soldier has told us he did not like war and wished he were back home. Although the Japanese Embassy staff has been cordial and tried to help us out, they have been helpless. But soldiers with a conscience are few and far between.

Dec. 30, 1937

Glorious weather. It feels so good to get out into the air. It is more peaceful, but far from good. A man entered the hospital today shot through the intestines with about four feet of them hanging out. He has a chance in a thousand of recovery. Before dinner a 12 year old girl was abducted by two Japanese soldiers who drove up in a yellow taxi. Several men were forcibly carried away from Ginling, as well as other places, accused of being soldiers. The men had friends among the group who could identify them as civilians, but

960-2

SC018

because they had calouses on their hands they were branded without further investigation as soldiers in spite of the protests voiced. Many ricksha and sampan men, as well as other laborers have been shot simply because they have the marks of honest toil upon their hands. An old caretaker in a German residence near the Kiang An bus station is reported to have been killed yesterday. Soldiers found no young men on the place to conscript for labour and he protested about going himself. And I said this had been a fairly peaceful day! Can you imagine what was happening when I did not have time to stop and write?

Bean busy getting in supplies of rice. Moved 50 big bags, about 65 tan.

The Japanese are beginning to tighten up on the police, the Chinese, and a suggestion of further restrictions for the foreigners. It was suggested by Mr. Oki that the Americans be concentrated in one place under guard. The registration is proceeding, and those Chinese who do not have a certificate of registration are being restricted from free movement within the Safety Zone and are refused exit from the Zone.

December 31, 1937

This is the last day of the year. Great preparations are being made to celebrate the New Year. It must be one holiday our Japanese friends like. A three-day holiday has been announced. We dread what may take place with more freedom allowed. There is some indication of things for the better. Today I saw crowds of people flocking across Chung Shan Road out of the Zone. They came back later carrying rice which was being distributed by the Japanese from the Executive Yuan Examination Yuan.

There were some happy people at the Hospital today. There are so many babies in the hospital and the mothers and babies are always happy to be leaving, even though they have no decent place to go to - only overcrowded concentration camps with hundreds in a room. The grandmother and three other children had come to escort the new baby "home" as they called it so they all were bundled into the ambulance and taken over to the University where they are "at home" among the 20,000 refugees there. The brother insisted on holding his little baby brother and they were all smiles over the fine but brief auto ride. But what have they to be happy over? Well, I hand it to them, they've succeeded in rising above the circumstances in a noble way. Another servant from the American Embassy appeared for his final examination and to have the stitches removed from a bullet wound, and he was all smiles.

Registration is under way at the B.T.T.S. Spent part of the morning trying to get some of our staff registered, but there was such a jam that we could not get near. Our folks are anxious to get registered fearing the time limit will expire and death if they do not comply. Our busy bunch can not stand in line day after day waiting, when they have so much work to do. The rest of the morning was spent in trying to get something to eat for our family of three hundred. They surely eat up a lot every day and food is hard to get. We went way into the south-west part of the city near the wall and had a hard time getting there as some of the fires had caused so much

PTO - 960-3

SC019

debris to be scattered into the streets one could hardly get by in spots. The food problem will soon be a very serious one unless something is done to get some in from the outside.

Another woman with a new baby insists on leaving although she has no place to go to, no money, no friends, and no provision for her baby. Her husband was taken away days ago and has never returned, and probably never will. She wants to get out to seek him, going around from place to place in her search. She has no strength and how can she possibly do it? I have given her name to several of the camps trying to trace friends or neighbors all to no avail. My! what misery we witness.

We expect the new government to be inaugurated in Nanking tomorrow - a celebration is due near Kulou in the afternoon. The former five-colour flag has been revived, and they say 60,000 have been made to order that they may be flown along with the Japanese flag.

January 1st, 1938:

The day and the year started gloriously. Firecrackers going full blast woke me and I opened my eyes to wonder what was going on. It was a perfectly beautiful day with the sun a big red ball of fire in the sky. Later purple Mountain was a lovely blue like the Cascades often are. It was very obviously a holiday. Firecrackers - loads of them had been distributed to the Chinese free, and who would refuse the indulgence of making a good noise to relieve the spirit. We learned that yesterday they gave away several hundreds or thousands of 200 lb. bags of rice. The usual New Years greetings were exchanged.

The night before last we were invited to the home of Mr. H., where we found a beautiful Christmas tree lighted with many candles. Everything was perfect except the absence of our wives and children - a big lack.

About the time we finished dinner our day began to be spoiled. Two men came running from place - he has three places full of refugees - saying that two Japanese soldiers had entered and were after the women. We got a car ready and three men went over. Later they brought in two of the women. One had been raped and the other badly beaten, had managed with the aid of her father to break away but had been injured as she jumped from a window. They were hysterical. Then a nun from a temple in the south-eastern part of the city was brought in. She had been wounded on the 14th of December. Five of them had sought safety in a dugout, but the Japanese soldiers went into the dugout from each end killing three of the five, and wounding the other two. These two, the nun and a little apprentice girl of ten, later saved their lives by hiding under the dead bodies of their friends. Eighteen days without medical attention, and five days without food. A man in the neighborhood managed to get the badly wounded nun to the hospital. She told of the little girl who had been stabbed in the back, so I went down to get her. Her wound had healed all right, all she needed was food, a bath, and comfortable surroundings. The people who live in the south-east section of the city are a terrified lot, surrounded by Japanese soldiers. They gathered around us as we waited for the

960-4

图 14 麦卡伦日记《占领南京——目击人记述》 中国第二历史档案馆提供

南门基督教堂。

1937年南京沦陷后，金陵大学附属医院鼓楼医院的大部分医生、护士和工作人员随国民政府西迁。在急需行政管理人员来管理医院时，麦卡伦勇敢地留守鼓楼医院，担负起了临时院长一职。他除了处理各类账目，几乎每天都要开着救护车出去收购白菜、大米和其他食物，被难民们亲切地称为"粮食运送大使"。为保证难民在途中的安全，他常常亲自开车接送伤病人员，时常受到不同程度的死亡威胁。麦卡伦耳闻目睹了日军逮捕、杀戮、强奸、抢劫、纵火等暴行。他在日记里详细地记述了1937年12月19日到1938年1月13日南京城的惨状。

麦卡伦在1937年12月19日的日记中这样写道：

> 从中国守军溃败到现在，一个星期过去了。……这儿已成为人间地狱。……强奸！强奸！强奸！我们估计每晚至少有1000起这种案件，而白天也有许多。只要反抗或稍有不从，就会被刀刺或枪杀。我们每天能记录数百起罪行。……那些被怀疑是士兵或其他什么的人，被成百上千地带到城外枪决。钢笔、手表、钱，甚至某些难民营中的贫苦难民也被一再抢劫……每天上午、下午、晚上，都有妇女被抓走。……金陵神学院，金陵女子神学院，金陵大学，金陵女子文理学院，金大附中的养蚕室、图书馆等几十处其他地方，每夜都发生强奸、抢劫、枪杀和刺刀捅人的暴行。①

1938年1月9日的日记里，麦卡伦写道：

---

① 李明华主编：《世界记忆名录——南京大屠杀档案》第5辑第10册，南京出版社2017年版，第484页。

一伙日本兵爬越（一个难民营）大院后墙，强奸了约 12 个妇女。……城建部门希望恢复水电。经由拉贝把工人找回岗位做好最后部署之前的一天晚上，一支由士官率领的一小队军人来到和记洋行，抓走发电厂的 43 名职工，把他们排成行用机枪扫射。①

在远东国际军事法庭上，麦卡伦出示了他从 1937 年 12 月 19 日至 1938 年 1 月 13 日的日记以及部分日记的附言材料，其日记的绝大部分被远东国际军事法庭助理检察官大卫·尼尔森·萨顿于 1946 年 8 月 29 日的庭审上当庭宣读，在东京审判时被认定为日军南京大屠杀罪行证据。日记的复制件于 1942 年由美国人约翰·克里斯蒂安分别赠送给美国国会图书馆、哈佛大学图书馆和加州加利福尼亚大学图书馆。

麦卡伦除了将所见所闻记录在日记中，还通过信件的方式将日军的暴行告诉给妻子和朋友。麦卡伦在一封家信中告诉妻子："他们正在埋尸，用的是我们的救护车。汉西门外大约掩埋了 1500 具尸体，这一群人曾试图逃走，但是没有成功。（掩埋队员）还掩埋了另外的两处尸体，一处在下关和记洋行外面，大约 10000 人，另外一处位置在稍远一点的江边上，大约有 20000 人。那些试图逃出南京的士兵们可能都被杀死了。"② 这些信件与其

<hr>

① 李明华主编:《世界记忆名录——南京大屠杀档案》第5辑第10册，南京出版社2017年版，第485页。

② 詹姆斯·H.麦卡伦:《1938年2月16日写给妻子爱娃的信》,《詹姆斯·H.麦卡伦与爱娃·安德森·麦卡伦夫妇通信集》,田纳西州纳什维尔教徒历史学会图书馆藏。转引自王山峰:《美国传教士见证的南京大屠杀——以麦卡伦为中心的考察》,《大连近代史研究》第13卷,辽宁人民出版社2016年版,第527页。

日记可以相互印证。

1951 年，麦卡伦回到美国，居住在加利福尼亚州的皮科维拉。1984 年 4 月 20 日，91 岁高龄的麦卡伦牧师与世长辞。

三、呈现出独一无二的特点

1. 世界记忆遗产中的创伤性和警示性

自 1997 年中国传统音乐录音档案首次入选《世界记忆名录》迄今，共有 13 项中国档案文献入选《世界记忆名录》。《南京大屠杀档案》是中国在《世界记忆名录》中唯一一件创伤性记忆遗产，属于警示性记忆遗产。作为人类创伤性、警示性记忆的一部分，它对人类文明的发展和世界和平的维护具有十分重要的警示教育作用。

2. 记载内容的完整性和印证性

南京大屠杀事件是"二战"期间侵略者在被侵略国公开实施的一场反人道的屠杀暴行，加害方、受害方和第三方均形成了大量的档案。《南京大屠杀档案》与同类型的世界记忆遗产相比，其内容的丰富性、证据的印证性、数量的庞大性、涉及的广泛性、载体的多样性是独一无二的。

从档案内容来看，中国的 7 家档案馆和纪念馆提交的申遗档案各具特色，但又相互印证，从不同角度真实记录了日军在占领南京期间所犯的法西斯暴行，构成了严密又完整的证据链。从档案视角充分还原了历史的真实面貌，具有其他文献资料不可替代的权威性、真实性、唯一性和珍贵性的特点。

从数量上来看，申遗的典型档案保存最多的当属中国第二历史档案馆。从已出版发行的 20 册《世界记忆名录——南京大屠杀档案》中可以看到，第 2~10 册所刊档案均源自中国第二历史档案馆所藏，占比几近总册数的一半。其中《程瑞芳日记》、罗瑾冒死保存的日军自拍的 16 张照片、吴旋向南京市临时参议会递交日军暴行 16 张照片及呈文、贝德士在南京审判战犯军事法庭上的证词、南京大屠杀幸存者陆李秀英的证词、谷寿夫判决书原稿均源自中国第二历史档案馆。从证据来源涉及的人物来看，有美国、德国、日本等国家的人士，语言涉及日语、德语和英语等多种语言。

3. 载体形式的多样性和稀缺性

南京大屠杀申遗档案在载体形式上体现了独特的多样性。传统的档案文献主要是纸质文本、照片、影像资料，而《南京大屠杀档案》是历史废墟的载体，除上述传统文献之外，还有南京灵谷寺为无主孤魂所立碑文记载、遇难者丛葬地遗骸遗址，如南京审判军事法庭庭长石美瑜率审判官叶在增等人在中华门外普德寺遇难者丛葬地挖掘死难者坟墓 5 处约 3000 具遗骸；更有亲历者的口述档案和幸存者提供的“活的证据”。随着南京大屠杀亲历者的陆续离世，“活的证据”呈现出越来越明显的弱化性，《南京大屠杀档案》呈现出稀缺性的特点。

4. 警示遗产的多维性和立体性

作为“二战”史上“三大惨案”之一的南京大屠杀惨案发生地是中国当时的首都南京，但中国在申遗的道路上与素有“死亡工厂”之称的波兰奥斯维辛集中营和日本广岛长崎原爆惨案相比是迟到的世界记忆。2015 年被联合国教科文组织列入《世界记忆名录》的《南京大屠杀档案》，与 1979 年被联合国教科文组织列入《世界文化遗产名录》的波兰奥斯维辛集中营相比相差 36 年，与 1996 年被联合国教科文组织列入《世界文化遗产名录》的日本广岛和平纪念公园（原爆遗址）相比相差 19 年。它们均属于人类警示性遗产，但从世界文化遗产性质和类型来看，波兰奥斯维辛集中营、日本广岛和平纪念公园（原爆遗址）均为文化遗产中的创伤性遗址文化遗产，是属于公约级的文化遗产。世界记忆遗产作为世界文化遗产的延伸项目，其关注的重点是文献档案；《南京大屠杀档案》虽属于延伸项目范畴，但它集文本文献、口述档案、影像资料、"活的证据"（幸存者）、遗存遗址为一体，呈现出人类记忆更为多维、立体的特点。

四、具有重要的价值和深远的意义

第一，《南京大屠杀档案》申遗成功，是对侵华日军南京大屠杀暴行史实的历史固化。由于战后国际政治因素的影响以及日本右翼的刻意掩盖、歪曲和挑衅，在日本还存在种种所谓的"疑问"，这种"疑问"影响了人们对侵华日军制造的这场人类历史上罕见的反人类暴行的历史罪行认定。此次申遗，通过对南京大屠杀受害者、加害者及第三方目击者的完整证据链档案的系统整理申报，固化了人类对这段悲痛记忆的认识，同时暴露了日本朝野右翼分子歪曲历史真相、掩盖历史的罪恶本质。让中国对战争的叙述从单方面的控诉转变为世界共享的历史，强化了中国及世界人民共同维护"二战"真相、珍惜世界和平的力量。

第二，《南京大屠杀档案》申遗成功，使"南京大屠杀"的历史从中国记忆上升为世界记忆。此前在全世界范围内，尤其是在西方国家，舆论媒体宣传"二战"法西斯暴行，往往以宣传德国纳粹屠杀犹太人为主，而对日本侵华战争罪行的揭露和报道显现不足。通过《南京大屠杀档案》的申遗，人们的记忆被追溯到南京大屠杀时期，而对南京大屠杀这段历史的回忆和探讨则以日军屠杀中国人为主，日本右翼反对论甚嚣尘上，反映出正义力量宣传的不足。《南京大屠杀档案》成功列入《世界记忆名录》，使南京大屠杀的历史从全体中国人的记忆上升为包括日本人民在内的全世界人民的共同记忆，成为全人类共同的植根记忆。这标志着在世界范围内对"二战"中人类"三大惨案"的认知达成了共识，具有十分重大的现实价值和深远的历史意义。

第三，《南京大屠杀档案》申遗成功，对日本右翼企图掩盖、抵赖、否定南京大屠杀历史给予强烈的回击。美国出于其全球战略的需要有意纵容和庇护，使得日本发动第二次世界大战及其战争暴行的罪恶没有得到彻底的清算，造成战后70多年来日本右翼一直试图否定侵略、篡改历史，以为其复活军国主义开道，否定南京大屠杀就是其突出的表演。此次《南京大屠杀档案》申遗成功，日本政府气急败坏的言行充分证明了这一点。无论日本右翼分子如何处心积虑地编造南京大屠杀"十八大疑问"或其他种种谬论，《南京大屠杀档案》申遗成功都是对他们最有力的批驳和反击。

五、申遗成功后的保护和利用

1. 建立《世界记忆名录——南京大屠杀档案》数据库

《世界记忆名录——南京大屠杀档案》是人类创伤性记忆和中华民族所经受苦难的重要载体。为确保南京大屠杀档案得到有效保护和合理利用，2015年起，中央档案馆、中国第二历史档案馆、南京市档案馆以及侵华日军南京大屠杀遇难同胞纪念馆等7家单位，联合对馆藏南京大屠杀档案进行了清查和整理，组织力量对这些档案进行数字化加工，建成了《世界记忆名录——南京大屠杀档案》数据库。目前该数据库对海内外人士开放，为海内外人士查阅档案、开展学术研究提供了方便。

2. 全球发布《世界记忆名录——南京大屠杀档案》

《南京大屠杀档案》成功申遗后，在国内外引起了很大的影响。中国央视新闻、中国新闻网等各大新闻媒体相继报道，《南京大屠杀档案》因申遗成功而走入了公众的视野。

为更好地宣传申遗成功的《南京大屠杀档案》，2017年12月11日，在南京大屠杀惨案发生80周年前夕，由国家档案局编，南京出版社出版的《世界记忆名录——南京大屠杀档案》影印史料汇编在南京举行新书首发式。国家档案局局长、中央档案馆馆长李明华，江苏省委常委、南京市委书记张敬华等出席了首发式并共同按下启动按钮，标志着《世界记忆名录——南京大屠杀档案》线上线下全球首发。《世界记忆名录——南京大屠杀档案》分为7辑，共20册，册内每件档案均有中文说明，并配有英语和日语翻译。中央电视台、江苏电视台等多家电视与网络媒体对此进行了报道。

3. 网络视频《南京大屠杀档案选萃》在国家档案局官网上发布

为配合中国首个南京大屠杀死难者国家公祭日活动，国家档案局从中央档案馆、中国第二历史档案馆、辽宁省档案馆、吉林省档案馆、上海市档案馆、南京市档案馆和侵华日军南京大屠杀遇难同胞纪念馆所藏南京大屠杀档案中梳理出了部分珍贵档案，制作成7集网络视频《南京大屠杀档案选萃》，从2014年12月7日至13日连续在其官方网站上发布，频率为每天一集。这是国家档案局首次以视频形式发布南京大屠杀相关档案。与此同时，从 2014 年 12 月 5 日至 24 日，南京市档案馆在其官网和南京档案政务微博上同步公布 100 份馆藏南京大屠杀案市民呈文原档影印件，并举办了"馆藏南京大屠杀'市民呈文'档案史料展"和"世纪情缘——约翰·拉贝与南京展"。

4. 竖立"世界记忆名录南京大屠杀档案"纪念碑

为纪念《南京大屠杀档案》列入《世界记忆名录》，2018 年 12 月 8 日上午，第 5 个南京大屠杀国家公祭日前夕，"世界记忆名录南京大屠杀档案"纪念碑立碑仪式在侵华日军南京大屠杀遇难同胞纪念馆举行。南京大屠杀幸存者代表、90 岁高龄的夏淑琴老人在学生的陪同下参与了揭牌仪式，并为纪念碑揭幕。夏淑琴说："希望更多的世人知道这段历史，也希望世界和平，这样的惨案永不发生！"纪念碑矗立在侵华日军南京大屠杀遇难同胞纪念馆 1 号门入口处，该碑形制仿照世界文化遗产明孝陵的世遗标识碑，使用花岗岩材质，碑宽 3.14 米，高 2.4 米。标识碑双面雕刻同样内容，左上侧为联合国教科文组织和世界记忆遗产的标志，碑文为"世界记忆名录南京大屠杀档案"，落款为"联合国教科文组织二〇一五年十月九日"。该碑由纪念馆扩建工程总设计师、中国工程院院士何镜堂组织论证。举行"世界记忆名录南京大屠杀档案"纪念碑立碑仪式，旨在更好地发挥侵华日军南京大屠杀遇难同胞纪念馆的作用，传播和平理念，宣扬和平精神，积极推动构建人类命运共同体。

5. 设立国家公祭日祭奠死难的国民

国家公祭是国际上通行的惯例和做法。国家公祭日，是一个国家为纪念曾经发生过的重大民族灾难而设立的国家纪念活动。第二次世界大战后，主要参战国大多设立了国家级哀悼日，以国家公祭的形式来祭奠死难的国民，增强国民对国家遭受战争灾难历史的记忆。波兰奥斯维辛集中营大屠杀纪念馆、俄罗斯卫国战争纪念馆、美国珍珠港事件纪念馆每年都会定期举行国家公祭活动。

2014 年 2 月 27 日，第十二届全国人民代表大会常务委员会第七次会议通过了《全国人民代表大会常务委员会关于设立南京大屠杀死难者国家公祭日的决定》，将每年 12 月 13 日设定为南京大屠杀死难者国家公祭日，祭奠南京大屠杀死难的国民。这一天，在南京大屠杀死难者国家公祭仪式主会场下半旗、默哀、献花圈、撞和平钟。国家公祭日的设立，使得对南京大屠杀遇难者的纪念上升到了国家层级，表明了中国人民反对侵略、捍卫人类尊严、维护世界和平的坚定立场。2014 年 12 月 13 日上午 10 时，首个国家公祭仪式在侵华日军南京大屠杀遇难同胞纪念馆，曾经的"万人坑"丛葬地遗址举行。公祭活动的主场地设于此。南京北极阁、中山码头、太平门等建有纪念碑的 17 个丛葬地也同步公祭遇难同胞。中共中央总书记、国家主席、中央军委主席习近平分别于 2014 和 2017 年两次出席公祭仪式并发表重要讲话。国家公祭日设立后，每年的这一天，党和国家领导人均会亲临祭奠。国家公祭日的设立使南京大屠杀成为国家记忆，为中国与世界的沟通搭建了良好的平台。通过这一平台，中国人民向世界表达了爱好和平、维护和平的勇气和担当。

6. 展览的足迹从中国走向世界

《南京大屠杀档案》申遗成功后，侵华日军南京大屠杀遇难同胞纪念馆以全新形式向社会呈现了"南京大屠杀史实展"。2016 年 10 月，"共同见证：1937 南京大屠杀史实展"在法国诺曼底冈城和平纪念馆开展，此为《南京大屠杀档案》被联合国教科文组织列入《世界记忆名录》后首次在欧洲展出。此后该展览相继在白俄罗斯和捷克开展，吸引了当地 30 多家媒体报道。与此同时，民间也在积极行动。2017 年 7 月，"被封存的记忆，不再让南京悲剧重演"展览在日本广岛开展，侵华日军士兵后代及南京大屠杀幸存者后人应邀到现场讲述这段残酷的历史。近年来，南京大屠杀史实传播的足迹已遍布日本、美国、丹麦、韩国、法国等 30 多个国家。

7. 海外第一个"南京大屠杀遇难者纪念日"

北京时间 2017 年 10 月 27 日（加拿大时间 2017 年 10 月 26 日），加拿大安大略省议会投票通过华裔女议员黄素梅的动议，将每年的 12 月 13 日定为"南京大屠杀遇难者纪念日"，加拿大成为西方第一个设立"南京大屠杀遇难者纪念日"的国家。在 2018 年 12 月 13 日的南京大屠杀纪念日，加拿大当地华人社团联合在马克姆市政厅举行公祭仪式，寄托哀思，祈愿世界和平。与此同时，全球 440 多个海外华侨华人社团在世界各地同步开展了悼念南京大屠杀死难者活动，他们用哀思把反思战争、祈愿和平的声音传向世界各方。

8. 丰硕的研究成果为申遗奠定了坚实的史证基础

从 20 世纪 80 年代开始，中国档案工作者会同学术界的专家学者们通过对南京大屠杀档案文献、口述资料及影像图片的收集和整理，先后出版了多种史料集、口述资料、图片集、亲历者日记以及研究专著。如史料集有《侵华日军南京大屠杀史料》（"南京大屠杀"史料编辑委员会、南京图书馆编辑，江苏古籍出版社 1985 年出版）、《侵华日军南京大屠杀档案》（中国第二历史档案馆、南京市档案馆、"南京大屠杀"史料编纂委员会编辑，江苏古籍出版社 1987 年出版）、《日本帝国主义侵华档案资料选编·南京大屠杀》（中央档案馆、中国第二历史档案馆、吉林省社会科学院合编，中华书局 1995 年出版）、《天理难容——美国传教士眼中的南京大屠杀（1937—1938）》（章开沅编译，南京大学出版社 1999 年出版）、《侵华日军南京大屠杀外籍人士证言集》（朱成山主编，江苏人民出版社 1998 年出版）等；口述资料有《侵华日军南京大屠杀幸存者证言集》（朱成山主编，南京大学出版社 1994 年出版）、《幸存者说——南京大屠杀亲历者采访记》（徐志耕撰，南京出版社 2014 年出版）；图片集有《南京大屠杀图证》（中央档案馆、中国第二历史档案馆、吉林省社会科学院合编，吉林人民出版社 1995 年出版）；留宁外籍人士亲历日记有《拉贝日记》（约翰·拉贝著，江苏人民出版社、江苏教育出版社 1997 年出版）、《魏特琳日记》（明妮·魏特琳著，江苏人民出版社 2000 年出版）。2000—2010 年张宪文教授组织南京大学中华民国史研究中心、南京师范大学南京大屠杀研究中心、中国第二历史档案馆等单位的多名专家和学者编辑出版的 72 册、4000 多万字的《南京大屠杀史料集》，更加充实丰富了南京大屠杀史的研究史料。更有张宪文主编的《南京大屠杀全史》和《南京大屠杀史》、孙宅巍的《南京保卫战史》等多部专著陆续问世。档案工作者和学者们用档案史料和研究成果还原历史真实面貌，为正义发声呐喊，为《南京大屠杀档案》申遗奠定了坚实的史证基础。

9. 以南京大屠杀为题材的衍生艺术创作

以南京大屠杀为题材的小说和电影等艺术作品数量众多，小说有阿垅的《南京血祭》、哈金的《南京安魂曲》、严歌苓的《金陵十三钗》、美籍华裔作家张纯如（Iris Chang）的《南京大屠杀：第二次世界大战中被遗忘的大浩劫》（*The Rape of Nanking: The Forgotten Holocaust of World War II*）等，电影有《屠城血证》

《黑太阳——南京大屠杀》《南京 1937》《栖霞寺 1937》《南京！南京！》。这些文艺作品在宣传南京大屠杀事件上发挥了积极的作用。

南京大屠杀是日本军国主义在对华侵略战争中犯下的滔天罪行，铁证如山。《南京大屠杀档案》是全人类共同的记忆，应该得到全人类的珍视和保护。对照联合国教科文组织关于保护和利用世界记忆遗产的相关要求，如何从更深入、更广泛、更微观、更全球化的层面对《南京大屠杀档案》进行保管保护、开发利用、传播教育和研究出版尚任重道远。

"忘记历史就意味着背叛，否认罪责就意味着重犯。"①《南京大屠杀档案》成功入选《世界记忆名录》，成为全人类的警示记忆，其主旨在于更好地发挥档案文献铭记历史、珍惜和平、共创未来的作用，以期唤醒人们共同捍卫人类和平与尊严的意识，表达中国人民愿同世界各国人民真诚团结、携手共创和平未来的决心。历史不容否认，和平弥足珍贵。让我们一起以史为鉴，开创未来，让和平的薪火代代相传。

---

① 习近平：《在南京大屠杀死难者国家公祭仪式上的讲话》，《人民日报》2014 年 12 月 14 日，第 2 版。

参考文献

1. 张宪文主编：《南京大屠杀全史》，南京大学出版社 2012 年版。

2. 李明华主编：《世界记忆名录——南京大屠杀档案》，南京出版社 2017 年版。

3. 张宪文主编：《南京大屠杀史料集》，江苏人民出版社、凤凰出版社 2005—2010 年版。

4. "南京大屠杀" 史料编辑委员会：《侵华日军南京大屠杀史稿》，江苏古籍出版社 1987 年版。

5.《〈南京大屠杀档案〉入选"世界记忆"遗产名录始末》，"央视新闻"，2015 年 10 月 11 日。

6.《〈南京大屠杀档案〉八年申遗路 11 组档案重现历史真相》，"中国新闻网"，2015 年 10 月 10 日。

7.《日本百般阻挠南京大屠杀申遗 声称影响中日关系》，"新华网"，2015 年 10 月 4 日。

8. 习近平：《在南京大屠杀死难者国家公祭仪式上的讲话》，《人民日报》2014 年 12 月 14 日，第 2 版。

9. 管辉、郭必强：《程瑞芳日记考释》，《民国档案》2004 年第 4 期。

10. 郭必强、管辉：《程瑞芳：用日记记录南京大屠杀》，《档案与建设》2005 年第 1 期。

11. 杨丽娟：《南京血证：约翰·马吉和他记录日军暴行的真实影片》，《北京日报》2017 年 12 月 12 日，第 13、16 版。

12. 王山峰：《美国传教士见证的南京大屠杀——以麦卡伦

为中心的考察》，《大连近代史研究》第 13 卷，辽宁人民出版社 2016 年版。

13.吉林省档案馆历史档案管理处：《吉林省档案馆藏南京大屠杀档案入选世界记忆遗产》，《兰台内外》2015 年第 6 期。

14.马振犊：《〈南京大屠杀档案〉申遗成功的重大意义》，《中国档案报》2015 年 12 月 14 日，第 1 版。

15.夏蓓：《无声控诉：南京大屠杀市民呈文》，《中国档案》2015 年第 9 期。

16.姜良芹、吴润凯：《从市民呈文看南京大屠杀》，《抗日战争研究》2007 年第 1 期。

17.《外交部谈南京大屠杀档案申遗成功：捍卫人类尊严》，"人民网"，2015 年 10 月 11 日。

18.《安大略省首次正式举行南京大屠杀纪念日活动》，"人民网"，2017 年 12 月 14 日。

19.《广岛举行南京大屠杀展览》，《人民日报》2017 年 7 月 23 日，第 3 版。

甲骨文

Chinese Oracle-Bone Inscriptions

徐延誉

　　文字的出现是人类告别结绳记事的原始社会进入文明时代的标志。从此，人类的自然知识和生产经验得以继承、积累和传播，人类文明得以传承与发展。

　　作为中国汉字的早期形式，甲骨文是目前发现的中国最古老且较为系统的文字，距今已有 3000 多年的历史。中国自古就有"书画同源"的说法，甲骨文便是从原始社会最简单的图画和花纹逐渐演变而来的，是中国古代先民们智慧的结晶。甲骨文的发现，让这一穿越千年的智慧结晶为我们描绘了 3000 多年前中华大地上殷商时代灿烂恢弘的文明历史，也向世人展示了中华文明的悠久传承。它与苏美尔的"楔形文字"、埃及的"圣书文字"、美洲的"玛雅文字"并称为独立起源的世界四大古文字。甲骨文的出现虽然是其中最晚的，却是唯一传承下来的。中国书写的文字自甲骨文起，历经金文、篆书、隶书、楷书、草书、行书等形态演变，逐渐发展为现在的汉字。习近平总书记就曾说过，"中国字是中国文化传承的标志。殷墟甲骨文距离现在 3000 多年，3000 多年来，汉字结构没有变，这种传承是真正的中华基因"。

　　2019 年是甲骨文发现 120 周年，也是安阳殷墟考古 91 周年。91 年前，河南安阳境内商朝后期遗址殷墟被世人发现，其中出土了大量都城建筑遗址和以甲骨文和大量精美的青铜器为代表的丰富的文化遗产。殷墟的发现被评为 20 世纪中国"100 项重大考古发现"之首。作为殷墟发掘中最有价值的发现，甲骨文真实记录了商王朝后期王室贵族利用龟甲兽骨占卜凶吉等活动，其内容非常丰富，结构十分严谨，可以说，甲骨文是我国最早的档案文献。

　　一直以来，甲骨文申遗是中国甲骨学界的夙愿。2006 年 7 月，殷墟被联合国第 30 届世界遗产委员会会议列入《世界文化遗产名录》。同年 8 月，在河南安阳"庆祝殷墟申遗成功及 YH127 坑发现 79 周年国际学术研讨会"上，专家学者呼吁国家立项，启动甲骨文申报《世界记忆名录》。2010 年 5 月 21 日，全国古籍保护中心专门召开甲骨文申报《世界记忆名录》专家座谈会，正式确定国家档案局为申报归口管理单位，适时启动申报程序。① 在这期间，国家档案局做了大量细致的文本准备以及沟通协调工作。

图 1　甲骨文申报《世界记忆名录》2017 年 11 月 27 日终选通过通知书　中国社会科学院古代史研究所提供

────────

① 宋镇豪：《甲骨文——世界记忆名录中的古典文献遗产》，《"发展中的世界记忆"国际学术研讨会论文集》，2019 年，第 81 页。

UNITED NATIONS EDUCATIONAL, SCIENTIFIC
AND CULTURAL ORGANIZATION

Certifies the inscription of

Oracle-Bone Inscriptions

Institute of History, Chinese Academy of Social Sciences
(Institution)

Beijing　　　　　*People's Republic of China*
(Town)　　　　　　(Country)

ON THE MEMORY OF THE WORLD INTERNATIONAL REGISTER

30 October 2017　　　　　*Irina Bokova*
(Date)　　　　　　　　*Irina Bokova*
　　　　　　　　Director-General, UNESCO

图 2　联合国教科文组织颁发甲骨文入选《世界记忆名录》证书　中国社会科学院古代史研究所提供

2013 年 7 月，国家档案局协同国家文物局，委托中国社会科学院历史研究所的宋镇豪先生担纲"甲骨文申报世界记忆亚太地区名录"与"甲骨文申报世界记忆国际名录"的中英文申请文本。申报文本采用联合申报的形式，选定了中国社会科学院考古研究所、中国社会科学院历史研究所、国家图书馆、故宫博物院、山东博物馆、上海博物馆、北京大学、南京博物院、旅顺博物馆、天津博物馆、清华大学图书馆等 11 家甲骨文藏品单位珍藏的约 93000 片甲骨为申报主体。2013 年 11 月 26 日，申报文本完成。随着国家《世界记忆名录》各项申报项目审核落实与有序提交的安排，在教育部等相关部委的积极配合下，甲骨文申报《世界记忆名录》相关文本资料于 2016 年正式提交联合国教科文组织世界记忆工程国际咨询委员会。2017 年 3 月 27 日联合国教科文组织发来通知，中国提交的甲骨文申报顺利通过初选；同年 10 月，通过最终评审，甲骨文成功入选《世界记忆名录》；2017 年 11 月 27 日当选通知证书正式颁发。[①] 甲骨文的成功入选标志着联合国教科文组织肯定了甲骨文的世界意义，肯定了其对人类文化和社会历史产生的深远影响，提高了中华文化的国际影响力，彰显了中华民族越来越强的文化自信，也为甲骨文的研究与保护打开了新的局面。

---

① 宋镇豪：《甲骨文——世界记忆名录中的古典文献遗产》，《"发展中的世界记忆"国际学术研讨会论文集》，2019 年，第 79 页。

一、千年遗宝，重现于世

甲骨文发现于清末光绪年间。据说，当时河南安阳小屯村的一位农民在犁地时意外发现几片类似于骨头的薄片，上面刻有奇怪的文字，有人告诉他，这是"龙骨"，是一味中药材，可以卖给中药铺换钱。虽然"龙骨"换取的报酬少，但也可以贴补家用。所以农闲之余，得知这一带有"龙骨"的农民开始自发地进行挖掘，而安阳一带的"龙骨"数量确实不在少数。由于没有文化，他们对契刻在"龙骨"上的文字全然不知，也不懂得其珍贵价值。中药铺将"龙骨"收去后研磨成了粉末，让病人或外敷或内服，大量刻有文字的甲骨就这样流失了，这也是后世人称"人吞商史"的由来。幸而当时一些古董商人眼光敏锐，将一些有刻字的"龙骨"带到北京、天津一带售卖。这也为后来甲骨文的发现创造了一定的客观条件。对于甲骨的第一发现和购藏者，学术界曾有几种不同的说法，有人认为是端方，也有人认为是刘鹗。而王国维《最近二三十年中中国新发见之学问》称：甲骨"初出土后，潍县估人得其数片，以售之福山王文敏懿荣（闻每字银四两）。文敏命秘其事，一时所出，先后皆归之"。陈梦家也经过考证，认为王懿荣共三次购藏甲骨，

图 3　中国社会科学院古代史研究所甲骨文藏品，编号 444 正反，内容为狩猎卜辞，材质为龟甲　中国社会科学院古代史研究所提供

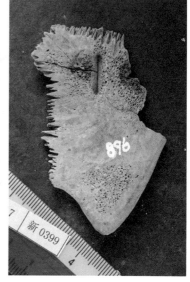

第一次便是在 1899 年秋。刘鹗的《铁云藏龟》自序中也说到："庚子岁有范姓客挟百余片走京师，福山王文敏公懿荣见之狂喜，以厚值留之。""后有潍县赵君执斋得数百片，亦售归文敏。"罗振玉在 1910 年出版的《殷商贞卜文字考》自序中也把王懿荣作为购藏甲骨的第一人。[①] 所以，从这些文献资料的叙述来看，甲骨文的第一位购藏者应是王懿荣。发现的时间基本可以确定在光绪二十五年，也就是公元 1899 年。目前，国际上也把这一年作为甲骨文研究的起始年。

甲骨文的发现既是偶然的，也是必然的。金石学是中国考古学的前身。自宋代开创以来，金石学并不被社会所重视，发展缓慢，但到清代逐渐发展兴盛，这也为甲骨文的成功解读提供了必要条件。王懿荣对金石学的狂热和痴迷以及良好的家庭教育、优越的经济条件也为他发现甲骨文提供了有利基础。

王懿荣出生于山东省福山县（今烟台市福山区）古现村的书香官宦之家。其祖父王兆琛任过山西巡抚，其父王祖源曾任职四川成绵龙茂道。王懿荣自幼聪颖好学，熟读书史。15 岁时，他随调任兵部主事的父亲去北京生活，从此便一直寓居京城。王懿荣生性耿直，号称"东怪"。光绪六年考中进士，授翰林编修，三次任职国子监祭酒。王懿荣对金石学十分喜爱，对文字考订颇为精深。"凡书籍字画、三代以来之铜器印章、泉货残石片瓦无不珍藏而秘玩之"。他还曾先后拜访当时著名的收藏家、金石学者潘祖荫、吴大澂等人，共同切磋，中进士之前，即成为名闻京城的金石学家。

王懿荣不仅是第一个发现了甲骨文，也是最早将其时代断为商代的学者之一。王懿荣次子王汉章在《古董录》中曾写道：王

---

① 王宇信：《中国甲骨学》，上海人民出版社 2009 年版，第 27~28 页。

懿荣"细为考订，始知为商代卜骨，至其文字，则确在篆籀之前"。随着甲骨文字研究的深入，这一看法获得越来越多学者的认同，如刘鹗在《铁云藏龟》中说甲骨文是"殷人刀笔文字"。1910年，罗振玉在其《殷商贞卜文字考》中写道："于刻辞中得殷帝王名谥十余，乃恍然悟此卜辞者，实为殷室王朝之遗物。"

学者们虽然认识到甲骨文是商代遗物，其出土地点却不能确切知道。这是因为一些古董商人看到甲骨文的价格日益涨高，为了垄断甲骨的转卖生意，故意将其出土地点说成河南的汤阴或卫辉。罗振玉经过多年探寻，直到1908年才知道甲骨出土地在河南安阳小屯。学者们又经过深入考证，得知小屯一带即《史记·殷本纪》正义引《竹书纪年》所记载的"盘庚徙殷，至纣之灭，二百五十三年，更不徙都"的晚商都城。而小屯村出土的甲骨，自然也就是殷代后期从盘庚迁殷到纣辛灭国这一段时间的遗物了。然而，一开始学者们对甲骨文的叫法还未有一个统一的标准。甲骨文字刻在龟甲和动物骨头上，最初的收藏研究者就直接以质料来命名的。刘鹗因为所收藏甲骨以龟版居多，所以就称甲骨文为"龟"。也有按文字书写的方法来命名的。孙诒让因为这些文字是用刀刻的，就称之为"契文"，罗振玉的书也叫《殷虚书契》。再有就是按照甲骨文的内容命名的。因为上面的内容大部分与祭祀占卜有关，所以罗振玉有一本书叫《殷商贞卜文字考》，"贞"在商周时期的意思就是占卜。

20世纪20年代初，史学家陆懋德发表了一篇题为《甲骨文之历史及其价值》的文章，这是"甲骨文"这3个字第一次出现。其后，如1924年容庚的《甲骨文之发现及其考释》、1925年王国维的《殷虚甲骨文字及书目》、1930年董作宾的《甲骨文研究之扩大》、1931年郭沫若的《甲骨文字研究》等也都以"甲骨文"称呼这种文字。"甲骨文"这个叫法，从此广为人们所接受，并为学界认可通用。

二、国之大事，记载于斯

《左传》有云："国之大事，在祀与戎。"在中国古代，所谓"国之大事"就是"王事"，涵盖经济、政治、军事、社会等方面，其中最重要的就是祭祀祖先神灵和战争了。殷商虽然已经进入了"青铜器时代"，但是当时青铜冶炼技术还没有普及民间，青铜器主要还是服务于王室和贵族，多用来制作礼器和兵器，或是间接为礼仪和军事服务的手工业工具。而用作农业生产的青铜工具十分有限。石器、骨器和木器依然是当时的主要农具。落后的生产力决定了殷代人征服自然的能力还十分有限，无法摆脱对自然力的盲目崇拜。农业是殷代社会的最大经济支柱，能够较长时期储存的谷物，既是人们的生存之本，也是殷王朝维持统治的主要物质基础；加上殷人的活动地域大部分属于大陆性季风气候，年降雨量的季节分配十分不均，水、旱灾害时有发生；所以，风调雨顺是当时社会上下最普遍关切的。

《礼记·表记》云："殷人尊神，率民以事神，先鬼而后礼。"在科学技术十分落后的殷商时代，人类无法掌握自己的命运，随时可能受到来自大自然的各类灾害的威胁和压力，他们不得不寻找能够寄托自己精神的对象，这一对象很可能是他们生活中所能看到、感知到的一种超自然的神秘力量。这就是人类诞生之后所崇拜的对象如天神、自然神的由来。[①] 即便是在文明高速发展的当今社会，求神问卜的现象仍然存在，更何况是生产力落后的殷

---

① 具隆会：《甲骨文与殷商时代神灵崇拜研究》，中国社会科学出版社 2013 年版，第 2 页。

商时代。当时，人们为了得到神灵的庇护和帮助，只能讨好神灵。殷商统治阶级通过这些神灵崇拜得到国家的经营方略，并控制整个国家。记录了国家经营方略确定过程的载体，就是甲骨文。

甲骨文大多刻在龟甲兽骨之上，除龟甲外，还有牛骨、虎骨、兕骨、象骨、鹿骨，甚至人骨。甲骨刻辞大致可以分为占卜刻辞和记事刻辞两类。占卜刻辞，是用来占卜未来某一时间某一事件的有无、可否、吉凶，大多为王室的记录，即历代商王问疑的卜辞，也有大小贵族所用，前者称为"王卜辞"，后者称为"非王卜辞"。王卜用的龟甲多属各地进贡的大龟，一般贵族用王都附近产的尺寸较小的龟，龟的大小也是等级、王权、地位的一种标志。卜辞甲骨占据了甲骨文的大多数，除此之外，甲骨文中还有一些与占卜无关的记事文字，著名甲骨学家、史学家胡厚宣先生称之为"记事刻辞"。殷墟甲骨文的内容涉及晚商时期的自然生态、天象祲异、气候灾害、政治制度、王室结构、宗法和宗庙制、王权与神权的关系、文化礼制、立邑任官、卜官与占卜制度、土地所有制、社会经济生产、交通出行、外交征伐，以及商王都内权贵阶层的日常生活状况，如衣食住行、生老病死、婚姻嫁娶、养老教子、梦幻思维、情感意识、宗教信仰、祀神祭祖、饮食宴飨等方方面面。

三、搜集无序，散逸各地

甲骨文在被正式发掘之前，由于清末学者们的求购，售价日益高涨，安阳小屯村的居民开始重视和有意挖掘起甲骨来。在当时，王懿荣、王襄、刘鹗等一批国内学者，以及外国学者包括美、英、法、日等国家和地区的博物馆都有数量不等的甲骨收藏。据胡厚宣先生统计，1899 至 1928 年的近 30 年间，经私人盗掘倒卖的甲骨有约 10 万片。胡厚宣先生 1984 年所撰《八十五年来甲骨文材料之再统计》中写道，从 1899 至 1984 年，殷墟甲骨已出土了 15 万片。对此数据，学界有异议。时至今日，应当不止 15 万，如散落民间私家的甲骨文藏品，未被统计的数量也相当可观。甲骨文在 19 世纪末被发现后，开始被感兴趣的学者们有意识地收藏。此后有关甲骨文的收藏、著录和研究逐渐兴盛起来。

第一个大量搜集甲骨文的，就是它的发现者王懿荣，搜集所得有 1000 余片。与他同时的孟定生、王襄等人也搜集了不少甲骨，约有 4500 片。当八国联军攻入京城时，清帝外逃，王懿荣偕夫人与儿媳投井殉节。据说王懿荣死后，其子王崇烈来北京，变卖家产，偿还王懿荣生前债务，把王懿荣收集的千余块甲骨卖给了刘鹗。刘鹗加上自己的搜集，收藏甲骨有 5000 余片。同时代的

图 4　中国社会科学院古代史研究所甲骨文藏品，编号 272 正，内容为征伐卜辞，材质为牛肩胛骨　中国社会科学院古代史研究所提供

罗振玉在搜集甲骨文上也花了很大精力，经多年留意寻找，在 1908 年"访知贞卜文字出土之地为洹滨之小屯"。由于是最先考证出甲骨文出土地点的人，罗振玉不仅加大在北京的收购，还派古董商直接到安阳小屯"瘁吾力以购之，一岁所获，殆愈万"，而且"命家弟子敬振常，妇弟范恒斋兆昌，至洹阳采掘之，所得则又再倍焉"。因此，罗振玉所获得甲骨数量超过其他人，约 30000 片，其中有很多精品。

甲骨文的发现不仅吸引了国内学者的目光，一些欧美和日本学者也对这些珍贵的历史文物资料产生了很大兴趣。许多国家利用当时中国半殖民地国弱民穷的状

况，通过各种手段，带走了大量甲骨文。最早搜集甲骨文的外国人是美国人方法敛和英国人库寿龄。他们先后在 1903、1904、1906 年收购了几批甲骨文，后来这批文物流散于美国卡内基博物院、英国苏格兰皇家博物院和大英博物馆内。其后还有英国人金璋，德国人威尔茨、卫礼贤等，其搜集的甲骨文流散在德国和瑞士等地。搜集最多的当属加拿大人明义士，他曾在安阳任职牧师，从 1914 年起收集甲骨。据说，他当时搜集的数量达到 35000（一说 50000）片之巨。后来，明义士在齐鲁大学执教，所藏甲骨大多存于齐鲁大学。明义士回国后，大部分甲骨留在了中国，但也有一部分甲骨被其友人带到了加拿大，其中一些甲骨现藏于加拿大皇家安大略博物馆。

除欧美之外，还有日本人林泰辅、三井源右卫门、河井荃庐、堂野前种松等人所得约 15000 片。日本占领华北后，日本人更有便利条件大量偷盗殷墟文物。据山东博物馆工作人员回忆，1945 年日军投降后，在大连远东炼油厂的一名日籍工程师处发现了一个未来得及运走的大铁箱，铁箱中装有 1219 片甲骨。新中国成立后，经胡厚宣先生鉴定，这批甲骨正是罗振玉旧藏品，其中 4 片还是特级品和精品。

据胡厚宣先生《八十五年来甲骨文材料之再统计》一文所述，从 1899 年甲骨文首次发现，至 20 世纪 80 年代，出土甲骨 15 万余片，其中大陆收藏 97611 片，台湾收藏有 30204 片，香港藏有 89 片，中国总计收藏 127904 片；此外，日本、加拿大、英、美等 12 个国家共收藏了 26700 片。也就是说，有将近五分之一的甲骨文物流散于海外。虽然后来，在日本、加拿大、英、美等地不断有甲骨著录出版，一定程度上弥补了学术研究资料不全的缺陷，但这些珍贵文物实体流散国外，不仅是国内学术界的遗憾，更是中华民族的损失。

四、科学发掘，成果丰硕

1928 年以前，甲骨文多为民间私人盗掘，殷墟及其内部包括甲骨文在内的文物遭到不同程度的破坏，甚至出现了很多作伪的情况，这使甲骨学研究凭空多出了一项"辨伪"的工作。不仅如此，以逐利为目的的盗掘，对很多甲骨造成了破坏，加之社会动荡，许多甲骨因此流失国外，十分可惜。所幸，在 1928 年 10 月，殷墟开始了科学的发掘。当时，供职于国民政府中央研究院历史语言研究所的董作宾去安阳考察，他发现当地很多村民在殷墟挖掘并出卖甲骨，随即向时任史语所所长傅斯年建议，由中央研究院主持进行系统发掘。

科学发掘甲骨文的目的，董作宾在其所作《民国十七年十月试掘安阳小屯报告书》中有所提及：其一是为了探寻安阳小屯是否还有甲骨文。在科学发掘之前，民间私采出土甲骨数量就已经巨大了，很多人认为不会再有大宗的甲骨出土。其二是通过系统的、有组织的发掘，保护甲骨文和与之同时出土的各种文物不再继续散失。其三是通过科学研究甲骨文与其他同时出土文物、遗迹、地层关系，给商代史的研究提供更全的资料，并将殷墟作为考古学的标尺，为其他古迹的发掘及年代研究提供标准。

殷墟的试掘工作由董作宾主持，首次发掘获得甲骨残片 784 件。此后，从 1928 年至 1937 年的 10 年时间里，国民政府中央研究院史语所又先后在安阳小屯村殷墟进行了 15 次大规模的科学发掘。

然而，发掘过程并不是一帆风顺的。民国时期，政治社会环境都十分复杂，尤其河南地区，灾害频发，战祸连年，百姓生活困难，私掘、乱掘、盗掘古物行为泛滥成灾，殷墟也不能幸免。由于之前一直没有采取有效的管控措施，在科学发掘的过程中，安阳及其附近的殷墟古迹还是会经常受到盗墓者滋扰，有些地方的官绅甚至合谋盗卖古物。相关史实在中国第二历史档案馆馆藏中央研究院的档案中就有记载。如 1933 年中央研究院史语所致河南省第三区行政督察专员兼保安司令公署的公函中就写道："安阳连年水灾骈臻，无不奇重，民力憔悴，生活维艰"，所以"愚氓未能固穷，遂萌分外苟得之念"，在安阳周边郝家店明皇子墓及小屯村、花园庄、王裕口等处盗掘古物，"派员会同古物保存会逐处勘察"，"饬警驰往查禁且编发布告"，"严令警队暨各区长督同各保甲长等一体负责"严查盗掘情况，保护古物。史语所考古组一边要进行考古工作，一边还要与盗墓者作斗争。为更好保护和研究殷墟发掘古物，国民政府也做过一些努力。如在 1932 年，中央研究院史语所与河南省政府合组成立了"河南古迹研究会"，对殷墟发掘调查及研究工作进行组织和指导。1935 年 3 月，国民政府参照欧美制定了《采掘古物规则》，为考古发掘行为制定了相应的程序。这也让殷墟考古与保护工作更加规范。规则虽然只有 13 条，很不完善，但在考古史上的意义相当重大，也影响了后来新中国"考古法"的制订。1935 年后，中央研究院史语所考古组的考古发掘行为按照规则办理领取了"采掘古物执照"，由中央古物保管委员会派员监察，同时请河南省政府派员参加并予以保护。即便如此，盗墓行为仍然时有发生。

　　发掘历程艰辛，但成果显著。当时中央研究院史语所的第一次至第九次发掘工作获得甲骨 6513 片。其中，1931 年的第四次发掘中，在后冈，由梁思永先生发现并认识了仰韶、龙山、殷代文化直接叠压的地层，从而确定了这 3 种文化的时代序列，奠定了考古地层学的基础。后来，还在这里发掘了一座带两条墓道的殷代大墓，大墓四隅发现殉葬人头 28 个，此乃首次发现殷代殉人遗迹。第十三次至第十五次发掘获得甲骨 18405 片。其中，第十三次发掘算得上是甲骨文发掘史上第一次重大发现。1936 年 6 月 12 日，在小屯村北发现了一个埋藏甲骨的圆形窖穴——H127 坑。该坑共出土了刻辞甲骨 17096 片（卜甲 17088 片，卜骨 8 片），其中完整的龟甲 300 多版。这批殷墟甲骨文的时代多属武丁时期。甲骨刻辞的内容很广泛，上至天文星象，下至人间杂事，涉及殷代的政治、经济、文化、社会生活等各个方面，是研究商代历史和甲骨文的珍贵资料。[1] 也是在这次考古发掘中发现了殷人使用毛笔、朱墨书写的字迹。这批考古所得的甲骨，著录在《殷虚文字甲编》和《殷虚文字乙编》中，现藏于台湾"中研院"史语所。抗日战争全面爆发后，国民政府中央研究院史语所的殷墟发掘工作被迫停止。

新中国成立后，党和国家对文化事业十分重视，自 1950 年起，在百废待兴、百业待举的情况下，还拨出专门经费，开始对殷墟进行大规模的科学发掘。安阳殷墟被列为全国重点文物保护单位。中国科学院考古研究所还在安阳殷墟设立了工作站，建立了"殷墟陈列室"。新中国成立以来历次发掘成果颇多，不少精品都在这里陈列，供广大群众参观和中外学者研究之用。新中国成立以后的殷墟发掘工作既有对民国时期发掘工作的继承，又有新时期工作重点的不同，尤其在安阳以外的地方也有所收获，这使人们的视野更加扩大，也促进了对甲骨文研究的深度。同时，殷墟在持续不断的考古中，又有新的甲骨发现。

---

[1]　刘一曼：《殷墟考古与商代甲骨文铜器铭文研究——纪念殷墟发掘 80 周年》，《殷都学刊》2008 年第 3 期。

1973 年，小屯南地发现刻辞甲骨 5335 片（卜骨 5252 片、牛肋骨 4 片、未加工的骨料 4 片、卜甲 75 片），其中完整的大块的刻辞卜骨 100 多版，这是殷墟甲骨文的第二次重大发现。小屯南地甲骨，大部分属康丁、武乙、文丁卜辞，少量属武丁和帝乙、帝辛时代的卜辞。它们出土时，大多有可靠的地层关系，并与陶器共存，对甲骨文的断代研究有重要意义。其刻辞内容也相当丰富，包括祭祀、田猎、征伐、农业、天象、旬夕等，给甲骨学和商史研究提供了又一批重要资料。

1991 年秋，在花园庄东地发现了一个长方形窖穴（编号 H3），窖穴内出土甲骨 1583 片，其中有刻辞的 689 片（卜甲 684 片，卜骨 5 片）。此坑甲骨以大版的卜甲为主，完整的刻辞卜甲达 300 多版，尤显珍贵。这是自 1936 年 127 坑和 1973 年小屯南地甲骨之后殷墟甲骨文的第三次重大发现。①

甲骨文的发掘工作至今仍在继续。除安阳殷墟外，还有河南郑州、济南大辛庄等地方也发现了商代甲骨文，但数量都不能与安阳殷墟相比。在陕西、山西等地还出土了片数不等的西周甲骨文，为甲骨文的研究提供了更多的素材。

五、甲骨研究，百年历程

虽然甲骨文已经有 3000 多年的历史，但甲骨学还很年轻。从时间上来看，甲骨文的研究大致可以分为 4 个阶段：1899—1928 年是甲骨文的非科学发掘阶段和甲骨学的初创阶段；1928—

---

① 刘一曼：《殷墟考古与商代甲骨文铜器铭文研究——纪念殷墟发掘 80 周年》，《殷都学刊》2008 年第 3 期。

1949 年是甲骨文的科学发掘和甲骨学的发展时期；1949—1978年是殷墟科学发掘的持续开展和甲骨学深入研究时期；1978 年至今是殷商文化全面深入研究时期。

从 1899 年王懿荣第一次识读甲骨文开始，就开启了甲骨文的研究大门。1903 年，第一本甲骨文著录即刘鹗的《铁云藏龟》面世，全书共 6 册，收录甲骨 1058 片，虽印刷技术不精，拓本字迹模糊，但依然在甲骨学史上占有重要地位。《铁云藏龟》出版仅一年后，著名学者孙诒让据以研究，写出了第一部甲骨文研究著作《契文举例》。不久，罗振玉也将自己收藏的甲骨文整理墨拓或摄影，先后出版了《殷虚书契》《殷虚书契菁华》《殷虚书契后编》《殷虚书契续编》等一系列著录，收录甲骨共计 5400 余片。这些著录选材精细，内容丰富，且印制工整清晰，至今还是研究甲骨文和商代历史的重要资料。罗振玉还利用自己的收藏，研究出版了 3部重要的著作：《殷商贞卜文字考》、《殷虚书契考释》和《增订殷虚书契考释》。尤其是他在王国维的协助下出版的《殷虚书契考释》，考定了帝王 22 位、先妣 14 位、人名 78 个、地名 193处、文字 485 个，在甲骨学史上有着划时代的意义，标志着甲骨文研究进入了"文字时期"。其后，王襄、叶玉森等人也编纂出版了一批甲骨著录。这些甲骨著录的出版使骨质早已脆弱不堪、易折易朽的珍贵甲骨得以离开少数收藏者的书斋，展现在世人面前，不仅扩大了甲骨文的流传范围，也大大促进了它的研究广度与深度。

在文字考释的基础上，学者们开始以甲骨文为史料来研究商史，成就最突出的当推国学大师王国维。他不仅在文字考释方面做出了不少贡献，还对商周的礼制、都邑、地理等方面进行了研究。1917 年他发表了《殷卜辞中所见先公先王考》及《续考》，把甲骨学研究推向一个新阶段，标志着甲骨文研究已由"文字时期"进入了"史料时期"。在这两篇著名论文中，他考证甲骨文中出现的先公先王和父、兄之名与《史记·殷本纪》中的记载基本相同，这就证明了甲骨文乃殷代之物，不仅大大提高了甲骨文的学术地位，也证明安阳小屯乃是湮没了3000多年的殷墟。这一时期，从事甲骨文收集和研究的还有不少外国人，如日本人林泰辅、英国人金璋等，其中最突出的当属加拿大人明义士。明义士利用自己收藏的大量甲骨文，于1917年编印出版《殷墟卜辞》，同时还出版了《商代文化——殷墟甲骨》，系统介绍了殷墟的甲骨文。

自1928年甲骨文开始科学发掘后，董作宾编著的《殷虚文字甲编》和《殷虚文字乙编》可以说是新中国成立以前甲骨文著录的集大成者，拥有较高的科学性和研究价值。通过对发掘甲骨的研究，董作宾还发表了《甲骨文时代研究例》，确定了识别甲骨片上殷代文字分期的10个标准，即世系、称谓、贞人、坑位、方国、人物、事类、文法、字形、书体。通过这10个标准，他将甲骨文划分为5个不同时期，确定了殷商自盘庚迁都后的八世十二王，即第一期盘庚、小辛、小乙、武丁（二世四王），第二期祖庚、祖甲（一世二王），第三期廪辛、康丁（一世二王），第四期武乙、文丁（二世二王），第五期帝乙、帝辛（二世二王）。这10个标准的建立和殷商断代划分，使甲骨学研究摆脱了传统金石学的局限，与近代考古科学方法相结合，成为甲骨学研究中的一件里程碑式的大事，甲骨学界称之为"凿破鸿蒙"，为甲骨学研究开启了新的篇章。

新中国建立初期，胡厚宣对抗日战争时期出土的甲骨进行搜集著录。自1951年起，陆续出版了《战后宁沪新获甲骨集》

《战后南北所见甲骨录》《战后京津新获甲骨集》《甲骨续存》四部甲骨著录，共著录甲骨约 13800 片，其科学的编辑方法为甲骨著录编纂开创了新体例。甲骨学在文字的考释、分期、卜法等有关甲骨本身所固有规律的研究方面取得了新的进展。陈梦家的《殷虚卜辞综述》、于省吾的《甲骨文字释林》等著作，都有许多独到之处。

据胡厚宣所著《五十年甲骨学论著目》统计，1899 年至 1949 年世界范围内，共有 289 名甲骨文研究者，这些研究者所写的 876 种论著中，提出和解决了不少重大问题。其时，甲骨学研究已经涉及文字、文法、断代、古代历法、天文、地理、政治、宗教、农业、王室贵族等很多方面。同时，安阳殷墟以外的商代遗址的发现，如河南郑州、偃师商城，湖北黄陂盘龙商城，河北邢台、藁城商代遗址等的发掘，扩大了甲骨学商史研究的领域。

图 5　郭沫若捐赠中国社会科学院古代史研究所甲骨文藏品　中国社会科学院古代史研究所提供

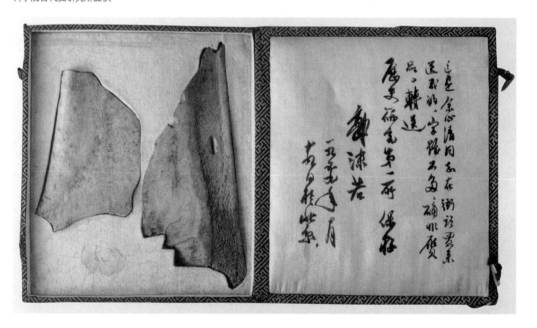

　　1978 年后，甲骨文研究进入全面深入发展时期。中共十一届三中全会后，"科学的春天"到来，我国学术事业得到迅速发展，殷商文化研究的队伍也迅速扩大，一大批中青年学者成为研究骨干和学科带头人，许多新成果不断涌现。《甲骨文合集》《小屯南地甲骨》等甲骨著录出版，使甲骨学研究资料匮乏的局面得到根本改观，特别是郭沫若主编的《甲骨文合集》可以说是 1973 年以前安阳所出甲骨文的一部全面总结性著录。这些甲骨著录的出版使甲骨学研究课题在广度和深度上得以扩展。甲骨学研究方法和研究手段与现代科技同步发展，思想更加开放，1978 年后涌现出大量研究论著，甲骨学研究进入全面深入发展阶段。

　　为适应殷商文化研究全面深入发展和国内外学术联系的加强，一些研究殷商文化的学术团体和国际性的学术会议相继成立和召开，如中国先秦史学会、中国殷商文化学会、安阳甲骨学会、江苏省甲骨文学会等。其中，成立于 1987 年的中国殷商文化学会，由胡厚宣、夏鼐、张政烺等研究甲骨文的前辈学者担任学会的发起人和中坚。

　　经过 100 年的发展，在殷商文化研究成果日益丰富、殷商文化学科日趋成熟的基础上，这一领域涌现了一些成果汇总性的著作，如王宇信、杨升南主编的《甲骨学一百年》。还有《甲骨文合集补编》基本囊括了《甲骨文合集》以外的重要甲骨文资料。1999 年出版的宋镇豪主编《百年甲骨学论著目》一书使人对殷商文化研究论著一目了然。据该书统计，彼时，全球研究甲骨文的学者已有近 4000 名，研究论著达 10000 余种。甲骨文、殷商史研究的论著，以平均每年 100 多种的数量刊布出来。这种现象表明，甲骨学已经成为显学和世界性的学问。

六、先民智慧，蕴存甲骨

毛泽东同志曾说："在中华民族的开化史上，有素称发达的农业和手工业，有许多伟大的思想家、科学家、发明家、政治家、军事家、文学家和艺术家，有丰富的文化典籍。"[①]文明从来不是一蹴而就的，我国古代劳动人民通过辛勤劳动和在实践中不断总结经验，发明和创造了很多先进的知识和技术，展现了中国古代先民的智慧。

通过对甲骨文的研究，学者们发现、探究了殷商时代人们的生产劳动情况，如种植业、畜牧业的发展状况。恩格斯曾说，农业是整个古代世界决定性的生产部门。中国自古就是农业大国，商代农业生产已经有了很大进步，在农作物的培育和种植方面积累了丰富经验。他们不仅掌握了从播种前的准备工作到作物的田间管理、收获、存储等一整套全面的农作物栽培技术，而且在长期与大自然的恶劣气候作斗争的实践中总结出了植物与水分的关系等与生物学相关的知识，这方面的知识记载早于希腊1000多年。殷代桑蚕养殖技术、马匹驯化繁殖技术都有了很大发展。根据甲骨文的记载，殷代人民对蚕神的祭祀典礼十分隆重，这说明商代对养蚕业的重视，也说明我国是最早发明蚕桑丝织的国家；商代还发明了"相马术"，对马匹进行挑选并加以区分，根据不同的特性安排不同的用途，同时对马匹的繁殖进行干预，甚至出现了原始的马医。马匹对商代的重要性与当时的狩猎、战争密不可分，养马业受到了商王的重视，还设置了"马小臣"等官职来掌握王

[①]　中共中央文献研究室、国家民族事务委员会编：《毛泽东民族工作文选》，中央文献出版社2014年版，第6页。

室马匹的饲养和管理。①

　　甲骨文的发现还揭示了殷人在天文历法、数学、医学等方面的成就。古代劳动人民由于农业和畜牧业生产发展的需要，很早就注意到对天象的观察，对天象的记载最早可以追溯到距今5000多年的原始社会后期郑州大河村遗址。在甲骨文中也有很多关于风、云、雷、雨、冰雹等天象的记载，除此之外，还有我国最早对"大火""新星""鸟星""大岁"等星宿的观察记录以及对日食、月食等天文现象的记录。天象观测的进步推动历法的发展，殷代历法是阴阳合历，每年一般分春、秋两个季节。早在1914年，罗振玉在其所著的《殷虚书契考释》中就提出了他对殷墟卜辞中所见"十三月"的看法。又经后人研究考证发现，在武丁时期有了年终置闰的计算方法，把闰年的最末一个月称为"十三月"。一个月有时30天，称为"大月"；有时29天，称为"小月"；有时也将两个大月相连接，称为"频大月"。祖庚、祖甲后，有时出现两个"七月"或"八月"，说明与年终置闰一起，开始有了"年中置闰"法，也有时一年十四个月，学者们认为这是"再闰"。直到西周时期，这种历法还在沿用。②到了春秋战国时期，由于周朝王室衰落，诸侯各行其是，因此出现多轨制历法，亦即各诸侯和各地部落还有自己的地方历法，殷历逐渐被弃用。殷人当时还将一个昼夜划分为不同的时间段，日出至日落为"日"，日落至第二天日出为"夕"，一个白天又分为上午的明、旦、朝、大采、大食等，中午为中日，下午分为昃、小食、小夕、暮、昏

　　① 王宇信：《新中国甲骨学六十年（1949—2009）》，中国社会科学出版社2013年版，第116页。

　　② 王宇信：《新中国甲骨学六十年（1949—2009）》，中国社会科学出版社2013年版，第123页。

等时段。此外，表示已经过去的时间用"昔"，较近的未来时间用"翌"，较远的未来时间用"来"。这些历法或时间观念都得到不同程度的传承。

天文观测和历法计算的需要又促进了数学的进步。甲骨文中最小的数字为一，最大的数字为三万，这反映了殷人已有个、十、百、千、万的数字概念，商代已经能进行一般的数学运算和使用倍数。殷人使用的从一至十的数码，按实用需要进行排列和逢十进一的计数方法对现代人来说已习以为常，但若与古埃及的计数方法相比较，则殷人的计数法更先进、更科学。印度则更是到了6世纪才开始使用十进制。所以商代使用的数学系统，是我国古代先民对人类科学发展做出的一大贡献。

早在殷代，我国医学就有了很大发展。甲骨文中还有很多关于人体各种疾病的记载，胡厚宣在《殷人疾病考》中认为："殷人之病，凡有头、眼、耳、口、牙、舌、喉、鼻、腹、足、趾、尿、产、妇、小儿、传染等十六种，具备今日之内、外、脑、眼、耳鼻喉、牙、泌尿、产、妇、小儿、传染诸科。"其中对于"龋齿"的记载要比古印度、古希腊早 700~1000 年。除此之外，甲骨文中还记载有"心疾"。而据《左传》记载，古代所说"心"，其功能与现代的大脑功能相当，所以有人认为，甲骨文中的"心疾"应是我国古代关于脑神经系统病症最早的记载。甲骨文卜问疾病的记录，从某种意义上说，是我国最早的医案。它不仅使我们研究古代医学时了解殷人已具有的各种有关疾病的知识，而且可以使我们了解殷人对某些疾病已有细致、深入的划分。[1]

---

[1]　王宇信：《新中国甲骨学六十年（1949—2009）》，中国社会科学出版社 2013 年版，第 121 页。

七、汉字之源，传承之本

恩格斯把人类文明史称为"有文字记载的历史"，文字的产生标志着文明时代的到来。甲骨文是我们国家迄今发现的最早的文字，是中华民族文明的根源。汉字活着，中华文化才活着，历史才活着，民族才活着。

甲骨文是汉字发展的关键形态，它上承原始刻绘符号，下启青铜铭文。比之原始社会刻绘符号如比较著名的贾湖契刻、庄桥坟刻符等，甲骨文已经形成自己的体系和规律，有着较为稳定的形态和释义。在甲骨文发现早期，不少甲骨文字形体，经过与金文、《说文解字》所收的古文、籀文形体简单比对，便能得到比较可靠的释读成果。比如，1903 年，刘鹗在自行刊布的《铁云藏龟·自序》中轻松认出 40 余字，其中 30 多字是正确的。1904 年，孙诒让得到《铁云藏龟》后"穷两月力校读之"，写成《契文举例》一书，又正确释出甲骨文字 185 个。金文、籀文较之甲骨文在字形字体上更加规范、稳定，这也说明甲骨文与金文和籀文间有着紧密的继承与发展的关系。从目前的考古发现和认知来说，中国文字从甲骨文开始，才算形成真正意义上的文字。

图 6　中国社会科学院古代史研究所甲骨文藏品，编号 622 正反，内容为占卜是否有祟、有来艰，材质为牛肩胛骨　中国社会科学院古代史研究所提供

从结构上看，甲骨文的大小虽然不一，但都比较均衡对称，从已经释读的甲骨文来看，大部分文字的造字方法遵循汉字"六

书"中象形、会意、指事、形声的造字原理，不仅具有文字萌芽时的象形字，而且向符号文字过渡，有着抽象的意义，且刻辞者主宾意识非常强。无论是单体字、合体字，还是合文字，其立定主笔、主部之位后，余部则呈拱向之势。如象形字人、木、山、水、云、日、月、犬，以直（竖）、横、弧为主；单体字于、子、丙，以直（竖）、弧为主。合体字：好，女有"子"为"好"，以女部为主；休，人依靠木则减轻疲劳为"休"，以木部为主。合文字："五十""三千""三牛"，多以竖为主。以上字的笔画皆以直、弧为主，结构以达意为主部，余则拱之，是为礼仪之道。

甲骨文的书写有 4 种情况，绝大多数是单刀细刻，少数为肥雕、笔书与刻后填色。笔、墨、纸、砚是中国文房四宝，在殷商时期，由于考古发掘中有朱书甲骨、墨书白陶片等实物出土，可知在殷商时代就已经存在笔、墨、砚。关于涂朱填墨的涂饰质料，美国皮其来（A. A. Benedetti-Pichler）的《中国卜骨涂色之显微分析》（Microchemical Analysis of Pigments Used in the Fossae of the Incisions of Chinese Oracle Bones, *Industrial and Engineering Chemistry Analytical Edition*, Vol.9, No.3, 1937），以及美国汉学家白瑞华（Roswell S. Britton）的《卜骨中之颜料》（Oracle-Bone Color Pigments, *Harvard Journal of Asiatic Studies*, Vol.2, No.1, 1937），对甲骨文涂饰的矿物质颜料朱砂（硫化汞）和植物性颜料炭墨进行了科学鉴定。[1]

甲骨文契刻的格式很多，但最基本的则是从上而下、自右向左的竖排。这一汉字书写规矩延续了 3000 多年，直到新中国成立后才改为横排。时至今日，中国书法作品中的行气依然保持着

---

[1]　宋镇豪：《甲骨文——世界记忆名录中的古典文献遗产》，《"发展中的世界记忆"国际学术研讨会论文集》，2019 年，第 85 页。

甲骨文时代传承下来的规矩。从书法上来说，甲骨文可分为 5 个时期，即盘庚至武丁为第一期，书法风格主要是雄浑有力；祖庚、祖甲为第二期，书法风格是谨饬，字的大小适中，行款均匀适度；廪辛、康丁为第三期，书法颓靡，常出现错字；武乙、文丁为第四期，书风主要是劲峭、豪放洒脱；帝乙、帝辛为第五期，书法风格严整浑厚。郭沫若称："存世契文，实一代法书，而书之契之者，乃殷世之钟、王、颜、柳也。"

甲骨文虽然与金文、籀文有相似之处，但毕竟是更早期的汉字形态，依然有很多文字不能为人们所释读，如孙诒让写《契文举例》时，对甲骨文识字太少或认错字太多，以致很多卜辞内容不能通读而十分费解。民国时期罗振玉和王国维等大家学者在甲骨文释读上做出了很大贡献，如罗振玉的《殷虚书契考释》《增订殷虚书契考释》共考释出甲骨文字 571 个，但依然有很多甲骨文字不被人们认知。新中国建立后，学者们在甲骨文文字考释方面做了艰苦的、创造性的探索。20 世纪 70 年代，郭沫若对甲骨文字进行过粗略统计，"只有三千五百字光景。其中有一半以上是可以认识的；不认识的字大多是专名，如地名、人名、族名之类，其义可知，其音不能得其读"[1]。容易释读的字大多已被前人释出，不认识的字因不少在商代以后的文字中就不再使用，不容易找出它们字形演化的线索，在后世的字书中也很难得到印证，因此很难再有新的发现。但是古文字学家运用辩证法，对文字的点划或偏旁以及它的音义的关系进行科学分析，并在清代汉学家用考据学所取得的某些优秀成果的基础上，对一些不认识的甲骨文字进行创造性的研究，取得了可喜成果。如于省吾的《释奴婢》《释尼》，

---

① 郭沫若：《古代文字之辩证的发展》，《考古学报》1972 年第 1 期。

胡厚宣的《释殷代求年于四方和四方风的祭祀》《释"余一人"》《殷代的刖刑》，杨向奎的《释"不玄冥"》，等等，其中不少文章发前人之未发，或在前人的基础上有所前进。[①] 在他们的努力下，越来越多不被人识的甲骨文被释出。

古文字的研究不仅要依靠老一辈学者，更需要年青人才的传承。在古文字研究人才培养上，1978 年以前，老一辈学者在困难中薪火相传；改革开放后，随着科教文卫工作步入正轨并有了快速发展，老一辈古文字学家焕发了青春，他们承担起繁重的科研和教学任务，积极培育古文字学研究人才。改革开放时期培养起来的学者已成长起来，成为当前活跃在古文字研究前沿的学科领军人和培养研究生的主力。除北京大学、四川大学、中山大学等在"文革"前就招收古文字研究生的高等学府重新恢复并扩大招生外，其他如华东师范大学、郑州大学、首都师范大学也在改革开放后相继开始招收古文字研究生。古文字学研究人才培养基地进一步扩大，研究领域也进一步拓展，并形成多学科、多层次人才培养方式。各大学府相互借鉴学习，取长补短，古文字学研究在团结中发展，在发展中传承。2019 年 11 月 1 日，习近平总书记在为甲骨文发现和研究 120 周年所发贺信中指出，"新形势下，要确保甲骨文等古文字研究有人做、有传承"[②]。这体现了党和国家对以甲骨文为代表的中华优秀传统文化的高度重视，甲骨文的研究迎来了春天。

商代历史与中国传统的礼制都刻入了甲骨之中，古文字研究

---

① 王宇信：《新中国甲骨学六十年（1949—2009）》，中国社会科学出版社 2013 年版，第 42~43 页。
② 《习近平致甲骨文发现和研究 120 周年的贺信》，"新华网"，2019 年 11 月 2 日。

使我们获得了文字形成过程中的更多原生态材料，现代汉字信息量的丰富性得到进一步补充和深化。对古文字的考释和古文字象形、象意、象声的研究和探索，将会使现代汉字结构的严密性得到进一步的诠释和拓展。不仅如此，甲骨文中承载的中国殷商时代青铜文化得以更完整的保存，中国文化传承的脉络也因此更加清晰完整。汉字的历史厚重性在世界文明史上得到历史的定位，不屈与奋发的民族文化精神更加光大。

汉字是中国文化的重要组成部分，承载着中国文化的传承与发展，每一个方块字都如同血液中的红细胞，汇聚成中国文化的命脉与灵魂。甲骨文成功入选《世界记忆名录》是世界对甲骨文的文化价值和历史意义的认可，也是对中国文化传承完整性的认可。甲骨文不仅是中国的文化遗产，也是全人类宝贵的文化财富。甲骨文成功入选《世界记忆名录》，有力地提高了中华文化在国际上的软实力，甲骨文的发掘、征集、研究与保护也必将得到更多的关注。我们应当加强对散存在世界各地的甲骨文的征集与交流，加大甲骨文的发掘与保护力度，加深对甲骨文的研究，通过甲骨文宣讲中国商代的历史和故事，让世界通过古老的东方文字了解中国悠久的文明历史和深厚的文化底蕴。

甲骨文是我们应当珍视的文化瑰宝，更是我们应当引以为豪的、彰显文化自信的财富。甲骨文入选《世界记忆名录》并不是结束，而是一个崭新的开始，围绕甲骨文的各项工作将在新的阶段蓬勃开展。

甲骨文，这一穿越数千年，饱含中国先民智慧的结晶必将在新时代散发出更加璀璨夺目的光芒。

参考文献

1. 王宇信：《中国甲骨学》，上海人民出版社 2009 年版。

2. 王宇信：《新中国甲骨学六十年（1949—2009）》，中国社会科学出版社 2013 年版。

3. 宋镇豪：《甲骨文——世界记忆名录中的古典文献遗产》，《"发展中的世界记忆"国际学术研讨会论文集》，2019 年。

4. 雷紫翰：《殷代神灵信仰的动因与实质述论——写在甲骨文发现一百周年之际》，《兰州大学学报》（社会科学版）2001 年第 1 期。

5. 刘一曼：《殷墟考古与商代甲骨文铜器铭文研究——纪念殷墟发掘 80 周年》，《殷都学刊》2008 年第 3 期。

6. 郭沫若：《古代文字之辩证的发展》，《考古学报》1972 年第 1 期。

7. 林乾良、李葆荣编著：《甲骨文与书画印》，西泠印社出版社 2014 年版。

8. 具隆会：《甲骨文与殷商时代神灵崇拜研究》，中国社会科学出版社 2013 年版。

近现代中国苏州丝绸档案

The Archives of Suzhou Silk from Modern and Contemporary Times

杨　韫　苏　锦　栾清照　陈　鑫　吴　芳　卜鉴民

图 1　《近现代中国苏州丝绸档案》概貌　苏州市工商档案管理中心提供

《近现代中国苏州丝绸档案》，是 19 世纪到 20 世纪末期，苏州丝绸产业在技术研发、生产管理、营销贸易、对外交流过程中直接形成的、由纸质文图和丝绸样本实物组成的、具有保存价值的原始记录，总计为 29592 卷。

《近现代中国苏州丝绸档案》，是 100 多年苏州丝绸产业工艺技术和发展历史的珍贵记录，见证了中国丝绸由传统作坊到工业化生产的历史转变，反映了一个多世纪的东西方商贸交流和文化变迁。该档案的历史沉淀和国际意义，也是对当前"一带一路"国家交流发展的呼应。

2016 年 5 月 19 日，《近现代苏州丝绸样本档案》入选《世界记忆亚太地区名录》；2017 年 10 月 30 日，《近现代中国苏州丝绸档案》入选《世界记忆名录》。

一、入选背景和过程

20 世纪末，国有（集体）产权制度改革轰轰烈烈地进行，通过改革，一大批国有（集体）企业获得了新生。然而改革也给许多企业的档案管理工作带来了困难，面对困难，苏州市知难而进，建立了全国首家专门管理改制企业档案的事业单位——苏州市工商档案管理中心（简称"中心"），抢救式接收改制企事业单位档案约 140 万卷，并由此开创了全国档案系统改制企业档案管理的"苏州模式"。

中心接收的这批档案卷帙浩繁，这种抢救性接收，注定只能是粗犷式的。当时这些档案都是用麻袋装着的，接收进馆后，中心一直进行着清点、分类、编目、装盒、上架等后续的规范整理工作，直到 2018 年 2 月份，这项工作才算全部完成。在工作人员细心的整理过程中，29592 卷丝绸档案脱颖而出，成为中心的馆藏珍宝。

2011 年，《苏州丝绸样本档案》列入《苏州市珍贵档案文献名录》；2012 年，苏州市档案局和苏州市工商档案管理中心积极向市委、市政府争取，将丝绸样本档案的抢救、保护和开发利用工作列入市政府《苏州丝绸产业振兴发展规划》之中；同年，这批丝绸样本档案入选《江苏省珍贵档案文献名录》；2015 年，《近现代苏州丝绸样本档案》入选第四批《中国档案文献遗产名录》，随后开始向文献遗产的世界最高荣誉进发。

前后 5 年间，围绕馆藏丝绸档案，中心做了大量的准备工作，为后续申遗成功打下了坚实的基础。

中心开展了"丝绸样本档案纳米技术保护研究及应用"项目研究，解决了丝绸样本档案的腐蚀和抗光氧化问题，还申报了国家档案局科技项目"百年丝绸纹样公共数据平台"，希望为在建的中国丝绸档案馆开展业务以及为相关丝绸企业、研究机构和社会公众提供丝绸档案信息服务。

中心还组织人员远赴德国弗莱堡孔子学院、捷克布拉格、法国、瑞士等地多次举办馆藏丝绸档案精品展，出版《丝绸艺术赏析》、《档案中的丝绸文化》、《近现代中国苏州丝绸档案》（画册）等多种书籍，承办了"世界记忆项目与档案事业发展主题研讨会"，与优秀丝绸企业合作共建传统丝绸样本档案传承与恢复基地。

柔软曼妙的丝绸曾是中西交流的主要产品，而苏州在很长一段历史时期又是名满天下的"丝绸之府"。彼时的库房里，除了代表当时企业最高机密的产品工艺单、意匠图等科技档案，还有苏州人熟知的江南园林风景图样和专为外销设计的卡通印花绸等。白雪公主、米老鼠、唐老鸭、泰迪熊等卡通形象，在当时的中国无疑是时髦前卫的代名词。

为了更好地展示它们的独特魅力，中心组织制作了丝绸档案的宣传片和画册。从近 3 万卷丝绸档案中挑选 1000 多卷最具代表性、最富审美价值的档案，拍摄照片 1966 张，最终筛选出 200 余张图片，制作了精美的宣传画册。还与北京电影学院合作打造了一部时长 5 分钟的中英文丝绸档案宣传片，该宣传片的拍摄历时 3 个月，将丝绸档案与古典苏州相结合，讲述了丝绸档案里的中国故事。带着宣传片和画册，带着苏州档案工作者和丝绸工作者的希望，中心踏上了申报世界记忆遗产的征程。

2015 年 7 月，国家档案局推荐《近现代苏州丝绸样本档案》申报《世界记忆亚太地区名录》。自申报工作启动之时，中心申报工作小组就认真对照《世界记忆亚太地区名录》申报文本要求，在国家档案局、丝绸专家以及专业翻译人员等的指导和把关下，一遍又一遍地修改打磨中英文申报文本，最终使之符合申报要求。

2016年5月，联合国教科文组织世界记忆亚太地区项目评审会议在越南古城顺化召开。当《近现代苏州丝绸样本档案》宣传片的背景音乐在会场徐徐响起，参会专家欣赏着"丝绸之府"苏州的美景，聆听着丝绸与苏州相生相伴的故事，陶醉于美景与故事中。"如果没有档案的记载，这份（濒危传统工艺的）名单将越写越长！"这句意味深长的结束语将人们带回到评审现场。

当时有评审专家讲道："丝绸是一种美好的东西，而丝绸档案将这些美好都记录了下来，希望我们能留住美好的回忆。该批丝绸档案资料齐全，能够反映丝绸工业发展史。"经过紧张的评审，《近现代苏州丝绸样本档案》成为《世界记忆亚太地区名录》家族中的一员。

2016年5月下旬，国家档案局推荐《近现代苏州丝绸样本档案》进一步申报《世界记忆名录》。为避免出现亚太地区评审会议上相关专家提出的关于"丝绸样本档案是实物档案还是档案文献"的异议，大家讨论将申报项目更名为《近现代中国苏州丝绸档案》，并在国家档案局指导下对申报文本进行修改，按期完成了申报文稿的报送。

2017年3月底，中心收到联合国教科文组织的回复邮件："世界记忆名录委员会在2月26日至28日召开的会议上，一致认为苏州市工商档案管理中心提交的编号为2016-78的《近现代中国苏州丝绸档案》记录了中国丝绸产业变革以及东西方丝绸贸易历史，具有极高价值，须进一步提供材料以便委员会推荐其申报《世界记忆名录》。"收到邮件后，工作人员根据回函要求进一步筛选档案，尽可能地将全面系统的可视化材料报送至联合国教科文组织秘书处，并实时跟踪确认对方收到了邮件。

2017 年 10 月 24 日，世界记忆项目评审会议在法国巴黎联合国教科文组织总部召开。项目评审期间，中心副主任吴芳再次作为领队，和同事去现场做相关保障工作。在会场大楼门口，还遇到了曾来苏州考察的联合国教科文组织交流与信息部的博洋先生，他对苏州

图 2　联合国教科文组织颁发《近现代中国苏州丝绸档案》入选《世界记忆名录》证书　苏州市工商档案管理中心提供

丝绸档案印象深刻，并祝中心好运。10 月 31 日，期盼已久的好消息终于传来，在中国倡议"一带一路"的历史机遇下，《近现代中国苏州丝绸档案》成功入选《世界记忆名录》。至此，5 年的申遗之路，在这一刻终于有了回报。

二、主要内容

中心馆藏的 29592 卷《近现代中国苏州丝绸档案》，源自以苏州东吴丝织厂、苏州光明丝织厂、苏州丝绸印花厂、苏州绸缎炼染厂、苏州丝绸研究所为代表的原市区丝绸系统的众多企事业单位和组织，包含丰富的内容：既有绫、罗、绸、缎、纱等完整的 14 大类丝绸样本档案，又有宋锦、塔夫绸、漳缎及其祖本等迷人的特色档案，还有丝织品工艺书、订货单、意匠图等神秘的科技档案。

（一）完整的 14 大类丝绸样本档案

该组丝绸档案完整地包含了纱、罗、绫、绢、纺、绡、绉、

锦、缎、绨、葛、呢、绒、绸14大类的织造和印花产品样本，并存有丝绸行业织造、炼、染、印等众多工艺和设计档案，拥有大量明清和民国时代丝绸实物档案、新中国成立初期的绸缎样本、中共十五大至十八大专用红绸、历届广交会（春秋）参展绸缎样本和国外丝绸样本。这些丝绸档案较为完整地反映了苏州市区丝绸产品演变的概貌，比较全面地记载了近现代丝绸发展的轨迹和有关丝绸文化的历史资料，成为中心当之无愧的"镇馆之宝"！

这14大类织花和印花样本，每一类都有自己独特的组织结构和工艺特点：

纱，全部或部分采用纱组织，绸面呈现清晰纱孔。若隐若现、轻盈飘逸的纱犹如美丽婀娜的少女，迎着春风款款而来。这批丝绸样本中的纱细分为很多品种，有大家非常熟悉的乔其纱，还有凉艳纱、腊羽纱、玉洁纱、花影纱等，听着这些好听的名字，就让人生发出一股似水柔情。

缎，缎纹组织，外观平滑光亮。富丽堂皇、光彩熠熠的缎宛若富贵端庄的妇人，高贵而不失典雅，华丽而不失庄重。该档案中的缎非常富有特色，既有荣获国家金质奖章的、代表国内当时丝绸业内最顶尖工艺的织锦缎、古香缎、修花缎、真丝印花层云缎，又有提花缎、琳琅缎、素绉缎、花绉缎、新惠缎、桑波缎、玉叶缎、百花缎、花软缎等众多品种，组成了缎的海洋。

锦，缎纹、斜纹等组织，经纬无捻或弱捻，色织提花。精致华美、质地坚柔的锦仿佛儒雅稳重的官者，华贵中彰显威严。三大名锦之一的宋锦是不得不提的，还有月华锦、风华锦、合锦、宁锦以及民国时期的细纹云林锦等多个品种。

绢，平纹或平纹变化组织，熟织或色织套染，绸面细密平挺。质地轻薄、坚韧挺括的绢好似活泼俏皮的孩子，顽皮中透着无限活力。烂花绢、丛花绢、吟梅绢等不同品种丰富了馆藏。

呢，单用或混用基本组织、联合组织及变化组织，质地丰厚。温厚柔软、柔和厚实的呢就像成熟睿智的长者，充满岁月的厚重感。该批丝绸样本档案中的呢包括华达呢、四唯呢、彩格呢、维美呢、西装呢、涤纹呢、闪色呢等。

柔滑绚丽的绸、轻柔飘逸的纺、雍容华贵的绒、富有弹性的绉……14大类丝绸的风格特征无法一一列举。这些丝绸带给人们的美好感受会慢慢沁入心底，在内心最深处激荡。

（二）迷人的特色档案

该组丝绸档案有一些闪着格外耀眼的光芒，它们集中展现了苏州丝绸的韵味，形成了一道独特的丝绸风景线，那就是特色丝绸档案。

宋锦，与蜀锦、云锦并称为"三大名锦"，指宋代发展起来的织锦，广义的宋锦还包括元明清及以后出现的仿宋代风格的织锦。宋锦继承了蜀锦的特点，并在其基础上创造了纬向抛道换色的独特技艺，在不增加纬线重数的情况下，整匹织物可形成不同的纬向色彩，且质地坚柔轻薄。因主要产地在苏州，宋锦在后世被谈起时总会在前面加上"苏州"二字，称为"苏州宋锦"。苏州宋锦兴起于宋代，繁盛于明清，其繁荣带动了整个苏州地区经济的发展。20世纪80年代后，宋锦市场萎缩，传统宋锦濒临失传，其价值便愈加凸显。2006年，宋锦被列入第一批国家级非物质文化遗产名录；2009年，又被列为世界非物质文化遗产。中心有一块非常珍贵的明代宋锦残片，名为"米黄色地万字双鸾团龙纹宋锦"残片，万字、双鸾、团龙都是对其纹样的说明。动物、几何纹样是宋锦中比较经典的题材，龙纹在古代是不能乱用的，通常由皇家专享，可见这块残片极有可能原本用于宫廷的装饰。这块残片虽已残破暗淡，上面的金色丝线却闪闪发光，原来上面的金色丝线竟然是由真金制成的，难怪经过漫长岁月的洗礼依旧散发着夺目的光彩。

塔夫绸，法文 taffetas 的音译，含有平纹织物之意，是一种以平纹组织织制的熟织高档丝织品。20 世纪 20 年代起源于法国，后传至中国，主要产地是苏州与杭州。塔夫绸选用熟蚕丝为经丝，纬丝可用蚕丝，也可用绢丝和人造丝，均为染色有捻丝，一般经、纬同色。以平纹组织为地，织品密度大，是绸类织品中最紧密的一个品种。苏州东吴丝织厂生产的塔夫绸最负盛名，该厂生产的塔夫绸花纹光亮、绸面细洁、质地坚牢、轻薄挺括、色彩鲜艳、光泽柔和，是塔夫绸中的精品。1951 年初，国家外贸部门组织苏州丝织业 16 种产品去东欧 7 国展出，苏州东吴丝织厂生产的塔夫绸等产品广受欢迎，在民主德国展出时引起轰动，被客商誉为"塔王"，"塔王"的称号由此享誉海内外。1981 年，英国查尔斯王子和戴安娜王妃在伦敦圣保罗大教堂成婚，戴安娜王妃穿着的 7.6 米超长裙摆的拖地长裙给人们留下了深刻的印象，这件惊艳世界的婚礼服所用的丝绸面料正是苏州东吴丝织厂生产的塔夫绸。苏州的塔夫绸登上了国际舞台，赢得了世界性的荣誉。这些承载了无上荣誉的

图 3　1981 年英国皇室为戴安娜王妃婚礼购买苏州丝绸的订单与样本 苏州市工商档案管理中心提供

真丝塔夫绸的相关档案被完好地保存在中心的库房中，其中包括英国王室当时的英文订货单、婚礼选用的真丝塔夫绸样本及相关的照片等，还有作为国家机密档案的制作塔夫绸的技术资料。

　　漳缎，是采用漳绒的织造方法，按云锦的花纹图案织成的缎地绒花织物。外观缎地紧密肥亮，绒花饱满缜密，质地挺括厚实，花纹立体感极强。漳绒源自福建漳州，漳缎却源于苏州，清初聪慧细腻的苏州人将漳绒改进创新，发明了风格独特的丝绒新产品漳缎。漳缎一经问世，康熙皇帝即令苏州织造局发银督造，大量订货专供朝廷，并规定漳缎不得私自出售，违者治罪。宫廷贵族及文武百官服饰皆用漳缎缝制，此外，漳缎还用做高档陈设及桌椅套垫用料。道光中叶鸦片战争前，朝廷皇室贵族及文武百官的外衣长袍马褂，也多以漳缎为主要面料，当时也是漳缎生产的全盛时期。新中国成立后，北京迎宾馆和民族文化宫两大建筑的装饰用丝织品及沙发、椅子套垫等，也都采用的是苏州产的漳缎。2014 年 11 月亚太经合组织第二十二次领导人非正式会议（APEC 会议）上，亚太国家女性领导人和男性领导人配偶服装的装饰采用的亦是漳缎。如今，苏州漳缎织造技艺已经列入江苏省非物质文化遗产名录。中心馆藏的漳缎有宝蓝喜字镶金漳缎、咖啡色团花纹漳缎、紫色喜字圆形纹漳缎、紫色地扇形葫芦纹彩色漳缎等。而馆藏更珍贵的是24 件漳缎祖本。这些祖本主要出自 20 世纪 60 年代，

图 4　漳缎祖本　苏州市工商档案管理中心提供

大多由两到三种颜色的粗线编制而成，四周还有很多散乱的粗线头，经过时间的洗涤，部分粗线还略有褪色。看着这些祖本，你很难想象它们与华丽的漳缎有何联系。其实祖本相当于织物的遗传密码，业内称作丝绸产品的"种子花"。《天工开物》中说："凡工匠结花本者，心计最精巧。画师先画何等花色于纸上，结本者以丝线随画量度，算计分寸秒忽而结成之。张悬花楼之上，即织者不知成何花色，穿综带经，随其尺寸度数提起衢脚，梭过之后居然花现。"描述的正是我国古代丝织提花生产过程中非常重要的一步——挑花结本。而祖本则是挑花结本产生的第一本花本，又叫母本。有了祖本，就好似有了复制用的模本，可以复制出许多花本，因此这些祖本是非常珍贵的研究漳缎工艺的实物档案。

像锦织物，丝织人像、风景等的总称。以人物、风景或名人字画、摄影作品为纹样，采用提花织锦工艺技术，一般由桑蚕丝和人造丝交织而成，是供装饰和欣赏用的丝织工艺品。在织造时利用黑白或彩色经纬线，通过变化织物组织方法获得层次分明的效果，使织物表面再现与照片同样生动的人物或景物。像锦织物按其结构、色彩运用可分为黑白像锦和彩色像锦两大类。中心馆藏700余件像锦织物，既有20世纪五六十年代苏州织制的以园林为题材的风景像锦织物，又有马克思、恩格斯、列宁等伟人和国家领袖人物像锦，内容丰富多彩，形象栩栩如生，具有极高的艺术价值。

（三）神秘的科技档案

多姿多彩的丝绸样本深深吸引着世人的眼球，同样惹人注目的还有许多神秘的科技档案，包括丝织品工艺设计书、订货单和意匠图等。

丝织品工艺设计书上详细记载了丝绸的品种规格、工艺程序、产品特征等信息，工艺程序中又按步骤记录下详细的过程及每个步骤的注意事项，对今后复制或开发生产同类产品具有极大的参考价值。一些新产品还会有新品开发材料及投产工艺设计，包括开发任务书、可行性分析报告、试制报告、检验报告等非常完备的科研档案。

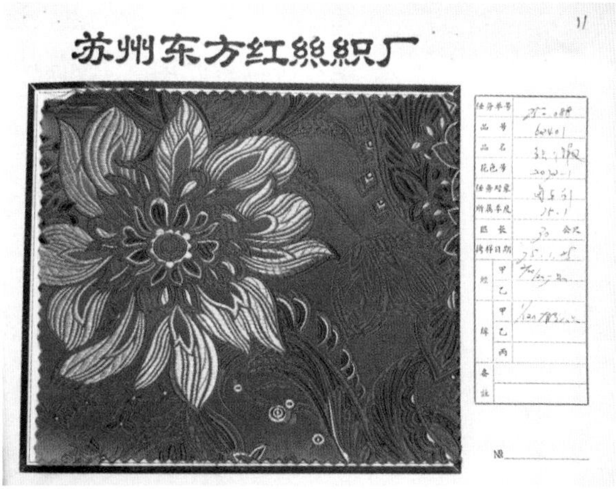

图5　销往匈牙利丝绸产品的样本　苏州市工商档案管理中心提供

丝绸订货单上清晰列出了丝绸的品号、品名、花色号、订货对象、数量、生产单位等，其中不乏许多销往国外的丝绸。前文提到的戴安娜王妃的婚礼服布料的英文订货单就完整地保存在中心的库房中，上面清楚地写着：苏州东吴丝织厂生产的水榭牌深青莲色塔夫绸，订货数量是14匹420码。大量的订货单记录了苏州丝绸远销国外的历史，表明丝绸在东西方交流中发挥了重要作用。如今，中国人民用"一带一路"搭建起中国梦与世界梦息息相通的桥梁，古老的丝绸从历史深处走来，融通古今，连接中外，将再次见证中国人民的对外友好往来。

图6　意匠图　苏州市工商档案管理中心提供

意匠图是另一项重要且极富特色的科技档案，在丝织过程中起着承上启下的作用。把不同的图案纹样织制到丝织物上，需要根据图案纹样结合织物的组织结构将不同的图案纹样放大，绘制

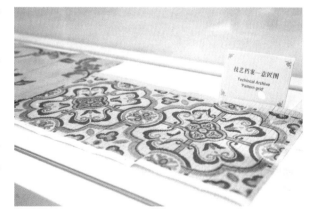

在一定规格的格子纸上，这种格子纸称为意匠图纸，格子纸上的图纹统称意匠图。不同规格的意匠图纸上画着各式美丽的图案，密密麻麻的方格里填涂着不同的色彩，光是涂满那些格子就需要花费很多时间和精力。有了意匠图，瑰丽秀美的图案花型才得以织造出来。

三、价值和意义

（一）勾勒繁荣景象的经济价值

这批丝绸档案中出口国外的部分丝绸样本及订货单，展示了20世纪中期至末期，中国专为外销设计、生产并输出到世界各地的丝织品，从中可以看出，当时中国丝绸的生产、销售不断创下历史新高。单以人们所熟知的塔夫绸而言，它在1950年第一次于东欧7国展出时，就轰动了东欧市场。此后，苏州东吴丝织厂生产的塔夫绸被称为"塔王"，畅销美国、英国、苏联、西德、瑞士、澳大利亚以及亚洲许多国家和地区，深受各国客商的欢迎，在国内外都享有盛誉。据馆藏资料记载，仅苏州东吴丝织厂一厂，在1981年1—7月份就生产了11万7千米的塔夫绸，并被客户争购一空。当时媒体报道："为了扩大生产，满足国内外市场的需要，苏州东吴丝织厂今年将增加二十台织机，年产量预计可以达到六十万米。"[①] 其所带来的经济效益由此可见一斑。

（二）行走于中西方的国际价值

经济是国际关系的一种反映。丝绸并非只是一块小小的布料，

---

① 《东吴丝织厂志》（内部资料），第79页。

透过丝绸人们可以看到中西方之间经济、文化的碰撞与交流。

查尔斯王子和戴安娜王妃的世纪婚礼令塔夫绸站上了世界舞台，为中国苏州赢得了巨大的荣誉。其实，丝绸作为国礼佳品漂洋过海，已延续多年。据不完全统计，仅新中国成立以来，苏州丝绸织绣品就有 30 多次作为"国礼"走出国门。自苏州推进"丝绸档案 +"档案资源开发利用新模式后，为充分发挥馆藏丝绸档案资源优势，助推丝绸企业对传统丝绸品种进行保护、传承、创新和发展，中心先后在各地丝绸企业中建设了 19 家传统丝绸样本档案传承与恢复基地，实施跨界融合，将馆藏样本、祖本加以研究、开发和产业化，使档案走出深闺，使中国丝绸在国际上再次焕发生机。2014 年 APEC 会议晚宴上，各经济体领导人和代表穿着特色中式服装拍摄"全家福"。其中，宋锦面料上的海水江崖纹，就被赋予了与会 21 个经济体山水相依、守望相助的寓意，正应和了"共建面向未来的亚太伙伴关系"这一主题。而在 2015 年 11 月中国—中东欧"16+1"峰会上，一系列制作精美、惟妙惟肖的领导人肖像真丝画作为国礼被赠予多国领导人。这些国礼佳品表达了苏州人民对外国友邦的热情，也是丝绸人响应"丝绸之路经济带"这一倡议的积极行动。

（三）连接古今文明的文化价值

丝绸是传播丝绸文化的一种语言，博大精深而独树一帜的丝绸文化是中国古老文明的一个重要分支。苏州丝绸以其深厚的传统文化底蕴、精湛的工艺水平，诠释了中国历朝历代不同的精神风貌及主要内涵。而《近现代中国苏州丝绸档案》作为丝绸文化的载体，翔实地记录了人们在传承和发扬丝绸文化道路上的奋斗足迹，是我国民族文化的象征，更是整个中华民族宝贵的文化遗产。

《近现代中国苏州丝绸档案》种类繁多、地域特征明显，不仅造型、结构、色彩具有形式美，而且纹样内涵丰富，如喜庆、富贵、吉祥、平安等寓意，就通过特定的图案表达出来。这些档案上所凝聚的精美的纹样，充分展现了丝绸的文化价值。以最为典型的吉祥纹样为例，用蝙蝠表现福、桃子表示寿、牡丹寓意富贵的纹样在《近现代中国苏州丝绸档案》中屡见不鲜，它们所体现出的纳吉祈福的传统文化思想耐人寻味。另外，外销丝绸产品的品种、花样等往往是根据不同出口国家的需要而特别设计制作的，融入了大量的国际元素，如深受儿童喜爱的米奇、小矮人、超人等卡通图案以及日本的和服纹样等，也在一定程度上反映了国际社会文化百余年的发展变迁。

此外，基于《近现代中国苏州丝绸档案》本身所衍生的文化价值也值得一提。围绕馆藏丝绸档案，中心编辑出版了《丝绸艺术赏析》《花间晚照——丝绸图案设计的实践与思考》等相关书籍，在加深读者对丝绸档案理解的同时，也使中国丝绸文化得以更好的传承。同时，中心与中文核心期刊《档案与建设》合作开设了《档案中的丝绸文化》和《苏州丝绸样本档案》两个年度专栏，并在专业期刊发表丝绸档案研究论文 30 余篇，以图文并茂的方式让苏州丰富的丝绸档案资源和灿烂的丝绸文化展现在世人眼前，以期让更多人加入到丝绸文化和档案文化的传承中来。

（四）传递情感艺术的美学价值

美的创造、传达和欣赏，与物体材质密不可分，由天然纤维织就的丝绸，其美学价值可以说是公认的。丝绸之美，一在纹样，二在肌理。

纹样作为丝绸面料的装饰花纹，是最直观、易辨认的元素。

以古香缎为例，它是锦缎的一种，而锦就是以彩色丝线织成各种花纹的精美丝织物。其中，风景古香缎在图案设计上，无论是题材内容、排列方法、色彩组合，还是绘制技巧，和其他丝绸品种相比较，都有着较大难度，从内容到形式均充斥着其独有的审美情趣和美学情感。既要掌握适度原则，又要突出风景古香缎的特色，使纹样与肌理配合得体、色彩协调精致，不难想象，设计者要如何苦心钻研才能达到理想效果。

肌理是指物体表面的组织纹理结构。在丝织品设计中，肌理虽为纹样服务，但又不仅仅是被动、机械地依附于纹样，肌理本身更具有美的能动性。起源于战国时期的四经绞罗，是吴罗中织造难度极高的一种，它以四根经丝为一绞组，与左右邻组相绞，四根经丝间互相循环，最终显露出链状绞孔，使丝织物表面呈现出若隐若现的浮雕效果，增加了丝绸的韵律感和美感。又如手绘真丝方巾，将流行风格与传统文化融为一体，在纺织品上直接绘染出各种装饰花纹，具有较浓的手工韵味，呈现了独特、丰富的色彩效果，题材广泛，肌理自然。由此可见，肌理存在的形式是多样化的，由其产生的审美趣味也是多样化的。无论是刺绣图案的凹凸有致，还是漳缎织物的缎地起绒，这些肌理都使丝绸散发出了独特的艺术魅力，给人以强烈的视觉冲击与心理共鸣，提升了丝绸的美学品味。

（五）追忆峥嵘岁月的历史价值

历史是当下的追忆。在历史发展演变中逐渐积累下来的《近现代中国苏州丝绸档案》，具有鲜明的时代特征，不仅浓缩了近现代中国丝绸的文化和技艺，还见证了苏州丝绸发展的历史进程，是研究近现代丝绸产业发展历史的重要资料。

中心保存有大量关于丝绸行业的珍贵纸质档案，如道光、咸丰、同治、光绪、宣统年间的苏州丝织行业契约档案以及民国年间的苏州丝绸企业会计凭证类档案等，对研究苏州丝织业的起源和民国时期丝绸企业发展史有着非常重要的意义。据旧志记载，元至正年间始建苏州织造局，此后明清时期，为满足宫廷需求，朝廷都于苏州设有织造机构。"清朝苏州织造局由总织局和织染局共同组成……康熙十三年（1674 年），在总织局的基础上成立织造衙门（也叫苏州织造府或织造署）……光绪三十二年（1906 年）苏州织造局停织。至此，以上贡为主要职责的官府织造彻底退出了历史舞台。"[①] 如今位于苏州市带城桥下塘的江苏省苏州第十中学，就为清代苏州织造署遗址。

与织造局无奈成为皇家服装厂所不同的是，在新中国成立后，随着织制像锦画工艺技术的提高，怀着对新生活的美好憧憬以及对领袖人物的崇敬，苏州与各地有能力的丝织厂纷纷织造起以毛泽东主席为主的领袖形象，反映毛主席领袖风采的丝绸画得以大量生产。这些花本、像锦织物的相关档案都收录在《近现代中国苏州丝绸档案》中。虽然产生这批档案的绝大多数企业已在 21世纪初的国企改革、改制中退出市场，但丝绸产业在苏州发生、发展的历史状况在留下的这些档案史料中尚能窥见一二，为研究各个历史阶段丝绸产品的演变轨迹和概貌提供了重要的资料。

（六）奏出时代新声的应用价值

档案的最终价值在于利用，而不是躺在库房里做睡美人。这批丝绸档案中的产品工艺单，从技术层面清晰地展示了中国传统

---

① 俞菁：《苏州官府织造机构始末》，《档案与建设》2015 年第 3 期。

丝绸产品的工艺特征、结构技巧、产品规格、纹样色彩等，这些宝贵的、不可再生的技术资料，是这批档案中含金量最高的一部分。近年来，中心提供档案中的丝织品样本和技术资料，借助丝绸企业的专业化研发和生产设备，逐步恢复、创新濒危的传统丝绸工艺。馆藏明清宋锦、罗残片，已得到不同程度的恢复，漳缎祖本也得以解密。

中心在第五届苏州创博会上，推出了"非遗"和"国礼"丝绸专题展，展出档案史料、实物和图片等近 200 件，吸引 6000 人次参观，受到中外参观者和各级领导好评，成为媒体关注热点之一。这是中心积极响应苏州推进"丝绸档案 +"档案资源开发利用新模式的表现，也是"丝绸档案 +"开发利用成果的一次精彩亮相。江苏省档案局原局长谢波在观看中国丝绸档案馆"档企合作"成果时就曾说道："中国丝绸档案馆在丝绸档案资源开发利用工作上为档案界提供了新鲜经验，打破了传统档案利用的框框和方式，把档案资源的开发利用同地方社会发展、经济建设、城市文化和百姓美好生活相结合，具有推广价值。"[1]

对苏州丝绸档案进行开发利用，将存在库房里的丝绸档案由幕后推向台前，一方面可以根据市场需要将档案转化为现实的社会财富，为丝绸产业的转型升级服务；另一方面可以为国内外丝绸品种保护和系统性研究提供充足的资源，更好地为发展丝绸产业、传承丝绸工业文明和弘扬丝绸文化服务，从而为中国丝绸业的发展提供更为强劲的推动力，实现经济效益与社会效益的共赢。

---

① 卜鉴民、彭聚誉：《丝绸档案亮相第五届中国苏州文化创博会》，《档案与建设》2016 年第 5 期。

四、保存和利用

整理挖掘出 29592 卷珍贵的丝绸档案是中心取得的一个主要成果，但这只是一个开始，如何让这批档案更好地得到保存和利用，是苏州档案人需要思考、探索的问题。在大家的共同努力下，中心一步一个脚印，取得了丰硕的成果。

（一）建立"中国丝绸品种传承与保护基地"

中心准备充分发挥科研、技术、人才等优势，将全国各地分散保存的丝绸档案汇聚于苏州，对中国丝绸品种进行保护和系统性研究，更好地促进中国丝绸行业的稳定发展。2013 年 4 月，中心成功获批成立全国首家"中国丝绸品种传承与保护基地"。

（二）建设"苏州中国丝绸档案馆"

从 2013 年 5 月提出建立中国丝绸档案馆的建议，到 2015 年 12 月最终获得"苏州中国丝绸档案馆"（简称"中丝馆"）挂牌，建设中丝馆成为中心发展历程中一个具有里程碑意义的工程。馆藏丝绸档案的收集、管理和利用在中丝馆建设中得到了极大的创新发展。

1. 人才培养和制度建设并举

人才方面，中心组建了中丝馆专家库，已吸纳丝绸业界专家 29 人，并先后组织召开中丝馆设计方案论证会、中国丝绸档案馆征集实物专家鉴定评估会、中国丝绸档案馆建设专家研讨会等。

制度方面，中心起草了《丝绸档案征集专项经费使用方案》《征集档案价值评估标准》等文件，经专家审定后修改完善，成为指导中丝馆工作的规范性文件，保证征集工作的针对性、有效性，在合理、合法、合规的基础上发挥征集经费的最大效能。

2. 建立两个"中心"

为了更好地利用苏州丝绸量大质优的资源优势，充分发挥档案的功能，顺利开展丝绸档案的收集抢救、学术研究、合作开发等工作，积极为丝绸行业转型升级和档案事业的科学发展服务，中心申请建立"江苏省丝绸文化研究中心"和"丝绸档案文化研究中心"，并于2014年9月双双获批，为中丝馆的建设工作锦上添花。

3. 建立档企合作基地

这些丰富的丝绸档案资源是连接过去与未来的桥梁，是照亮未来之路的灯塔，在此理念的引领下，中心开创了档企合作这一独具特色的档案收、管、用新模式。截至目前，中丝馆已与苏州市天翱特种织绣有限公司、苏州市工业园区家明织造坊、苏州市锦达丝绸有限公司等19家丝绸企业合作建立了"苏州传统丝绸样本档案传承与恢复基地"，在中心提供的馆藏丝绸档案基础上，对宋锦、漳缎、纱罗等传统丝绸品种及其工艺进行恢复、传承和发展，开发了一系列丝绸新产品。这些产品受到消费者广泛好评，市场前景看好。

档企合作既调动了合作方的积极性，为合作企业获得了可观的经济效益，又使传统的丝绸品种工艺得以传承和发展，为振兴苏州丝绸产业起到了助推作用。

对合作企业来说，借助档案资源进行产品研发，可以降低开发成本，提高生产质量、创新能力和经营效益，并借此树立良好的企业形象和品牌，易于获取更多的经济效益。档企合作基地的建立，促使传统丝绸产业结构优化升级，提高了产业的竞争能力和长远发展的能力，也让更多的消费者重新接触和选择丝绸传统产品，是丝绸企业把握发展主动权、提升竞争力的必然选择。

4. 形成征集大格局

自 2013 年 6 月启动征集工作以来，工作人员已赴江苏、山东、辽宁等 28 个省（自治区、直辖市）开展征集工作，征集到万余件丝绸实物和档案史料，极大地丰富了馆藏，征集主体任务基本完成。

5. 举办各种丝绸展览

中心充分利用馆藏优秀的丝绸档案资源举办丝绸展览，截至目前已举办"中国丝绸档案馆馆企合作与征集成果展""中国丝绸档案馆征集成果展""苏州近现代丝绸样本档案展"等各类展览 20 余次，吸引万余人次参观。

2017 年 5 月，由国家档案局、俄罗斯联邦档案署主办的"中俄'丝路'历史档案展"在苏州开展，展现"丝绸之路"纽带两端的中俄交往历史，响应了"一带一路"倡议，弘扬了互利共赢的丝路精神。

中心还在斯洛伐克、法国、德国、捷克、芬兰、丹麦等多国举办丝绸档案展览，呈现我国优秀的丝绸传统技艺，唤醒人们对中国传统丝绸文化的历史记忆，让越来越多的人关注丝绸的未来，为振兴中国丝绸做出贡献。

6. 档案编研成果丰硕

截至 2019 年上半年，中心已公开出版了《丝绸艺术赏析》、《花间晚照——丝绸图案设计的实践与思考》、《档案中的丝绸文化》、《近现代中国苏州丝绸档案》（画册）等书籍，还与中文核心期刊《档案与建设》合作开辟《档案中的丝绸文化》《苏州丝绸样本档案》专栏，均获好评。研究人员还在《中国档案》《档案与建设》《江苏丝绸》等专业期刊发表丝绸档案相关论文 30 余篇，并多次获省、市各类奖项。中心组织完成了2个国家级、5个省级、10余个市级项目，多个项目获国家、省、市奖项。

（三）推动苏州丝绸档案走向世界

1992年联合国教科文组织发起了世界记忆工程，它的目的是实施联合国教科文组织宪章中规定的保护和保管世界文化遗产的任务，促进文化遗产利用的民主化，提高人们对文献遗产的重要性和保管的必要性的认识。为了更好地保护、传承中心馆藏珍贵的丝绸档案，并让它们的价值在世界范围内广泛传播，中心将目标指向了世界记忆工程的主要名录——《世界记忆名录》。

《世界记忆名录》的入选标准相当高，对完整性、真实性、唯一性和重要性等有着极高的要求，自1997年"中国传统音乐录音档案"入选，截至2017年，中国仅有13项文献遗产入选《世界记忆名录》。中心馆藏的丝绸档案于2017年10月成功入选《世界记忆名录》，受到全世界的瞩目，填补了苏州在世界文献遗产领域的空白。

2018年5月16日在北京举行的企业档案工作国际研讨会上，国际档案理事会主席、澳大利亚国家档案馆馆长大卫·弗里克对苏州丝绸档案给予了积极评价，认为苏州丝绸档案入选世界文献遗产名录对于东西方文化的融合与创新以及"一带一路"的推进有着重大意义。苏州丝绸档案的影响可见一斑，它们正逐渐走向世界。

漫漫求索路，喜忧并肩挑。中心收获累累硕果，获批中丝馆，馆藏档案列入《世界记忆名录》等，这些都是至高的荣耀。但这些并不是终点，而是新的起点。"雄关漫道真如铁，而今迈步从头越"，在求实奋进中勇于创新，未来中心能走得更远！

参考文献

1. 向云驹：《人类口头和非物质遗产》，宁夏人民教育出版社 2004 年版。

2. 赵丰主编：《中国丝绸通史》，苏州大学出版社 2005 年版。

3. 刘立人、卜鉴民、刘婧、甘戈编著：《丝绸艺术赏析》，苏州大学出版社 2015 年版。

4. 赵丰：《天鹅绒》，苏州大学出版社 2011 年版。

5. 李平生：《丝绸文化》，山东大学出版社 2012 年版。

6. 陈鑫、甘戈、吴芳、卜鉴民：《苏州丝绸业的记忆——苏州丝绸样本档案》，《江苏丝绸》2013 年第 6 期。

7. 陈鑫、卜鉴民、方玉群：《柔软的力量——苏州市工商档案管理中心抢救与保护丝绸档案纪实》，《中国档案》2014 年第 7 期。

8. 卜鉴民、彭聚营：《丝绸档案亮相第五届中国苏州文化创博会》，《档案与建设》2016 年第 5 期。

9. 甘戈、陈鑫：《漳缎三问》，《档案与建设》2015 年第 2 期。

10. 俞菁：《苏州官府织造机构始末》，《档案与建设》2015 年第 3 期。

11. 朱亚鹏：《让美丽图案在丝绸织物上绽放——意匠图》，《档案与建设》2015 年第 12 期。

清代澳门地方衙门档案（1693—1886）

Official Records of Macao During the Qing Dynasty（1693–1886）

罗　娟

　　"你可知 Ma-cau，不是我真姓？我离开你太久了，母亲！……"20多年前，在中央电视台春节联欢晚会的舞台上，年仅9岁的容韵琳用她稚嫩的童声演绎了一首《七子之歌——澳门》，赢得了亿万观众的喜爱。这个9岁的澳门小女孩，连同她献唱的这首歌曲，成为澳门回归的标志之一，给人留下了深刻的印象。1999年12月20日，漂泊百余载的游子澳门终于回到了祖国母亲的怀抱。

　　作为打通中国与世界贸易的首站城市，澳门见证了明清时期中国海外贸易的发展变化；作为中西方文明交流互鉴的交汇点，她架起了明清时期中西文明交流的桥梁。2016年5月，鲜为人知的《清代澳门地方衙门档案（1693—1886）》（原《汉文文书集》）入选联合国教科文组织《世界记忆亚太地区名录》，2017年10月又成功入选《世界记忆名录》。历史虽已翻篇，但档案能够沟通中葡、贯联古今，透过这一份份、一页页珍存的档案文献，我们得以从中获悉历史片断、探寻历史奥秘，使得曾经"咫尺天涯"的澳门变得亲切和生动起来。

一、入选《世界记忆名录》简要情况

（一）档案名称

中文名称：《清代澳门地方衙门档案（1693—1886）》（原名《汉文文书集》）。

英文名称：*Official Records of Macao During the Qing Dynasty*（1693–1886）。

葡文名称：Chapas Sínicas。

（二）申遗过程

《清代澳门地方衙门档案（1693—1886）》形成于公元 1693 年至 1886 年，因历史变迁、政权更迭，这批档案历经辗转迁移，在 19 世纪末从澳门流落至葡萄牙，由葡萄牙东波塔国家档案馆保管。1952 年，中国学者方豪教授在里斯本偶然发现了这部分档案，并将其介绍给学术界。1989 年，澳门文化局历史档案馆以缩微胶卷形式将这批档案复制进馆，并组织力量进行了历时 7 年的整理编目，于 1997 年出版了中文版及葡文版《汉文文书》目录。澳门回归祖国后，澳门基金会以文字排印和部分影印的形式，出版了其中文文书和葡文译本。

2015 年，澳门特区政府文化局与葡萄牙共和国书籍、档案馆及图书馆总局签署了合作备忘录，促成两地档案部门联合申报《世界记忆名录》事宜。2016 年 5 月，在越南顺化召开的联合国教科文组织世界记忆工程亚太区委员会第七届会议上，由澳门档案馆和葡萄牙东波塔国家档案馆联合申报的《清代澳门地方衙门档案（1693—1886）》入选《世界记忆亚太地区名录》。在两馆完成国际级别的联合申报递交程序后，该档案于 2017 年 10 月 30 日成功列入《世界记忆名录》。

　　澳门这方小城虽然空间并不大，但自 2010 年以来已有《天主教澳门教区档案文献（16—19 世纪）》、《澳门功德林寺档案和手稿（1645—1980）》和《清代澳门地方衙门档案（1693—1886）》3 项档案文献入选《世界记忆亚太地区名录》，从中可以看出澳门特区政府与民间团体在保护澳门历史文化遗产方面所作的努力。档案文献能够成功申遗，进一步彰显了澳门历史文化的内涵，推动了社会民众对当地历史文化的了解，也坚定了澳门特区政府与民众打造"文化澳门"这一长远目标的信心。

（三）档案主要内容及价值

　　《清代澳门地方衙门档案（1693—1886）》由 3600 份档案文书组成，包括 1509 件中文文书原件、5 册澳葡议事会葡文译本和 4 小包零散文件。档案主要形成于 18 世纪中叶至 19 世纪中叶，即自中国清代乾隆、嘉庆到道光时期，另外亦有个别清末光绪朝文书。

　　就档案形成来源而言，《清代澳门地方衙门档案（1693—1886）》属于清代档案中的地方衙门档案，是清朝政府在行使中国对澳门管治权的过程中，与澳门议事会理事官之间文书往来所形成的。档案既有反映当年在葡萄牙租居澳门的特殊情况下，中葡双方的公务往来文书，其中包括体现中国对澳门拥有领土和统治主权，对澳葡当局管治范围的规定和限制；有对澳门地方行政、财政赋税、司法审判、土地人口、海关税务的裁定；还有华洋交涉、海难救援、剿抚海盗，对天主教传教士的管理和使用，禁止销售鸦片等的部署；亦有澳葡当局给中国官府关于各方面问题的呈禀和复件；更有反映当时澳门社会状况、人民生活、城市建设、工农业生产和商业贸易、赋税差饷、与内地商馆如广州十三行等的财货往来、与内地各省的经济联系、华洋共处以及由此引起的矛盾纠纷、与东西洋各国的航运交通和对外贸易，并由此产生的各种账目、信札、契约、合同等。对于研究澳门历史以至中外关系史的学术界来说，这些都是极为珍贵的第一手资料。这些档案明确见证了澳门在促进国际贸易和中西交流中所扮演的重要角色，是具有丰富内涵的关于澳门历史文化的资料宝库。

（四）档案保存及利用状况

档案保存方面，《清代澳门地方衙门档案（1693—1886）》原件藏于葡萄牙东波塔国家档案馆。此前，该馆无人知晓这部分档案的来源和具体内容，只知道这是一批非常宝贵的中国文件，并将其专门存放在馆长室保管。后经方豪教授编目并介绍给中国学术界后，这部分档案才得以为世人知晓。澳门档案馆现保存有已整理资料的全部复制件（缩微胶卷），可供公众查阅。

史料汇编类出版物方面，依据该批中文档案进行的史料汇编主要有《葡萄牙东波塔档案馆藏清代澳门中文档案汇编》（上、下册），刘芳辑，章文钦校，由澳门基金会 1999 年出版；《汉文文书——东波塔档案中的澳门故事》，中国国家图书馆和葡萄牙东波塔国家档案馆于 2019 年联合出版；《澳门档案馆藏晚清民国中文档案文献汇编》，由澳门特区政府文化局与广东人民出版社于 2019 年合作出版。另有中国第一历史档案馆依据馆藏档案与澳门基金会于 1999 年合作编辑出版的《明清时期澳门问题档案文献汇编》（全 6 册），也是对清代澳门地方档案的重要补充。如在《葡萄牙东波塔档案馆藏清代澳门中文档案汇编》一书中，编者将葡萄牙东波塔档案馆所藏档案中的 1509 份中文文书进行了整理分类，按照居澳民蕃、屋产房舍、约单执照、田赋地租、对外贸易、贸易额船、民蕃交涉、澳门蕃官、清代官员与澳门关系、官府政令文书、剿抚海盗、天主教，以及澳门与内地、与欧亚各国、与英国关系及补遗等 17 章来排印。其中，有关对外贸易文书最多，有 207 件（占比 13.72%），有关天主教方面文书 182 件（占比 12.06%），有关民蕃交涉文书 162 件（占比 10.74%），有关剿抚海盗文书 158 件（占比 10.47%），有关清代官员与澳门关系的文书 144 件（占比 9.54%），有关贸易额船文书 141 件（占比 9.34%）。

二、档案形成之缘起

（一）澳门的地理形势与历史沿革

1. 地理位置

澳门，原为小渔村，本名濠镜澳、濠镜，别名妈港、濠江、香山澳等。据《澳门记略》记载："濠镜澳之名，著于《明史》。……东西五六里，南北半之。有南北二湾，可以泊船……二湾规圜如镜，故曰濠镜。"因当时船只停泊口可以称为"澳"，故称"澳门"。据民国文献记载，澳门半岛位于北纬 22°、东经 132°，纵长 2 英里半，横亘 1 英里，面积 5 平方英里，踞珠江口西岸，居香山西南，与香港东西对峙，扼珠江门户，形势雄壮，地理位置十分重要。①其地域范围包括澳门半岛以及附近的氹仔、路环两个小岛。因位于北回归线附近，澳门极富热带风情，风光秀丽，气候潮湿，

---

① 中国第二历史档案馆：《国民政府军事委员会参事室拟〈澳门问题〉》，《民国档案》1999 年第 4 期。

飓风较多，受海风影响，夏季清凉，为避暑胜地。

澳门自明朝后期逐渐成为南方重要贸易港口，近代以来，在其近邻香港被开辟为贸易港之前，是我国同东南亚国家进行贸易活动的唯一海港。

2. 历史沿革

（1）蛮荒之地鲜有人烟

澳门自秦始皇一统中国时即成为中国领土，属南海郡。秦至隋唐时期，澳门的建制或辖属地虽多有变化，但因鲜有人烟，仍为蛮荒之地。这种情况一直持续到南宋末期。据史料记载，宋末名将张世杰率军队曾在澳门一带驻扎，后来逐渐形成小村落，但人口总量不多，居民多以捕鱼和种植农业为生。直到南宋朝廷颠覆的时候，几十万南宋军民从福建败退，乘船到达澳门一带。他们登陆澳门半岛，去汲取淡水、寻找食物，或者寻找避难场所。相传，岛上名为"永福古社"的沙梨头土地庙便建于这一时期。至此，澳门一带人口渐成规模，属广东省香山县辖管范围。岛上的望厦、濠境等地，是主要居民点，但跟内陆相比，人口还是稀少，而且由于耕地稀缺、物产匮乏，立足此地生活与繁衍后代并不容易。

（2）海外贸易的"首站"

15世纪末，西欧的封建关系趋于瓦解，取而代之的初期资本主义关系在发展后渐趋成熟，社会生产力有了较快增长，社会分工逐渐发展，商品生产及物物交换日益扩大。受利益驱使，欧洲国家加紧寻找通往东方的航路，造船技术的提高和罗盘针的应用给远海航行提供了有力的技术支持。在寻找新的东方航路的大潮中，位于欧洲最西端的葡萄牙成为大西洋的主角，这位远航"排头兵"很快开启了他在非洲海岸、印度及整个远东地区搜寻黄金的大时代。1487 年，葡萄牙航海家迪亚士发现了非洲最南端的好望角；10 年后再次启程，便沿途开启殖民和贸易模式，开发黄金输出港口。在占领印度、牙买加，相继将其变为自己的殖民地后，邻近的中国也难逃其魔掌。葡萄牙是最早与中国通商的欧洲国家，也是最早割据中国国土的欧洲国家。

葡萄牙与中国的渊源最早要追溯到 16 世纪初明正德年间。1514 年，葡萄牙商人进入广州一带，通过贿赂广东海道官员得以在澳门经商。葡商虽然不被允许登陆上岸，但获准在船上进行自由交易，从中获利颇丰。1516 年，有葡萄牙人进入中国内地视察商情，自此之后来华葡人日渐增多。1522 年后，广州附近葡人主要分布在上川岛、电白、澳门三个地区，其中以电白地区最多。1535 年，当地官员在受贿后，请示朝廷允许电白地区葡人移居香山县南虎跳门上的濠境，获明廷批准。葡商由此开始在澳门港口停船贸易（但仍不许上岸居住）。1553 年，部分葡商以涛狂船裂，请借地曝晒水浸贡物为由登岸居住，之后聚居成村，是为葡人居留澳门之开端。从当时朝廷大员的多份奏疏来看，至少在 1564 年之前，明朝中央政府还不知道葡人已经入居澳门，当时的明朝政府对澳门还拥有绝对管理权。1573 年，明朝政府在半岛地狭建筑城墙作为界限，并在西南马溜洲上设拱北海关查征货物税。此时的澳门仍归中国政府管辖，中外人诉讼均由中国官员办理。

19 世纪中叶，清朝政府在第一次鸦片战争中战败，葡方乘机要求免交地租，但未获准。1849 年，在中英形势日益紧张的情势下，葡方拒不缴纳地租，进而驱逐华官，封闭关门，拒征货税，遣兵防守炮台，征收华人地税，公然以客人之身份强行主人之权利，宣称澳门完全归于葡人法权统治。在西方列强的支持下，葡方又乘机侵占了澳门半岛全部，强占了凼仔、路环两岛，从而占领了整个澳门地区。1887 年，饱受屈辱的清政府被迫与葡方政府签订了《和好通商条约》（有效期 40 年，至 1928 年期满失效）。葡方在清朝后期取得了"永居管理澳门"的权利，至民国初期实现了对澳门的全面殖民统治。

（3）回归祖国怀抱

以 1919 年五四运动爆发为标志，中国开始了废除不平等条约的斗争。1943 年，在英美等国宣布废除对华不平等条约之后，国民党政府当局曾有过收回澳门的动议。在中国第二历史档案馆保存的由国民政府军事委员会参事室拟写的《澳门问题》报告中曾明确表达了这种意向，"无论为国防计，为主权计，为经济及行政计，均必须收回"，并提出"于适当时期，一面疏通英美苏，一面向葡交涉；暗中策动舆论，提出交还澳门之要求；日军溃退之时立即进兵澳门；必要时进行公民投票自决；实际可能时与香港九龙问题同时解决"等收回方策，但因当时国力较弱，收回澳门的动议最终化为泡影。

1976 年，葡萄牙政府颁布了《澳门组织章程》，承认澳门是葡方管理下的"特殊地区"。1979 年，中葡建交，葡萄牙承认澳门是暂时由葡方管理的中国领土，同意与中方共同探讨澳门前途问题。1987 年，中葡双方正式签署关于澳门问题的联合声明。

1999 年 12 月 20 日，葡萄牙如约结束对澳门的统治，"游子"澳门回归祖国怀抱。当日零时，澳门政权交接仪式在澳门文化中心花园馆举行。从此，澳门特别行政区得以成立，并实行"高度自治""澳人治澳"的制度。从此，澳门以崭新姿态进入了新的历史发展阶段。

（二）小渔村向国际贸易港的蜕变

葡萄牙商人自从进入澳门并租借而居后，为了达到得到中国的财富和物产的预期目的，一方面，以澳门为据点，利用当时中国社会经济较为发达的有利条件，同内地进行贸易；另一方面，充分利用澳门优越的地理位置，以这方水静湾圜的远洋帆船停泊的优良港口，配以他们比较先进的航海技术，陆续开辟了澳门—果亚—里斯本、澳门—长崎、澳门—马尼拉—墨西哥等 3 条国际航线进行贸易。通过这 3 条国际航线，中国生产的生丝、棉布、绸缎、瓷器、药材、茶叶、糖等源源不断地从澳门港运出，国外的白银、香料、象牙、胡椒、饰品等又陆续从澳门港运入，转而流向内地进行销售。在丰厚利润的诱惑下，来自荷兰、英国和美国等国家的商人也沿着葡萄牙人开辟的国际航线，纷纷前来澳门开展贸易活动。

随着澳门对外贸易的发展，澳门由一个小渔村和小港口迅速发展成为一个城市和国际贸易港。小小的澳门城楼宇林立，繁华景象凸显。随着商业的日益繁荣，居澳人口也日渐增多。据统计，明嘉靖三十四年（1555），澳门人口只有 400 人。在迅速发展成为中国广州对外贸易的外港和东西方国际贸易的中转地后，天启元年（1621）增至 8000 多人，人口增加到原来的 20 倍。崇祯十五年（1642），又陡然增至 40000 人，是嘉靖三十四年的 100 倍。[①]

整个明朝时期，因为存在这种经济上相互依附的纽带关系，明朝政府对居澳葡人采取表面上规范管理，实际上较为温和的方

---

① 黄启臣：《16 至 19 世纪中国政府对澳门的特殊方针和政策》，《学术论坛》1990 年第 6 期。

针和优待的政策，如免除澳门海禁，且允许居澳葡人有一定程度的"自治权"。

到了清朝前期，随着西班牙远东殖民势力的增强，葡萄牙海外殖民势力和范围相对削弱，澳门的对外贸易相对于明朝的繁荣时期开始出现衰退，但依然作为中国唯一对外贸易口岸而存在和活跃着。而列强的渐进侵入，葡方的霸占野心，加上沿海倭寇的骚动等因素叠加，使得清朝政府对居澳葡人的管理也从宽松渐变严格，但仍对其保留一些贸易方面的优惠政策。

1．明朝政府对居澳葡人的管理

明朝正德年间朝贡贸易的衰落和广州海外贸易的发展，可以从经济上解释葡萄牙人入华的深刻背景。而明朝地方官员的腐败恰好为葡萄牙人顺利踏足澳门并占据一方提供了方便。葡萄牙商人就这样通过欺骗和贿赂手段，买通地方官吏，取得在澳门的停泊权。而明朝嘉靖皇帝为祈求长生不老，命澳门官员收购龙涎香，此等商机又令葡商接踵而至，并借机定居下来。澳门因此成为欧洲殖民主义者入侵中国的最早根据地。

葡人进入澳门时，吸取此前在屯门的教训，完全抛弃了武力手段，采取了谦卑和恭顺的态度。在租借了澳门之后，葡人尽管贼心不死，跃跃欲试想扩大自己的特权和版图，但也能做到摆正位置，承认澳门是中国的领土，遵守中国法律，服从当地政府的管理。

自葡萄牙商人染指澳门后，他们的去留问题困扰了明朝政府许久。明朝政府曾专门研究过这一问题，但最终葡人没有被驱逐出去，而是被允许居留在此从事贸易活动。明朝政府对他们实行了"建城设官而县治之"的基本方针，从设置官吏、制定法规、严加防范等方面着手加强管理。设置官吏方面，设立提调、备倭、巡缉行署来共同管理澳门，三者分工明确：提调负责管理盗贼、奸伪缉捕事务，备倭负责管理防守海岸、防止海盗扰乱事务，巡缉负责管理流动巡查缉捕奸宄事务。三者统称为澳官，受广东海道副使领导。这种管理设置一直沿用到清朝雍正年间。在科学有序管理下，澳门渐渐成为中国政府管辖下的外国侨民聚居区，同时也是中国与外界交往的跳板。

万历元年（1573），明朝政府在澳门与香山县境交界的地方建城立关，设官防守，同时确定租赁关系，责令居留澳门的葡人向香山县缴纳地租金，金额为每年1000两，后在葡方多次要求下，万历十年（1582）降为每年500两。万历二年（1574），在莲花茎设立闸官，每月负责开闸6次，严格控制澳门葡人粮食供应。1587年，在澳门设佐治衙门，凡是涉及华人的诉讼皆归衙门办理。后设前山寨、前山海防同知（前山厅）等岗，负责管理澳门事务。

明清两朝政府根据澳门各个时期的不同情况，制订了许多具有法律性质的章程和条例，并责令居留澳门的葡人遵守。1614年，因葡人与倭寇勾结对抗明朝政府，明朝政府将倭寇赶出澳门，颁布《海道禁约》，以约束居澳葡人行为。其内容包括：一、禁畜养倭奴，若有违抗，处军法；二、禁买人口，倘有故违，按名追究；三、禁兵船骗饷（偷漏税）；四、禁接买私货；五、禁擅自兴作。此外，还将葡萄牙人编组保甲，规定门籍。[1] 这可以说明，明朝政府在行使对澳门的领土管辖权和刑事管辖权。

这个时期的澳门，实际上具有"双重效忠"的特征。一方面，

---

① 戴裔煊：《〈明史·佛郎机传〉笺正》，中国社会科学出版社1984年版，第99~100页。

从关税、司法和行政上，遵从中国政府的约束，并且像内地的土司一样协助剿灭贼寇，把自己视同明朝的忠实臣属；另一方面，居澳葡萄牙人对葡萄牙王国来说又强调自身作为葡萄牙在远东的贸易基地的地位，最大限度地争取葡萄牙国王授予的自治权利。

16世纪的葡萄牙商人代表的是处于资本主义原始时期西方殖民主义的先遣队，他们奉行的是暴力掠夺、海盗行径、征服殖民地的掠夺法则。这一点，从他们践踏印度和中国宁波一带沿海地区的海盗行径便可以看出来。然而，中国的封建统治者们被一时的利益蒙蔽了双眼，把这些海盗商人看成是"域内子民"，优加护持，并听任他们在澳门地区生息繁衍，长期定居，直到有朝一日定居澳门的葡人反客为主，篡夺了澳门的管辖权。

2. 清朝政府对澳门的管理——从"怀柔"到"严管"

明末清初，葡萄牙商人的海外贸易日渐衰落，但澳门作为当时中国唯一对外贸易口岸仍继续繁荣昌盛了很长一段时期，各国来华的商船都选择在这里停泊。崇祯八年（1635），英国第一艘到华的商船在澳门下碇。乾隆四十九年（1784），美国第一艘来华商船"中国皇后号"是抵达澳门后转赴广州的。商人们也喜欢在每个季度末从广州搬到澳门居住一段时期。

顺治、康熙时期，清朝政府继续沿用明朝时期的管理模式。一方面，基于政局形势的需要，采取较为宽松的"怀柔"政策；另一方面，为防止葡萄牙人与东南沿海反清势力勾结，遏制其占据澳门的野心，以及为协同防御此时荷兰、英国等西方殖民主义国家对澳门的进犯，清政府也致力于强化在澳门的军事力量。

顺治年间，军事管理体制初定。顺治三年（1646），清军进攻广东而与南明政权发生激烈战斗，初步意识到澳门之于广东的意义所在。次年，清廷沿袭明朝做法，在前山寨设军把守、约束澳门葡人。据《澳门记略》上卷《官守篇》载："顺治四年，设前山寨，官兵五百名，参将领之如故。两王入粤，增设至一千名，辖左右营，千总二，把总四。"广东官兵经制至此初定，香山澳设参将、千总、把总等职，官兵增至千名。

海关管理方面，鉴于澳门华夷杂处，跟省城大关一样，为紧要之地，不仅有海关监督行馆，还跟大关一样，派有一旗员防御驻澳门总口。同时，政府还以增加行政体例方式明确管辖职责。雍正八年（1730），设立香山县丞①，解决原官方机构距离澳门较远，不便管理民众事务问题。乾隆八年（1743），设立澳门同知，驻扎前山寨（此处距离澳门仅15公里），专门负责管理澳门事务。又在前山寨以肇庆府同知改设为海防军民同知，专理澳夷事务，兼属督捕海防，将原来的香山县丞衙门移至望厦村，加强对澳门的直接管理。官府用汉文和葡文刻石《澳夷善后事宜条议》，立下12条法令，加强对澳门的全面管理。先后出任澳门同知的印光任、张汝霖两人合著的《澳门记略》，详尽记载了明清时期中国政府对澳门的有效管治。

道光年间，清廷对澳门的管理和监督更为严格。道光十九年七月二十六日（1839年9月3日），林则徐以钦差大臣身份受命率澳门同知蒋立昂、香山县知县三福、香山县县丞彭邦晦等人，前往澳门巡视，查禁鸦片，抽查户口，责令居住澳门的5612名葡萄牙人依保甲法编造户口册呈报，以便抽查。②除责令申报户口外，还规定此后只允许已有居澳身份的葡人迁移出澳，不允许再增加无身份的新人。除了对人口加强管理，对葡萄牙人的船只

---

①　一说是在香山添设分防澳门县丞（副县长），管理民夷事务。
②　黄国安：《葡萄牙殖民者侵占澳门的历史考略》，《广西社会科学》1988年第2期。

也严加管理，同样责令申报船只数目，不得擅自添造。

明清时期的政府高级官吏享有对澳门的巡查权，并一直保持着这一传统。自1550年至1860年的300余年间，多位封疆大吏巡视澳门地区，体现了明清以来中国政府对澳门的政治、军事等方面的主权管理。据资料记载，林则徐早在担任两广总督时就曾率领卫队亲赴澳门视察，当时葡萄牙人对此诚惶诚恐，极为恭顺，林则徐对澳门葡萄牙人的印象总体也还算不错。后来升任钦差大臣的林则徐，政治站位更高，对居澳葡人的要求也更加严格一些了。

（三）"自治机构"的成立和澳门衙门档案的形成

1. 澳方"自治机构"的成立与理事官制度

明清政府在对澳门行使主权和实行全面管制的前提下，也允许居留在澳门的葡萄牙人实行一定程度的"自治"。

葡人定居澳门伊始，并无常驻的行政首脑，更无常设的管理机构。按照葡萄牙王室的规定，中日贸易船队总指挥在驻留澳门期间充当居澳葡人的行政长官，另有一位王室法官负责管理葡人社区内部产生的各类案件。因此，居澳葡人初期由果阿葡萄牙总督派出的行政长官管理，但没有建立机构，自1560年后才逐渐形成在澳"自治"机构雏形。

万历九年（1581），澳门葡萄牙人成立行政议会，由行政长官、治安判事、贸易舰队司令官和公民指派的代表共4人组成，负责管理葡萄牙人内部事务。万历十一年（1583），署理主教卡内罗召集居澳葡人会议，选举出由2名法官、3名高级市政官及1名理事官组成的市政委员会，又称参议院、市议会、市议局、元老院。①

---

① 黄启臣：《澳门通史》，广东教育出版社1999年版，第91页。

理事官署发端于 1583 年首届市政委员会成立时的理事官。作为市政委员会的成员之一，理事官的职责主要是受市政委员会委托，管理居澳葡人社区的财税事务和与收支有关的其他事务。在《澳门记略》中也有相关记载："理事官一曰库官，掌本澳蕃舶税课、兵饷、财货出入之数，修理城台街道，每年通澳金举诚朴殷富一人为之。蕃书二名，皆唐人。凡郡邑下牒于理事官，理事官用呈禀上之郡邑，字遵汉文，有蕃字小印，融火漆烙于日字下，缄口亦如之。凡法王、兵头、判事官，岁给俸一二千金有差。理事官食其所赢，不给俸。"

从这段记载中可以看出关于理事官职责定位和中葡双方公文往来程式的一些信息。理事官原本负责税务相关工作，是公共财物的受托管理员和一切管理措施的实施者，带有行政后勤性质。"郡邑"可理解为中方政府的地方官（如澳门同知、香山知县、县丞等），他们给葡方下指示就是"下牒"，为下行文。葡方给中国政府地方官呈报公文时，使用的是"禀"这一文体，为上行文，使用的文字必须为汉文，报送时须加盖他们的印章，并用火漆烙印缄口，相当于今天的"机要密封"这一形式了。

葡萄牙人的"自治机构"几经变革，于 17 世纪初形成了由市民选举产生的议事局和由葡萄牙总督任命的兵头（澳门总督）并存的体制。1616 年起，澳门设立了澳督，第一任澳督马士加路也直到 1623 年才到任，至 1887 年累计派遣 93 任。总督掌有在澳门居住的葡萄牙人的财产、行政、军事的管辖权，判处贵族及官吏以外的罪犯死刑的司法权，以及征收罚款的民政权等。[①]

---

① 黄启臣：《16 至 19 世纪中国政府对澳门的特殊方针和政策》，《学术论坛》1990 年第 6 期。

　　不论是市政委员会、议事局、理事官还是总督，都必须接受中国政府任命的官职，以臣属的礼节对待中国皇帝和官吏，按照中国政府规定，及时缴纳地租，应召前往中国官府驻地接受指示或指令，约束其他外国商人，等等。这种半官方管制、半葡方自治的情形持续了300多年，到中英鸦片战争开始被打破。

2．澳门地方衙门档案的形成

　　基于明清时期中国政府与居澳葡人之间的上述管理关系，澳门地方衙门在行使对澳管治权的过程中，与居澳的葡人"自治机构"之间，必然产生大量的文书往来。如前文所述，目前所存汉文文书是清代中国政府在管治澳门过程中，与澳葡当局之间文书往来而形成的，档案主体内容是负责澳门地区事务的清政府官员与管理澳门的葡萄牙机构之间的政务往来的公文。在鸦片战争前，清政府管制澳门的实际管理体制是，以澳门同知为最高实际负责官员，与香山知县和香山县丞互相协调，共同管理澳门事务。因此，该批档案中涉及的清政府官员主要为澳门同知、香山知县及香山县丞等，与之对应的澳门葡萄牙机构官员主要是澳门总督和理事官。《汉文文书：葡萄牙国立东波塔档案馆庋藏澳门及东方档案文献》的目录中，已著录汉文文书1567件，其中以理事官为发文者的文书共65件；而广东地方官员向理事官发出的下行文书有1268件，其中澳门同知、香山知县、香山县丞发出的公文便有1158件，占向理事官发出的全部下行文书的91.3%。这批档案中使用的公文文体包括谕、札、禀、呈，其中谕、札为清政府官员给葡方官员的公文，而葡方机构给中方官员的公文文体则为禀、呈。由公文文体可看出中方管理葡方的上下级关系。公文多加盖有印章，且为葡方保管，又被称作"汉文文书"。

　　清朝对于文书立卷工作较为重视，在总结历代经验和工作实践过程中形成了一套经济适用、简便易行、行之有效的方法。清朝地方衙门的文书立卷有多项重要的制度，如雍正时期的定稿存卷制度、粘连用印制度，乾隆时期的文件归档、案卷移交制度，多以一事一案立卷，造册交代。文书立卷制度对立卷样式、卷内文件顺序排列、印信使用及案卷封面等都有详细规定。这种较为规范的文书立卷制度为文书档案形成和保管提供了指南，了解有关内容也将为我们阅读相关文书内容提供便利。这些信息都能在汉文文书中得以体现。《清代澳门地方衙门档案》即为清朝各时期基层政府与葡方各机构（如议事局）之间来往文书，且应是文件形成单位（即发文机关）与文件受理单位（即收文机关）各持有一份。然而，囿于朝代更迭、战乱频仍等种种主客观因素，能够妥善保管并留存于世的文书只是少数。

（四）东波塔档案馆中的中国文献面世

《清代澳门地方衙门档案》为何没有保管在其形成地——澳门地区的工作机构或档案部门，而是漂洋过海被转移到位于里斯本的葡萄牙国家档案馆？推测是因为此部分档案涉及外国事务，性质比较特殊，为慎重起见，根据当时葡萄牙政府要求运回里斯本，由葡萄牙东波塔国家档案馆保管。如果不是一次极为偶然的机会，中国台湾学者方豪教授在该馆查阅档案资料时发现了这部分档案，并将其介绍给中国学术界，那么这批"东波塔档案馆中的中国文献"或许还要继续在静默中封存。

方豪（1910—1980），字杰人，笔名茅庐、绝尘、圣老，余杭人。方豪出生于一个基督教圣公会家庭，1922年进入杭州天主教修道院攻读拉丁文，并自修文史；1929年，进入宁波圣保罗神哲学院，研究哲学、神学等。1935年开始至全面抗战爆发前，方豪主要在浙江嘉兴、金华等地进行学习、传教，并注重搜集材料，从事宋史、浙江天主教史方面的研究，发表了论文《明季西书七千部流入中国考》，并出版《李我存研究》一书。

抗战全面爆发后，方豪离开浙江，寓居昆明和重庆，担任天主教《益世报》主编，并与当时的学界名流多有接触。1941年受聘为浙江大学史地系教授，讲授17、18世纪中西交通史。抗战期间，发表了有关拉丁文传入中国考、徐霞客和传教士的关系、伽利略和科学传入中国的关系、传教士对中国经籍的研究、明末清初来华西人与士大夫之晋接等重要论文，并于1944年出版《中外文化交通史论丛》第一辑、《中国天主教史论丛》甲集。抗战胜利后，前往北京任教辅仁大学，于1948年出版《方豪文录》。

1949年2月，方豪赴台，历任台湾大学历史系教授、政治大学文理学院院长等职，被选为"中研院"院士和评议员，1980年去世。在台湾生活的30多年中，他对中西交通史进行了更为深入的研究，先后出版了《中西交通史》《中国天主教史人物传》《方豪六十自定稿》等书。

在方豪的专著中，影响最大的应该算是《中西交通史》了。此书作为"现代国民基本知识丛书"第一辑之一种，共5册，由中华文化出版事业社出版。后多次印刷，1983年由中国文化大学出版部再版。此书是在他东渡台湾之后的两年多时间完成的，在当时艰苦的条件下，能够完成这样的巨著，实属不易。书出版后，他曾把它作为教材，向学生传授。据说他还让学生挑错，如果学生指出其中的错误，他还给高分，可见他对此书的重视。遗憾的是，直至去世之前，他都未能对此书作较大的修订。①

---

① 韩琦：《重读方豪〈中西交通史〉》，方豪《中西交通史》附录二，上海人民出版社2015年版，第926页。

1952 年 6—7 月，方豪教授在写作《中西交通史》一书时，前往欧洲的意大利、西班牙等国文化机构搜寻资料。在途经位于葡萄牙首都里斯本的东波塔国家档案馆时，他受时任馆长希尔伐·马尔该斯（J. M. da Silva Marques）之邀，利用不足十日的时间，对馆长室所存的汉文文书进行了部分编目和拍摄。文件共有 4 包，仅编完 2 包，共 473 件。回国后，他对所抄录、拍摄的内容进行简要分类、整理，著成《流落于西葡的中国文献》一文，分两期刊载于台北《学术季刊》第一卷。自此，葡萄牙东波塔档案馆中的这一部分汉文文书档案开始为国内学术界所知晓。

1955 年，任教于西班牙马德里大学的华裔学者卜新贤（Pu Hsin-Hsien）前往葡萄牙搜集有关中葡关系史的资料。卜先生在东波塔档案馆中找到了尚待整理与研究的这批文书并进行编号、抄录，共整理出文件 1495 件（包括方豪已经整理的 473 件）。1961 年，他前往里斯本参加"新航海大发现史国际学术研讨会"，提交了《从国立东波塔档案馆藏中文文书简述 18 世纪澳门的国际贸易》一文（原文为西班牙文），掀开了已尘封数十载，静待发掘之汉文文书的神秘面纱。

三、特色档案典型之详解

笔者以《清代澳门地方衙门档案（1693—1886）》申报世界记忆遗产项目的有关材料为蓝本，从中挑选了最具特色的几份档案文件，追寻档案形成的历史轨迹，挖掘档案背后的故事。

（一）执照类档案

文件名称：《粤海关监督李永标给发二十二号船若望蒙打惹

往吕宋贸易船》。

形成时间：乾隆二十三年正月二十五日（1758 年 3 月 4 日）。

原文如下：

钦命管理粤海关税务内务府佐领李，为会题请旨事：

照得西洋船只既经丈抽纳饷，或因风水不顺，飘至他省，原非专往贸易。查有丈抽印票，即便放行，不得重征。先经会同定议具题在案。今据洋船商若望蒙打惹装载货物，前往吕宋贸易。所有丈抽税饷，已经照例完纳，合行给牌照验。为此，牌给本船商收执。如遇关津要隘讯防处所，验即放行，不得重征税饷，留难阻滞。其随带防船火炮器械，按照旧例，填注牌内，毋许多带，并夹带违禁货物。取究未便。须牌。

［番梢］肆拾玖名。小炮拾个。大炮拾伍位。

舵工西华。食米贰拾贰担零伍升。

右牌给夷商若望蒙打惹收执。

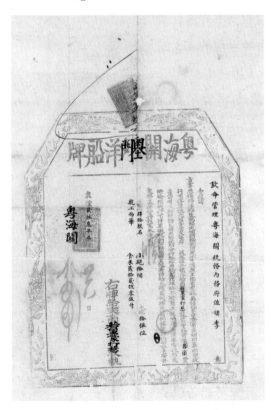

图 1 《粤海关监督李永标给发二十二号船若望蒙打惹往吕宋贸易船》 葡萄牙东波塔档案馆提供，档号：PT-TT-DCHN-1-1-000018_m0001

这是一份执照类档案。发照方是海关部门；受照方是若望蒙打惹，是 22 号船船主姓名及船名。签发人为 1751—1759 年担任粤海关监督的李永标。

自明朝中叶澳门开埠进行贸易后，明朝历届政府对澳门的行政和商贸活动实行健全、规范的管理，成效显著。清朝初期，政府在澳门设立粤海关正税总口，建关部行署，委派旗员防御以直接方式辖理。

（二）清政府与理事官往来常见公文

葡方在给中方呈报文件时，落款一般为"理事官"或使用全称"督理濠镜澳西洋理事官"。然而，在中方给葡方的下行文中，主送机关抬头一般根据层级不同以"夷目唩嚟哆""夷目"称之。

档案名称：《香山知县杨椿为采买鼻烟备供事下理事官谕》。

形成时间：乾隆四十一年五月十五日（1776年6月30日）。

这份档案名称中明确了文书的来往单位，发文方为香山知县，收文方为理事官，文体为谕。

原文如下：

> 香山县正堂杨，谕夷目唩嚟哆知悉：
>
> 照得驻澳夷人商船已陆续回澳，所有带回鼻烟，该夷目即传知夷商，预留四百余辣，听候本县差役到取给价，不得临时多方推诿，有误贡典，致干未便。特谕。

这是一份典型的下行文，是香山知县给理事官下达的命令。大意是：你们葡人的商船回到澳门港了，他们船上带回来的鼻烟，要预留下来400来盒，我们会差人过去拿货给钱的。不要等到时候我们人过去了，你又说没有存货了，误了上贡，云云。档案中"辣"字为葡语"lata"的音译，意思为铁桶、铁盒，算是葡语的汉化。

（三）借贷类文书档案

葡人自明代借居澳门后，便一直与当地居民混处。随着时间的推移，澳门地区商业总量倍增，繁荣局面渐显。到了清朝乾隆末年，慕名移居澳门谋生的华人群体迅速增加，尤以临近的福建、广东两地人居多。其中，福建人多从事商侩、传译、买办等工作，广东人则多为工匠、贩夫、店户。因是后来者，他们大多选择租赁居澳葡人的房屋居住，在此过程中，葡人和华人之间会出现各种冲突、纠纷，比如借贷纠纷。此类事态迫使中方政府在澳门设立了"香山县丞"这一职位，对居澳的华人群体进行民事和刑事方面的事务管辖和处理。

葡方理事官原本只负责西洋事务，这种界限明确的身份，直到鸦片战争以后，葡对澳进行扩占管治才被打破。原本充当葡方与中国地方政府之间"中介"角色的理事官，自觉兼任处理诉讼案件的"法官"，由此便成为中方地方政府的下一级"官员"。据葡方文献记载，华人诉讼者前来理事官署的比前往华官法庭的还多。这种说法虽有葡方一家之词之嫌，但目前所存澳门地方衙门档案中，确实有不少关于葡人和华人之间各种纠纷的记载，尤其是借贷方面的纠纷。

借贷是发生在自然人之间的资金融通行为，社会各个阶层都免不了有这类需求。人数众多且贫困的社会下层，因贷而不能还，"破家荡产，鬻儿卖女"的比比皆是。在澳门地区的借贷关系中，此类借贷关系多发生在澳门华人与居澳外国人之间，多是在经商或生活上出现资金周转困难时发生的。仅选几例借贷诉讼案件为证。

档案名称：《署香山县丞丁为蔡鸿德生前与蕃人晏哆呢雷渣卢等互有积欠事行理事官牌》。

档案时间：乾隆五十九年五月十二日（1794年6月10日）。

内容节选：

民人蔡鸿德借欠澳夷晏哆呢雷渣卢（Antonio Rosario）钱银五十两……除五十二年还过二十两零四钱四分，尚欠银二十九两五钱六分。

蔡鸿德借了葡人的钱银 50 两，去世时尚欠 29.56 两。不是他赖账，而是他同时也是债权人，别人借他的钱更多（达 241 两）。资金周转不过来，想还也没法还。

1794 年，债权人葡人晏哆呢雷渣卢一纸诉状将债务人蔡鸿德告到澳门理事官那里。因涉及华人，理事官为求稳妥，转而呈报香山县丞。香山县丞便将蔡鸿德的儿子蔡亚连传唤到公堂审问。儿子如实说明情况："第蚁父生前素有澳夷意厘忌（Henrique）欠本银一百五十两，晏哆呢喇沙（Antonio Anas）欠本银九十一两，均有番纸欠约可凭。"于是，他提出了"以债抵债"的建议。香山县丞认为其想法可行，便札令葡方"即便查明澳夷意呢（厘）忌是否于乾隆二十六年十一月内揭欠蔡鸿德本银一百五十两，又是年十一月内，澳夷晏哆呢喇沙是否揭欠蔡鸿德本银九十一两？有无还过若干？因何年久不偿？……"

在当时的借贷关系中，存在无息和有息两种借贷类型。有学者从借贷文书中发现：无息借贷使用"借"字，有息借贷使用"揭"字。

借贷双方在产生借贷行为时，一般会通过友好协商的方式谈妥条件，并立字据为佐证。

档案名称：《宁号立收蕃官央做这公货按银凭帖》。

档案时间：嘉庆十三年闰五月十三日（1808 年 7 月 6 日）。

档案原文：

　　□〔宁〕号有□〔十〕贰年（公货叁）件，按到先翁央做这处当出银三千三伯〔佰〕大员，二人言明利息壹算，出货或有先后，论月算利，以四个月为期，本利交足赎回。恐口无凭，立帖为记。

　　这份落款为商铺宁号名义盖章的借据，对借款时间、用途、本金数量、利息数量、是否有质押物、还款时间及数量等内容都作了详细说明。借条、借据是借贷双方对簿公堂的重要凭证，需要妥善保管。

　　除了普通百姓，政府官员也难免有口袋紧张、时常借贷的情况，他们会向同事借，也会向百姓借。例如，在澳葡机构中担任通事一职的华人陈大满，"被西洋夷书林亚沛借去蕃银八十三员，每员利息一分五厘"。林亚沛因欠债未还被陈大满夫人陈温氏追债。

　　档案名称：1.《香山知县马德滋为蕃书林亚沛负欠陈温氏银两催解讯追事下理事官谕》（嘉庆十九年四月初八，1814年5月27日）；2.《香山知县马德滋为蕃书林亚沛负欠陈温氏银两催解讯追事再下理事官谕》（嘉庆十九年六月十四日，1814年7月30日）。

　　嘉庆十九年，陈大满夫人陈温氏向林亚沛屡讨欠款未果，在向葡方机构起诉后，并按要求把林的借据交给了葡方管事的人。但过去了很长时间，案件仍然没有进展，借据也没有还给陈温氏。陈温氏多次索要借据也没有结果，她便转而一纸诉状将澳门理事官告到了香山县知县那里。香山知县谕令澳门理事官："即将陈温氏前缴林亚沛的笔字约，连林亚沛一并解赴本县，以凭讯追，毋得迟违。速速。"

笔借字、笔字约，都是借据的意思。这几份档案里面反映的内容也颇有意思。贷款方陈温氏考虑到借方为葡方人员，本是先向葡方上报讨个公道。然而葡方带着偏袒心理，没有及时处理结案，还把陈温氏提供的最重要的借贷证据扣押不还。陈温氏又着急又生气，转而向中方求助。所以，就有了香山县丞给澳方理事官的"谕"。澳门理事官在面对这类借贷案件时经常不能公正处理，这里再举一例。

档案名称：1.《香山县丞贾奕曾为蕃妇吗哩呀借欠林氏银两事行理事官牌》（乾隆五十六年十二月二十二日，1792年1月15日）；2.《署澳门同知许为蕃妇吗哩呀借欠林氏银两事下理事官谕》（乾隆五十六年十二月二十六日，1792年1月19日）。

1791年，葡人吗哩呀（Maria）向华人陈偕生借"番面银四十员"用于购买货物，有利息。等到陈的夫人林氏前往催账时，吗哩呀

图2　《香山知县马德滋为蕃书林亚沛负欠陈温氏银两催解讯追事下理事官谕》（正、反面）　葡萄牙东波塔档案馆提供，档号：PT-TT-DCHN-1-9-001166_m0010

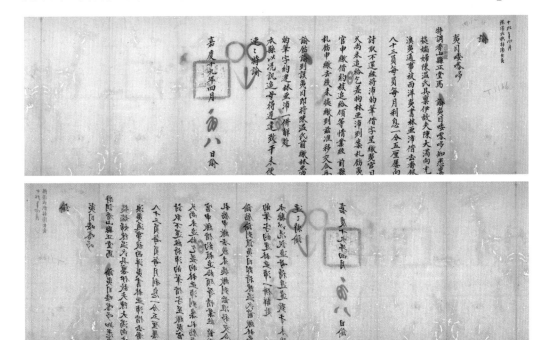

称丈夫外出未归，无力偿还，还把债权人林氏推出门外导致其跌伤头额，同时不顾事实地起诉林氏，谎告其是高息借贷，自称已还母利银150两，并告林氏对其辱骂殴打，扯烂了她的衣服。这是一起典型的赖账不还反诬告的案件。澳门同知查明事情原委，下谕训斥澳门理事官："情词荒谬，显系该夷目并不留心查察，任由番书偏袒蒙混，殊属不和。嗣后遇有应禀事件，毋得仍前率混偏徇，合并申饬。"

可见，在处理这类涉外案件时，澳门理事官并不能做到实事求是。

（四）合同契约类档案

在汉文文书中，还有很多合同契约类的档案。

文件名称:《兴源号麦亚星立承接三巴寺等处泥木修葺合同》。

形成时间：嘉庆二年七月二十六日（1797 年 9 月 16 日）。

原文如下：

图 3　合同契约类档案　葡萄牙东波塔档案馆提供，档号：PT-TT-DCHN-1-10-001437_m0001

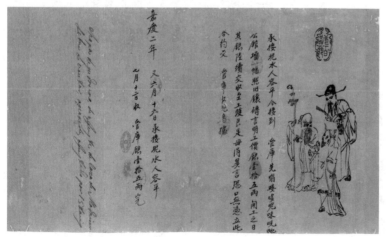

立明承接人兴源号麦亚星，今接到座山管库晏哆呀微先哋修整三吧金字一个。瓦面照旧整好，另修做栏一叶，木料连共价银二百二十四两五正。

又整望洋东边金字一个，连门扇、窗门做好，共价银五十叁两正。又整西望洋金字二个、厨房一间连。连窗门、门扇做好，价银一九五两正。

又拆三吧神楼工银七十元。又上便炮楼窗门三个，工银十两。又做家思［伽唑］厨房一个，木料工二五两。水兴［坑］尾闸屋，木料银工贰拾两。亚妈阁做窗门，工银十两。合共工料价银。

言明东望洋取青砖约七万，每万价银伍大元零叁个仙。西望洋取青砖约三万五千，每万价银肆大元半。另各处取青砖肆元半。

嘉庆二年七月二十六日接单。

这份档案是一份典型的合同，对承接事项和具体内容、价格进行了详细说明。

（五）档案中的趣闻轶事

1. 澳门海外贸易中的通事

澳门地位独特，在于其海外贸易港口身份。澳门之海外贸易于明朝时期蓬勃发展，至清朝时期继续昌盛。在大规模中外交往和贸易中，通事发挥了关键的作用。

通事，原系代外人传译，即翻译。在对外交流中，通事的作用不可小觑。在清朝海外贸易中，通事种类繁多，因国籍不同有"土通事"和"夷通事"之别，因职位不同有都通事、副通事和通事之别，因角色不同有护送通事、随伴通事、在船通事、存留通事、朝京通事之别，因身份不同有官方通事和民人通事之别。相对于官方通事而言，只要不是官方所雇用的通事，不管是"土通事"还是"夷通事"，都可归入民人通事之列。

　　方豪教授所发现的档案中有一则关于民人通事的案卷，故事的主角是嘉应人谢清高。谢清高，乾隆三十年（1765）生，18岁时随商贾赴海南，惨遇海难，后被洋船救起，并跟随该船游历各国，滞留国外共14年。嘉庆二年（1797），他双目失明，回国后流落澳门寓居，因漂泊在外多年，多与洋人接触，练就一口流利外语，靠为居澳商人担任通事糊口。嘉庆十一年（1806）夏，谢清高与葡萄牙商人久有接触，为他们在商业活动中担任口译。但葡商赖账不还，谢清高便一纸诉状告到香山县左堂吴处，以求清偿。

2. 招安海盗工作

　　档案名称：《香山知县彭昭麟为盗首张保仔投诚事下判事官等谕》。

　　档案时间：嘉庆十五年正月二十五日（1810年2月28日）。

　　张保仔在清朝的海盗中是个标志性人物，后人曾以其为原型制作了多部影视作品搬上屏幕。在了解这份档案内容之前，先简要介绍一下事件的整体情况和相关背景。

　　乾隆末年至嘉庆年间，广东沿海海盗横行，张保仔等大海盗对沿海居民进行大肆劫掠，民不聊生。张保仔（1786—1822），别名张保，其统领的"红旗帮"海盗船队全盛时期有大船800多

图4 《香山知县彭昭麟为盗首张保仔投诚事下判事官等谕》 葡萄牙东波塔档案馆提供，档号：PT-TT-DCHN-1-8-01016_m0001

艘、小船 1000 多艘，麾下数万人。其劫掠对象以官船、洋船为主，曾一次击沉葡萄牙海军 18 艘军船，还曾掳获英国东印度公司商船。清政府多次派兵清剿，甚至联合英国、葡萄牙船队不断围攻，都以失败告终。后来，两广总督百龄上任，改变策略，采取了"禁绝岸奸策"，改粤粮水道为陆运，改硝磺各厂商办为官办，加紧巡哨，遇盗船则炮轰，断绝张的粮食和弹药供给。在内外夹击下，张保仔于嘉庆十五年三月投降，转而为清廷效力，成为清朝水军军官，官升副将。先后或歼或破黄旗帮、青旗帮、蓝旗帮，因屡立战功，由千总衔擢升守备等职，后寓居澳门，旧时的沙梨头还有张保仔大屋。

这份档案反映的便是香山知县指示葡人判事官协助招安海盗张保仔之事。从名称上看是记录了张保仔投诚事件，实际上细细读来，可以读出清政府对张保仔先剿后抚过程中的一段插曲，解密其中一些不为人知的细节。在张保仔是否能够果断投诚这一情况明确之前，香山知县彭昭麟授意葡人判事官做好两手准备：一方面，配备蕃船协助剿捕海盗，如果张保仔有"返覆"，"立即放炮攻剿"；另一方面，如果张保仔确实是真心投诚，切勿开炮或者扰动。诸如此类历史细节，只有在鲜活的历史文书里面才能得到彰显。这份档案也是中国政府对澳门地区社会治安有力管控的一个侧影。

3．人口普查工作

档案名称：《香山知县彭昭麟为奉宪饬查造澳蕃烟户丁口册事下理事官谕》。

档案时间：嘉庆十三年十二月十一日（1809 年 1 月 26 日）。

这份档案记录的是，清朝政府要求葡人理事官对居澳葡人进行人口普查，"立将澳夷烟户若干、男妇丁口若干逐一查明，限

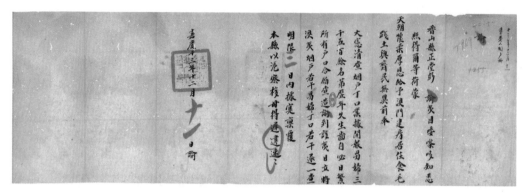

图5　《香山知县彭昭麟为奉宪饬查造澳蕃烟户丁口册事下理事官谕》　葡萄牙东波塔档案馆提供，档号：PT-TT-DCHN-1-7-000969_m0001

三日内据实禀赋……毋得迟违，速速"。统计内容包括烟户有多少，男女人口数目各为多少，所有资料都要白纸黑字记录成册，上交给清政府。而且不仅是居澳葡人，其他国家居住在澳门的人，也要纳入统计当中，并且分开记录。

从这份档案中，我们可以看出清代地方官吏在施政方面也有细腻的一面，在法度建设方面也有严谨的一面。

四、申遗成功，珍品流芳百世

2017年10月，《清代澳门地方衙门档案（1693—1886）》申遗成功。这是自1992年世界记忆工程启动以来唯一一件中国与葡萄牙共同申报的世界记忆项目。档案申遗之过程，也是当代人对其内容再研究、价值再发现、内涵再提升的过程。

申遗成功以来，《清代澳门地方衙门档案（1693—1886）》走出了档案馆，为热心的观众、博学的研究者所认识探究。这一份份档案，通过出版物、陈列展览、邮票等方式，接受着公众的一次次关注。人们在对其再认识、研究时，得以欣赏其独特的价值和魅力。值得欣慰的是，越来越多的中国人、葡萄牙人开始关注并珍视它。

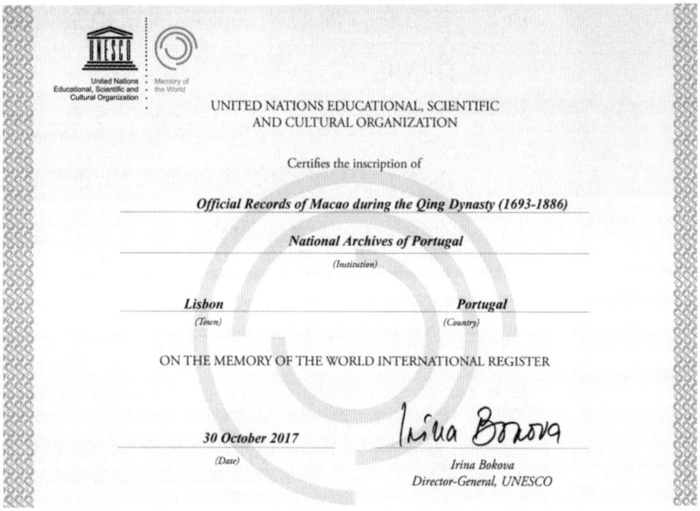
United Nations Educational, Scientific and Cultural Organization · Memory of the World

UNITED NATIONS EDUCATIONAL, SCIENTIFIC AND CULTURAL ORGANIZATION

Certifies the inscription of

Official Records of Macao during the Qing Dynasty (1693-1886)

National Archives of Portugal

(Institution)

Lisbon (Town)　*Portugal* (Country)

ON THE MEMORY OF THE WORLD INTERNATIONAL REGISTER

30 October 2017 (Date)

Irina Bokova
Director-General, UNESCO

图6　联合国教科文组织颁发《清代澳门地方衙门档案（1693—1886）》入选《世界记忆名录》证书

为庆祝《清代澳门地方衙门档案（1693—1886）》成功入选《世界记忆名录》，中、葡两国于2018、2019年先后在澳门、里斯本联合举办档案展览活动，同时发行了纪念邮品。

2018年7月6日，澳门回归贺礼陈列馆内，“汉文文书——东波塔档案中的澳门故事”展览如期开幕。展览共展出100多份档案文献，分两阶段进行。第一阶段展览在澳门回归贺礼陈列馆举行，展期自7月6日起至8月7日结束；第二阶段展览在澳门档案馆举行，展期自8月21日起至12月7日结束。展览期间，还举办了专题讲座，邀请专家和学者向市民深入介绍“汉文文书”的文献意义以及对档案的保护工作。通过展览和相关讲座，公众可以品读到档案中所记载的发生在澳门，关于中国、葡萄牙，乃至印证重要世界历史进程的故事。展览中使用了12份原件，首次在澳门展出，展览内容涉及张保仔、西方传教士、西洋船牌照等历史文献，吸引了万名观众参观。

时隔不到一年，2019年6月10日，在中国国家图书馆（国家典籍博物馆）内，100余件汉文文书展出，以档案文件与清代相关图文资料相印证，内容涉及层面从政治交往到日常生活，从税收管理到经济商业利益的协商，再到冲突解决等，重现了清代澳门丰富多彩的历史图景。这场以讲述清代澳门故事为主题的展览是为庆祝中葡建交40周年、澳门回归20周年，由中国国家图书馆联合葡萄牙东波塔国家档案馆共同举办的，展期至 7 月 26 日结束。

档案无言，历史有声。《清代澳门地方衙门档案（1693—1886）》是中葡关系的重要历史凭证，不仅在于它记录了历史，使后人得以缅怀历史，更在于它能够给后人以启迪，客观上，它还可以对世界政治、经济乃至社会生活、国际交往产生影响，发挥档案存史资政的作用。

参考文献

1. 刘芳辑，章文钦校：《葡萄牙东波塔档案馆藏清代澳门中文档案汇编》，澳门基金会，1999 年。

2. 澳门档案馆编：《汉文文书——东波塔档案中的澳门故事》，2019 年。

3. 邓开颂、陆晓敏、杨仁飞：《澳门史话》，社会科学文献出版社 2011 年版。

4. 谢后和、邓开颂：《澳门沧桑 500 年》，广东教育出版社 2014 年版。

5. 中国第二历史档案馆：《国民政府军事委员会参事室拟〈澳门问题〉》，《民国档案》1999 年第 4 期。

6. 黄启臣：《16 至 19 世纪中国政府对澳门的特殊方针和政

策》，《学术论坛》1990 年第 6 期。

7. 黄国安：《葡萄牙殖民者侵占澳门的历史考略》，《广西社会科学》1988 年第 2 期。

8. 戴裔煊：《〈明史·佛郎机传〉笺正》，中国社会科学出版社 1984 年版。

9. 裴燕生：《清代地方衙门的文书立卷方式》，《档案学通讯》2003 年第 2 期。

10. 刘景莲：《从葡萄牙东波塔档案馆藏中文档案看清代澳门的借贷》，《历史档案》2018 年第 2 期。

11. 汤开建、周孝雷：《澳门开埠之初（1564—1580）葡萄牙人对三次中国海盗活动的应对与处理》，《海交史研究》2017 年第 2 期。

12. 汤开建：《明隆万之际粤东巨盗林凤事迹详考——以刘尧诲〈督抚疏议〉中林凤史料为中心》，《历史研究》2012 年第 6 期。

13. 吴宏岐、刘煜琼：《清至民国时期葡萄牙人对澳门附近海域管辖权的觊觎与争夺》，《安徽史学》2017 年第 5 期。

14.《文书档案讲述澳门旧事 "汉文文书"展亮相国图》，《新京报》2019 年 6 月 10 日。

15. 谢忠军：《几卷历史文书，百年澳门记忆》，《北京日报》2019 年 7 月 3 日。

16. 郭鑫：《"汉文文书"中的澳门故事》，《人民日报》（海外版）2018 年 7 月 14 日。

17.《"汉文文书"呈现 200 年前澳门风貌》，"人民网"，2019 年 6 月 21 日。

18.《"汉文文书——东波塔档案中的澳门故事"在国家图书

馆开展》，"光明网"，2019 年 6 月 13 日。

　　19.黄启臣：《澳门通史》，广东教育出版社 1999 年版。

　　20.方豪：《中西交通史》，上海人民出版社 2015 年版。